BIOGRAPHY OF
WEI LIHUANG

卫立煌全传

李洪文 著

团结出版社

图书在版编目（CIP）数据

卫立煌全传 / 李洪文著. -- 北京：团结出版社，2019.3（2020.10 重印）

ISBN 978-7-5126-6645-0

Ⅰ. ①卫… Ⅱ. ①李… Ⅲ. ①卫立煌（1887-1960）—传记 Ⅳ. ①K825.2

中国版本图书馆 CIP 数据核字(2018)第 234824 号

出　版：	团结出版社
	（北京市东城区东皇城根南街 84 号　邮编：100006）
电　话：	（010）65228880　65244790　（出版社）
	（010）65238766　85113874　65133603（发行部）
	（010）65133603（邮购）
网　址：	http://www.tjpress.com
E-mail：	zb65244790@vip.163.com
	fx65133603@163.com（发行部邮购）
经　销：	全国新华书店
印　装：	三河市东方印刷有限公司
开　本：	170mm×240mm　　16 开
印　张：	17.75
字　数：	295 千字
版　次：	2019 年 3 月　第 1 版
印　次：	2020 年 10 月　第 2 次印刷
书　号：	978-7-5126-6645-0
定　价：	49.80 元

（版权所属，盗版必究）

卫立煌 全传
Biography of Wei Lihuang

前　言

1897年2月16日（光绪二十三年农历正月十五），合肥东郊的卫杨村出生了一个男孩，他就是后来的国民党中央执行委员、国军二级上将、陆军副总司令卫立煌将军。

卫立煌出生这一年，正是腐朽没落的清王朝"干戈寥落，山河破碎，国祚难继"的非常时期。1897年11月1日，在山东巨野发生了两名德国传教士被杀的"巨野教案"。不久，德国以此为借口，派凶悍的海军提督棣利士率舰队强占了胶州湾，并夺取了青岛炮台。

1898年3月，孱弱无能的清政府被迫签订了《胶澳租界条约》，德国人强租胶州湾九十九年，让大好的胶州湾变成了洋人的禁脔。只要有一丁点自尊心的国人，就会感到耻辱，任何一个浑身流淌着热血的国人，都会发出不屈的吼声。

卫立煌将军

英国政治家伯克有句名言——耻辱不会无端而降。康有为等有识之士，为了不让西方列强靠武力加在国人头上的耻辱接踵而至，他们怀义愤、写奏折、吁请光绪皇帝实行变法："变则能全，不变则亡；全变则强，小变仍亡！"

社会孕育着变革的风雷，时代吹响了自强的号角，饱受压迫的民众寄希望于叱咤疆场的健儿，何时才能用枪炮奏响"不甘臣虏"的最强音？卫立煌作为一个农村的孩子，在列强窥视、政府豪夺、家境衰败的严苛环境中长大了。

好男儿脚下两条路，一条是文能安邦，另一条是武可定国。辛亥革命爆发后，15岁的卫立煌追随兄长的脚步，他毅然剪掉辫子，投身到澎湃的革命洪流当中。

卫立煌作为不更事的少年，不仅缺少涉世经验，也缺少判断能力。卫立煌凭着一股子血性，先后参加了"讨袁军""光复军"，可是理想的梅子，难解现实的饥渴，积弊难返的旧军队，让他难跃夔门，化为鱼龙。

随着"讨袁军"和"光复军"的失败，卫立煌被社会的浊浪拍到了猛醒的沙滩上,他开始对国家、民族和个人命运,进行了积极的思考。面对歧途、险道和岔路,卫立煌迷茫困惑过,无助过。幸运的是,他接触到了《警世钟》《猛回头》和《苏报》等进步的报刊,孙中山先生"三民主义"的主张,就好像雾海迷航中的灯塔,让懵懂的卫立煌找到了新的目标和方向。

1914年初,17岁的卫立煌以"黄沙百战穿金甲,不破楼兰终不还"的志向,报考了湖北陆军学兵营。经过一年多的军事训练,他粗略地掌握了一定的军事技能。1915年,卫立煌参加了"肇和"舰发难讨袁,果然,卫立煌锥处囊中,其锋自见,金玉明珠,不可土埋,他因为作战勇敢,很快在粤军第二军中升任班长。

1917年9月,孙中山在广州成立护法军政府,开始就任海陆军大元帅。骁勇善战的卫立煌,随后被选派到孙中山的卫队。不久之后,他就成了警卫团排长。

能够追随孙中山先生,是卫立煌最可宝贵的一段人生经历。他不仅可以亲耳聆听中山先生的教诲,更可从伟人的身上,获得很多对革命有用的精神"食粮"。

当时国内派系林立,军阀混战,甚至可以用"鱼龙翻恶浪,鲨鳌逐浊波"来形容,但卫立煌面对魑魅魍魉,他不恋权、不图钱、不羡贵,始终站在革命的一边。他参加粤军,反对北洋军阀政府,他讨伐桂系,转战广西等地,并参加了平定陈炯明叛军的东征。

1926年7月,北伐战争开始。在这场反帝反封建的战争中,卫立煌率领的第9团,被编入总预备队留粤。10月,率部入闽作战,他不仅在击溃周荫人部时立下战功,而且在与孙传芳军作战时,也创下了骄人战绩,亦打出了赫赫威名。

卫立煌积功升任第9军副军长兼第14师师长,后又被任命为南京卫戍副司令。但在中原大战之后,卫立煌亦走了一段弯路,他奉蒋介石之命,率领部队,曾向大别山地区的工农红军,展开过"围剿"……

卫立煌将军一生中,曾做过三件精彩的大事儿。第一件,1937年10月,他指挥部队与日军展开了大规模会战——忻口战役。

1937年9月,日军第5师团和关东军一部,突破中国军队内长城防线后,气势汹汹地对太原展开进攻。蒋介石为了挽救山西危局,他令卫立煌升任前敌总指挥,率第十四集团军从河北星夜驰援忻口,展开了一场举世瞩目的忻口会战。

20万中国军队对7万日军的忻口会战爆发后,武装到了牙齿的日军在飞机、重炮和战车的掩护下,向中国军队防守的忻口阵地,展开了猛攻。

这场出生入死、生命化作鲜血燃烧、正义抗击邪恶的战役从10月13日打响,到11月2日落幕,共历时21天。中国军队以伤亡10余万人的代价,取得了歼灭日军3万余人的战绩,不仅刷新了华北战场歼敌的最新纪录,也沉重地打击了日军的嚣张气焰,极大地增强了中国军民抗日必胜的信心。

忻口战役可以说是国共两党亲密合作的典范,是中共领导的八路军(又称第十八集团军)和国民党的中央军(还有阎锡山的晋绥军)在抗日战争初期相互配合,取得的一次抗日战争的战略性胜利。

第二件,率远征军出征,打通滇缅公路,远征取得辉煌战果。1937年7月抗战全面爆发后,南京政府1938年开始修建滇缅公路。这条公路肩负的任务是:抢运南京政府在国外购买的军用物资,及国际援助中国战场的战略物资。

日军第三十三、五十五、五十六及王牌久留米师团(第十八师团)为切断这条支撑抗日战争的生命线,开赴缅甸,准备以武力卡死国际社会为中国抗战输血的滇缅公路。

蒋介石最初准备派卫立煌率领10万远征军赴缅,保护"滇缅公路"。可是因为卫立煌亲共,而改派罗卓英率部出国与日军作战。随着战况的失利,蒋介石只得重新启用卫立煌。1943年8月,滇西远征军的5个军编练完成,卫立煌继任中国滇西远征军司令长官。

卫立煌率领滇西远征军十战松山,占芒友、遮放,最后攻克国门重镇畹町,并与中国驻印军在芒友与畹町之间的南坎会师。至此中国远征军赴缅作战,以大获全胜作为结束。鉴于卫立煌取得的辉煌战果,中国驻印军总指挥史迪威将军,直接称呼他为"百战百胜将军"!

第三件,卫立煌是亲共的抗战将军。抗战初期,卫立煌任第十四集团军司令长官,而八路军就归其管辖。卫立煌当时是国民党中的抗战派,他多次明确表示,凡是抗日的部队,他都一视同仁。

卫立煌不仅顶住压力,给八路军调拨了大量的子弹和手榴弹,而且支援了八路军很多必需的食品、药品和服装等军用物资。可以这样说，卫立煌将军胸怀宽广，是一位心向中共的进步将军。他每有行动，都是以国家和民族的未来为出发点，并不考虑个人私利。

1947年底，蒋介石的国民党军在东北屡遭惨败。他因"急"需良将，启用在欧美游历归国的卫立煌，并逼迫他担任了东北"剿总"总司令。卫立煌到东北后，不顾蒋介石四处征讨的命令，而是集中兵力，固守沈阳等城市，以待时局之变化。

蒋介石手下战后总结辽沈战役失败原因时，认为"东北之失陷，基于锦州之失守，由于沈阳援兵久而不至。沈援之不能速达，在于卫立煌之不能即时奉行命令！"

1948年11月26日，卫立煌被蒋介石撤职查办。1949年1月21日，蒋介石下野后，卫立煌获释后取道去了香港。中华人民共和国成立后，卫立煌对毛主席、朱总司令和周总理分别发出贺电，并在给毛主席的电文上称：先生英明领导，人民革命卒获辉煌胜利，从此全中华人民得到伟大领袖，新中国富强有望！……

1955年3月14日晚，心向祖国的卫立煌经由澳门回到了广州。3月17日上午，卫立煌接到了毛主席给他的欢迎电报："先生返国，甚表欢迎，盼望早日来京，藉图良晤……"4月6日上午9时，卫立煌抵京，周恩来、朱德等党和国家领导人到车站迎接。25日毛主席会见并宴请了卫立煌。随后，卫立煌发表了"告台湾袍泽朋友书"，他亦成为第一个从海外归来的国民党高级将领。

卫立煌先后被推选为全国人大代表、全国政协常委、民革中央常委，后来，又接替龙云担任国防委员会副主席。1960年1月17日，卫立煌因糖尿病并发心脏病，经住院抢救无效而逝世，享年64岁。

卫立煌将军是蒋介石"五虎上将"中真正的"虎将"。甚至他的敌人，日军华北最高司令香月清司，也不得不承认卫立煌"支那虎将"的威名。

美国《名人词典》和发行量最大的《时代周刊》都称卫立煌为"常胜将军"，而美国将军魏德迈这样评价卫立煌：（如果百战百胜对军人来说是一件极其荣耀的事儿）卫立煌将军就是"一百零一胜"将军。

卫立煌将军的一生，是戎马倥偬的一生，亦是波澜壮阔的一生。有人说，卫立煌是将星下凡；也有人说，卫立煌是中共在蒋介石身边最大的卧底；甚至还有人说卫立煌身经百战，从来也没有负过伤，他就是一位受到神仙庇佑的福将……还是让我们翻开此书,一步步厘清卫立煌从戎的历史,把握他抗战的脉搏,触摸他非凡的命运;并吸取他从军、做事和为人那些有用的养分,来增加我们锐意生活的宽度、命运追求的厚度,拓展报国的维度!

CONTENTS · 目 录

一、少年从军，卫家有子初长成

- 1．困苦，扼住命运的咽喉　　　　　　　　3
- 2．探路，投奔孙中山先生　　　　　　　　12
- 3．立功，卫胡子鏖战成名　　　　　　　　23
- 4．北伐，击溃劲敌孙传芳　　　　　　　　33

二、"围剿"红军，西安事变同抗日

- 1．成家，朱夫人相夫有术　　　　　　　　51
- 2．进学，陆大学习打基础　　　　　　　　60
- 3．鏖兵，金家寨变立煌县　　　　　　　　67
- 4．事变，枪口一致要对外　　　　　　　　80

三、忻口会战，虎将一役寒敌胆

- 1．山西，日军进攻现危局　　　　　　　　95
- 2．血战，前线阵地炮声隆　　　　　　　　103
- 3．联手，国共合作显威力　　　　　　　　109
- 4．团结，延安之行收获多　　　　　　　　116

四、抗战为王，升官发财非吾愿

- 1．升迁，省主席兼司令官　　　　　　　　131
- 2．气节，处决军阀石友三　　　　　　　　137
- 3．调职，明升暗降当主任　　　　　　　　143

五、枕戈待旦，真正当大任之选

- 1. 远征，卫将军获得起用　　　　　　　　　155
- 2. 接任，中国远征军司令　　　　　　　　　166
- 3. 怒江，大战将一触即发　　　　　　　　　177

六、入缅作战，远征军扬威海外

- 1. 强渡，怒江一战惊敌胆　　　　　　　　　191
- 2. 恶战，一路杀敌洒热血　　　　　　　　　200
- 3. 捷报，十战松山获成功　　　　　　　　　210

七、用人相疑，将军白发征夫泪

- 1. 成家，出国考察去欧美　　　　　　　　　229
- 2. 泥潭，东北危局难回天　　　　　　　　　233

八、困守孤城，是是非非任评说

- 1. 瓦解，挽救危局苦经营　　　　　　　　　239
- 2. 失败，撤职查办遭软禁　　　　　　　　　244

九、归心似箭，海外归来第一人

- 1. 出走，香港暂当容身地　　　　　　　　　255
- 2. 去世，一代虎将留美名　　　　　　　　　260

参考书目　　　　　　　　　　　　　　　　　272

卫立煌 全传

Biography of Wei Lihuang

一

少年从军，卫家有子初长成

宗之潇洒美少年，举觞白眼望青天，皎如玉树临风前——杜甫《饮中八仙歌》

安徽简称"皖"，因为地理环境的限制，及自然条件的匮乏，安徽自古以来就是一个以"贫"为名之地，甚至在安徽的凤阳，也就是明皇朱元璋的龙诞之地，还有这样一首小调，唱出了徽地生存的不易——说凤阳，道凤阳，自从出了个朱皇帝，十年倒有九年荒。

"盘中无斗米储，还视架上无悬衣"，这种生活状态，可以让懦夫歧路亡羊，理想全部化为尘埃，可是在强者面前，贫穷和困苦，却是他们摘取人生枝头最顶端果实的两支高跷。

前世不修，生在徽州，十三四岁，往外一丢——这段话讲的是徽地的男儿不拼搏，就没有未来，严苛的环境如刀，纷乱的事世似剪，果然造就了曾经闻名全国的徽商。徽商以盐、棉（布）、粮食、典当、文具笔墨起家，从明代中叶至道光的300多年时间里，徽商成为全国的第一大商帮。胡适曾把徽商比喻成"徽骆驼"。安徽并不产骆驼，比喻安徽商人为徽骆驼，是因为他们"拼搏进取、忍辱负重、百折不挠"的精神。

正是这种"徽骆驼"的精神，让生于斯、长于斯的男儿心中，永远生长着永不凋零的梦想和希望之花，而摘花的路一般只有三条，一条从商，再一条从政，另外一条就是从军入伍。

卫立煌选择了入伍从军，尽管这条路充满了各种不测、可怕的陷阱，崔嵬的险关，可是他却走得笃定、执着和辉煌！……

1. 困苦，扼住命运的咽喉

> 穷且益坚，不坠青云之志——王勃

卫立煌生于农村，父亲早亡，他一无金钱，二无关系，三无文化，四无所长，五无家世。这样一个"五无"农村青年，想要在民国的社会上取得成功，几乎绝无可能。但他凭着自己非凡的勇敢和胆气，最终完成了从小兵到上将的逆袭之旅。卫立煌是如何做到的？

合肥的历史最早可以追随到商周时代。商朝称此地为虎方，西周称夷虎，周武王时期，曾经按照公、侯、伯、子、男等级爵别进行分封诸侯。当时庐国国君为子爵，称为"庐子国"，该国曾建都于庐邑。

秦始皇二十六年（前221年），这位统一华夏的君主废分封制度，立郡县，合肥属九江郡。汉唐一脉溯下，改庐江郡为庐州，治合肥；宋元叠流承传，合肥县属淮南道庐州，后又改属江浙行省庐州府。明清两代，安徽巡抚治于合肥县。公元1667年，安徽正式建省，取其省内"安庆府"与"徽州府"之首字，故此称为——安徽省，而合肥县此时则隶属于安徽省庐州府。

安徽古称"八皖之地"，在这片神奇的土地上，真可谓雄州雾列，俊采星驰，青霜紫电，榮戟遥临。文有兴教育举贤能的文翁、铁面无私的包拯、褒贬不一的李鸿章；武有纶巾羽扇的周瑜、固守台澎的刘铭传、指挥北洋水师的抗击外辱的丁汝昌。

可见，安徽是一方经济稍显落后的省份不假，但凡事有一利也有一弊，正因此地生存艰难，很有志向远大的男孩子不得不"往外走"，最后走出了一片人生的"艳阳天"。

安徽合肥城东郊十余里，有一个濒临南淝河，风景秀丽，绿柳环抱，民风古朴的小村，该村共有几十户人家，以卫姓和杨姓居多，故此得名卫杨村。

安徽合肥卫杨村的卫姓开山鼻祖叫康叔，他是周文王姬昌与正妻太姒所生第九子，武王姬发胞弟。周成王即位之后，曾发生三监之乱，康叔平叛有功，封地于殷商故都朝歌（今河南淇县），成为卫国第一任国君，后人称其为卫康叔。

卫康叔上任时，其兄周公旦曾作《康诰》《酒诰》《梓材》三篇文章，作为康叔治国法则。卫康叔遵从其兄的训诫，他明德宽刑、爱护百姓，使卫国成为远近闻名的一方安定和富庶之地。

明朝时，居住在江苏省句容县的卫氏迁居合肥县，散居在时雍门（今小东门）外兴隆庵旁。合肥卫氏的先祖在晚清时，是名门望族，其代表人物有卫汝贵和卫汝成兄弟二人。卫氏兄弟追随李鸿章，卫汝贵官拜盛军统领，卫汝成为记名提督衔总兵。虽然卫氏兄弟的结局并不太好，但两个人也都建立了偌大的功勋与名声。

卫氏宗主为让后人兴家乐业，子嗣不论捧经入仕、习武从戎、商贾贸易还是勤于耕种，都要精业于勤，做出一番成绩，便订立了十条家训，这十条家训是：

爱国、尊祖、孝亲、敬长、保节、明伦理、睦族、业务、安分和急公——在这十条家训的框定之下，卫氏的子孙，虽星散四乡，但却勤于各业，为自己的前途，为家庭的昌兴，为卫氏一族的枝繁叶茂，在做着自己的努力。

"天下之至柔，驰骋天下之至坚"。出自老子《道德经》第四十三章的这句话，简单地解释，只有四个字：柔可克刚。在卫杨村中，住着卫正球一家人，在当时的安徽，家长给男孩子取名，多喜欢在名字里，加一个球字，希望他处事圆滑，不要太过刚正，从而多福少难地度过自己的一生！

卫正球在卫杨村是个士绅，在当时的合肥县石塘乡也是一位有头有脸的人物，他出任乡里的册书。册书就是乡里主管税收的办事员。任职之初，年景好，乡里乡亲也没有人为难卫正球，他收取的田赋还算齐整。因他可以按时、保量地完成田赋的收缴，故此，每年也可得到不菲的薪酬。卫家在当时，可说小康家庭，吃穿不愁，日子尚可。

卫正球的家宅在村子里也是数得着，有门房、正房和厢房。宽敞的庭院中，还有一口水质甘甜的水井，井口上有被井绳溜过的深痕。这口井别看口径不大，可是在村子里却最深，下面井底的空间，足有一间房子大小，全村的男女老少，都会到卫家的水井打水。从一口井方便全村这件事儿上，可以想见卫正球在村里的实力、地位和人品。

1897年2月16日，也就是光绪二十三年的正月十五。在合肥城郊的卫杨村，元宵节又被当地人称为小年。过完了元宵节，一年的忙碌就将开始了。可以说，这是一个万象更新之节。

卫杨村的人们一般会提前一天，也就是正月十四过灯节，家家户户都在做同样三件事儿，包元宵、扎花灯和看大戏。在锣鼓喧天的气氛中，祈求新的一年，平平安安，风调雨顺，庄稼也能有个好收成。

卫正球正在家里忙碌，脸上充满了喜气。他的妻子宋三娘怀胎十月，预产期就在今天，家里的女眷们，已经请来了卫杨村最好的接生婆。而赶来帮忙的另外几名女眷，有的在烧热水，准备褟裸，为接生做准备，有的正在厨房中包着汤圆。

卫村的汤圆和北方用筛子"摇"出来的元宵不同，卫村的汤圆更像是在包饺子。这几个女眷用糯米粉做的外皮，正在包裹着山楂、豆沙、芝麻和桂花四种可口的馅料。卫正球一再叮嘱道："今日有喜，一定要多包，包好，包够！"

卫家目前已经有二子一女，长子名立炯，次子名立昕，长女名三姐。卫正球早就请过郎中，给自己的夫人宋三娘号过脉，郎中号完脉，告诉卫正球：左脉旺，比右脉跳得稳，且有力，从脉象上，您夫人怀的是一位公子！

卫正球听到卫家即将添丁的消息，他的心里充满了欢喜。作为一个身上充满了传统观念的父亲，他真的希望，自己的第三个儿子，能够平安地降生，能够求学上进，能够出人头地，能够光大卫家的门楣。

随着暂作产房的厢房内一声响亮的哭啼，卫立煌就降生在了卫家。卫正球按照家族的辈分给儿子起名为立，第三个字为煌。《仓颉篇》的煌字，曾经做这样的解释——光也；姚华在《论文后编》中，有这样的解释：煌然而成篇谓之篇。显然，卫正球是要儿子立定身形，学得满身的文采，用以追求前程，可是卫正球公没有想到，卫立煌却用手中的枪杆子，撑起了自己的一片天，并追求到了光明……按照很多大人物降生皆有异兆的说法，卫立煌作为在抗日战场上一员真正的"虎将",他的母亲至少也该梦到黑虎星下界,扑身入怀,最后生下了卫立煌才对,可是卫立煌降生的时候,真的没有这些玄之又玄的东西,当时有的只是:欢快的气氛,敲锣打鼓的声音,及未来不久将祥和的卫家"轰"然击散的一场大劫难!

清政府因为连年向西方列强赔款,再加上贪官污吏的大肆盘剥,卫杨村老百姓的日子简直就是王小二过年——一年比一年差。再加上本地的旱涝之灾,卫杨村连年歉收,所获粮食一年比一年少。卫正球收不上田赋,面对官府催逼的压力一天比一天大。

20世纪初的清政府已经不是当年"从龙入关,旌帜漫卷"的八旗铁骑,闹过义和拳之后,大小官吏也怕官逼民反,他们对交不上田赋的老百姓不敢催逼过甚。但是,对于在乡里当册书的卫正球,官府可是一点都不客气。

官府根本不理会跟他们说理的卫正球,经过清查账册,卫正球竟欠官府几万两银子。面对小山一样的欠款,卫正球这才知道,腐败的清政府好像是一只饥饿的老虎,已经张开了血盆大口,正准备将他一口吞下。

卫正球收不上田赋,被官府重罚。卫正球没有办法,只得四处借款。卫正球的女儿卫三姐经过和丈夫吴亿臣商议,决定卖掉家里的良田12石(约合60亩),替父亲还债。卫正球不仅卖掉自己的田产,家中女眷的金银首饰,也全部送到了县里的当铺,所得银钱,全部来弥补自己欠下官府的已经填不满的大窟窿。卫家从小康之家,变成了负债累累,家徒四壁,一贫如洗。

福气总是吝啬的,它好像庙里的旗杆,出现的都是一个;可祸事却好比打开的贝壳,一出现就是一双。1905年,卫杨村又闹起了瘟疫。

这场令卫杨村人谈之色变的瘟疫并没有留下翔实的文字记载。据清朝末年史料,当时发于安徽一代的瘟疫,共有八种之多,分别是:霍乱、肠伤寒、斑疹伤寒、白喉、天花、猩红热、鼠疫和痢疾。八种瘟疫好像悬在老百姓头上的利剑,往往是一人得病,全家传染,一家患瘟,全村死亡。

先是一家之主卫正球,接下来是卫立昕夫妇相继去世。卫立煌的母亲宋氏想不明白,好好的一个家,怎么说完就完了?宋氏作为一个农村妇女,每日以泪洗面,怨自己命苦,不久之后,一双眼睛也哭花了。

家有长子,国有大臣,卫正球去世,撑起家的重担,就落在了卫立炯稍显稚嫩的肩头。卫立炯弃学打工,在合肥县城谋到了一个小差事,虽然所赚不多，但至少可让卫家的兄弟姐妹不至于饿肚子。

这一年，卫立煌九岁，苦难的生活，让卫立煌过早懂事了。生火做饭，捡柴割草，他样样抢着干。可是他看着自己不少的同伴，有的去学堂，有的到私塾读书，心里是充满了羡慕。

卫立煌作为一个穷人家的孩子，如果不读书，恐怕只能一辈子都在卫杨村了。卫立煌是一个懂事的孩子，他知道，弟弟卫立涛、妹妹卫淑如和母亲都需要他照顾，如果放下肩上的责任，他不敢想象，卫家会变成什么样！

卫立炯在合肥工作，他放不下自己的家。这一日，他请假从县城回家，看望母亲。卫立炯对忙忙碌碌的三弟说："立煌，为了将来的前途，你一定要去读书！"

卫立煌听大哥的话，眼睛里突然一亮，可是这道亮光像冬日狂风里的烛火，很快就熄灭了，他摇摇头说："我还是留在家里干活吧。"

卫立炯拉着卫立煌粗糙、有力的一双手，说："书一定要读，而且还要读好！"

卫家的情况，已经不允许卫立煌上新式的学堂了。卫立炯省吃俭用只能供弟弟去相对便宜的私塾读书。家里的杂活，卫立煌下学之后，还可以干。

卫立炯用自己积攒的一点钱，准备了束脩，领着卫立煌到邻村一位姓靳的老先生办的私塾，入庠读书，起始发蒙。

靳先生是一位饱学之士，他对包括卫立煌在内的学生们，要求非常严格。不管是描红、读经还是着衣、叉手、作揖、行路、视听都必须规规矩矩，有模有样。

卫立煌从《三字经》《百家姓》学起，接着又开始学《论语》《孟子》，最后读了"四书""五经"。他颇爱学习，刻苦用功，决不肯落在富家子弟之后。经过几年的苦读，在国学经典的哺育之下，卫立煌不仅打下了坚实的文化基础，更学来了中国儒家提倡的"仁义礼智信"的立身之道。

1911年10月10日，武昌起义爆发。在新旧势力大交锋、社会即将大变革、政权开始大交接的非常时代，卫家兄弟作为当时社会上的微末小人物，并不能主宰自己的命运，他们的命运除了随波逐流，真的没有第二条路可供其选择。

辛亥革命"轰隆隆"的枪炮声，震碎了卫杨村乡下平静的生活。同盟会会员李绪昌在合肥举起了义旗，成立了庐州革命军的军政分府。

庐州革命军的军政分府成立之日，敲锣打鼓，鞭炮齐鸣。卫立煌得知消息，步行了十余里，到合肥前去观看。他看着很多穷苦人家的子弟肩膀上扛着枪支，而那些平日里趾高气扬的清廷官吏、富翁士绅，一个个全都成了霜打的茄子。他的心中充满了兴奋，庐州革命军的军政分府的成立好像一把利剑，劈开了卫立煌满是荆棘的前路；李绪昌站在政府台阶上关于"革命"的讲话，好像灯塔，让迷茫中的卫立煌有了一个前进的"方向"。

庐州一行，让卫立煌找到了希望。他当时年仅15岁，虽然想报名参军，可是李绪昌的手下，根本不可能收留他。但卫立煌庐州一行确实是收获颇丰，他不仅找到了穷人家孩子将来不一定受穷的答案，更是学到了一个新词，那就是革命！

革命，就是通过努力，改变自己的命运。很快，改变命运的机会通过卫立炯开始垂青卫立煌。树挪死，人挪活。1912年，卫立炯决定离开合肥，到号称"东方小巴黎"的上海去找自己的同学范鸿仙。

卫立炯和范鸿仙曾同在芜湖读书，两个人关系非同一般。范鸿仙当时正在上海创办《铁血军报》，宣传推翻帝制，建立共和的新思想，两个人一见面，卫立炯就迫不及待地说出了自己想要参加革命的想法。范鸿仙和安徽新任都督柏文蔚比较熟，他当即修书一封，推荐卫立炯去柏都督的手下工作。

柏文蔚字烈武，安徽寿州人。作为一名老同盟会员，为达到反帝夺权、建立民主共和政府的目的，对于可用的青年才俊，他一直处于求贤若渴的状态。

卫立炯的才华和见识，让柏文蔚颇为欣赏，便将他派到和县，任军事学习班的班主任。

兵荒马乱的年月，卫杨村的收成更不好。卫立煌从事辛苦的劳动，加上长期的营养不良，让他个子不高。但卫立煌经过劳动锻炼，体格壮健。卫杨村的老人们还记得，卫立煌时常在打麦场上玩石磙锻炼臂力，虽身材短小，但力气过人，村中群童，鲜有对手。

感时思报国，拔剑起蒿莱——卫立煌并非池中之物，改变命运的火在心中燃烧。卫立煌在家乡再也待不住了，他将田里的农活，家里的杂务，向已经长大的弟弟和妹妹交代了一下，然后剪去了辫子，辞别母亲，背着一个小小的包裹，直奔和县大踏步而去。

和县，古称历阳，东面紧靠长江，隔江与南京、马鞍山、芜湖三大城市相望。和县有刘禹锡贬谪时的居所"陋室",有李白因不得志而驻足吟唱的天门山,还有西楚霸王项羽拔剑自刎的滚滚乌江……但和县不是卫立煌的"陋室""天门山"和"乌江",他要在这里"学习""提高"和干出一番"事业"!

卫立炯第一眼看到投奔自己的三弟,眼眶中的泪水差点没有流淌下来。15岁的卫立煌衣衫褴褛,虽然体格壮健,可是身高明显落后于同龄的青年,更让他心酸的是,卫立煌因为劳累和营养跟不上,竟得了非常难缠的疥疮……卫立炯并不知道扛枪吃粮、上阵杀敌的从军之路,是否适合卫立煌,但他瞧着一心想要学习军事的三弟,实在不忍拒绝。于是,他对三弟说:俊如,为兄先给你治病,然后再加强营养,至于学军事,你如果不怕吃苦,就先暂时干一阵子代班站岗的事儿吧。

当兵最怕打仗,而平日训练最怕站岗。三更半夜,睡得热烘烘的,爬起来顶着凉风去站岗,真是要多难受有多难受。卫立煌因为不怕吃苦,干了一阵子顶班站岗的工作。一些老兵油子站岗可以偷偷去睡觉,可是卫立煌却不同,他苛于职守,从不离开自己的岗位。

卫立煌还借着站岗的机会,将怀里的枪械拆开,然后又一一装上。没过多久,那些当了几年兵的老兵,拆枪装枪的速度和准确度,就没有卫立煌快了。

卫立煌是一个天生的军事人才。

卫立炯看到卫立煌是当兵的料,他就同意三弟到他负责的学习班当了见习生。

卫立煌来自农村,虽然读过一阵子孔孟的文章,但以他目前的身高素质,确实是难于走通当兵之路,用老兵油子的一句话来说:你人没有枪高,军队要你干啥?

卫立煌非常珍惜来之不易的学习机会,尽管年纪小,身体状况不佳,为了不给大哥丢脸,为了不让同班同学看不起,他在各方面都非常努力,要用军事成绩让同学们刮目相看!

卫立炯的军事学习班,不仅教学员们队列、体操、射击和擒拿术等军事课程,而且还教授军事理论等课程。卫立煌虽然不是正式学员,但他还是每日挥汗如雨,抢着进行各种训练。

可是瞬息万变的时局,让和县的军事学习班中,已经难于放下一张平静的课桌了。

孙中山1913年发动"二次革命",武装讨伐袁世凯。柏文蔚作为老同盟会员,在7月中旬宣布安徽独立,并开始出任安徽讨袁军司令。

虽然讨伐袁世凯顺应民意,但讨袁军成立仓促,缺乏训练,无论是武器配备,还是人员的素质,都难敌袁世凯训练多年的北洋军。讨袁军向颍州方向推进时,正与倪嗣冲率领的北洋军队狭路相逢。

两强相遇勇者胜,可是打仗并不能光靠勇气。前面那段兵家谏言,是指两只军队实力不分轩轾的情况下,谁的勇气超过对方,谁才能获胜。讨袁军的实力照北洋军差了太多,再加上安庆第一师师长胡万泰临阵叛变,致使讨袁军全线崩溃。卫家兄弟刚刚对着敌人开了几枪,接下来就稀里糊涂地随着讨袁军大部队败下阵来。

柏文蔚从芜湖突围,后经过上海,去了日本的长崎,而丢在安徽的讨袁军,就成了一个无人收拾的烂摊子。卫家兄弟本以为已经抓住了"成功"的小手,可是一场本是正义,却反遭失败的"糊涂"仗,让他们满腔的革命热情,被兜头泼上了一瓢刺骨的凉水。

倪嗣冲驱走了柏文蔚,摇身一变成了安徽的都督。当时的情况是,袁世凯不得人心,民众更认同孙中山先生的主张,一个柏文蔚倒下,十伙"讨袁军"站起来,卫家兄弟随后参加了张大胡子的"讨袁军"。令卫立煌想不到的是,这支军队战斗的口号喊得震天响,可是和倪嗣冲的北洋军一接触,竟然败得也是"稀里哗啦"。

张大胡子颏下生满了胡须,模样比张飞还要凶猛,嘴里干掉袁世凯的口号喊得相当震耳,面对北洋军的进攻,他领着讨袁军丢盔弃甲地退到了和县的县城中。

卫立煌和卫立炯手持快枪,避身在城墙的垛口后,不断向城外的敌人射击。卫立炯毕竟年纪大,经验足,他射击一阵,耳边已经没有了张大胡子的呼喊声。

他端着枪,沿着马道来到城里,发现迎面正鬼鬼祟祟地跑来了一群人,领头的正是身穿便装,已经剃掉了胡须的张大胡子。

张大胡子领着卫兵,老鼠似的钻进了城东的水道,敢情他是要脚底板抹油——溜之乎也。

卫立炯一见上当，他将手中的快枪丢在了地上，然后顺着马道跑上了城头。这时候的卫立煌快枪在手，伏身在城垛后，不断地将子弹射向城外的敌人。卫立炯一把拉住了弟弟的胳膊，对战斗正酣的卫立煌说："三弟，张大胡子逃了，我们赶快撤！"

卫立煌把大哥拽到城下，当他问明白情况，只气得剑眉倒竖，虎目圆睁，骂道："我们兄弟竟被该死的张大胡子给骗了！"

卫家兄弟离开了和县县城，一口气跑回到了卫杨村。如果不是卫家兄弟机灵，他们的性命都有可能丢在炮火连天的战场上了。

卫立煌回到了卫杨村，可是他不甘心被代表腐朽和落后的北洋军打败，正在这时，传来了龚正洲、李瑞安在芜湖组建"光复军"的消息。卫立炯有些心灰意冷，卫立煌就兴冲冲地一个人跑到了芜湖去投军。

果然龚李二人编练的"光复军"很是有模有样，绝非张大胡子的讨袁军可比，因为卫立煌参加过保卫和县的战斗，故此，一入光复军就被任命为班长。卫立煌作为一个兵头将尾的班长，他的力量确实有限，虽然经过他的训练，他手下一个班的战士的战斗力，明显要高过其他班的战士，但面对倪嗣冲的进攻，光复军很快就成了一只溃军。

倪嗣冲为了保安徽一地长治久安，随后对反对他的"革命军"举起了屠刀。卫立煌为避危险，又一次回到了卫杨村。一连三次失败，让卫立煌明白了一件事，那就是扛枪当兵，改变命运的理想没有错，但他却走错了革命的大门。张大胡子只是想趁乱发财，抢占地盘的"山大王"，而龚正洲和李瑞安的军事指挥才能并不比张大胡子强到哪里。

再看柏文蔚，他颇有军事才能，但论打仗，却比不过倪嗣冲，更比不过手握重兵的袁世凯。良才择明主，卫立煌手里有几份旧的《警世钟》《猛回头》和《同盟会机关报》等进步报纸杂志，他记住了一个在报刊上经常阐述三民主义理论的名字——孙中山，卫立煌认为能战胜袁世凯的人只有孙中山先生。

卫立煌身在消息闭塞的卫杨村，不知道孙中山先生在哪里。辛亥革命是在武昌打响的第一枪，那么孙中山先生应该在武汉运筹帷幄，督导革命，指挥全局。

陌生的城市武汉，因为辛亥革命首先在武昌打响，因此在卫立煌的心中，闪着神圣的光芒。卫立煌当时的想法确实是太单纯，以为只要到了武汉，就能找到真理，就能寻到成功，就能获得革命的真谛。他虽然有去武汉的打算，但卫母却不支持卫立煌的想法。要知道，卫立煌年纪尚小，他在家乡"闹闹"也就罢了，还要千里迢迢地去武汉，一旦有个三长两短，她真的对不起死去的卫正球。

卫立煌正不知道如何说服母亲的时候，家里突然发生了一件事，这让卫母改变初衷，转而支持卫立煌去武汉"闹革命"。

卫杨村有个姓卫的混混，此人练过几天武功，经常恃强凌弱，横行乡里。这天，卫立煌去田里干活，回家的时候，看到混混正坐在自家的凳子上，逼迫自己的母亲给他做好吃好喝的。

卫立煌上去一掌，正打在混混的后脑，混混被打坐在地。混混看到打自己的人，竟是矮小的卫立煌，立刻从地上跳起来，挥起右拳，照着卫立煌的面门，一个"冲天炮"就打了过来。

卫立煌不仅上过战场，而且在军事学习班练过擒拿术，论身手岂是一般人可比？他一见混混的拳头袭来，伸右手"砰"地一声，叨住了对方的手腕，然后左手按住混混肩头，双手一起使劲，姓卫的混混"妈呀"一声惨叫，一跤跌倒在了地上。

卫立煌不出手则已，一出手差点将这混混的胳膊拧断。在卫母的劝解下，卫立煌撒开了双手。混混从地上跳将起来，他左手扶着受伤的右臂，逃到了院子里，口中还色厉内荏地叫道："卫立煌，你个该杀的革命党，你等着，我这就去举报，看官府怎么收拾你！"

卫立煌正要冲出家门，继续教训一下不知道死活的混混，混混扔下了几句狠话后，人跑得比兔子都快，转眼就没有影子了！

2．探路，投奔孙中山先生

路漫漫其修远兮，吾将上下而求索——屈原《离骚》

卫立煌怀有满腔的革命热情，可是鲁莽冲动和革命成功真的不能画等号。卫立煌扛枪当兵，本想推翻旧政权，建功立业，改变命运，可是接连的失败和打击，让他弄明白了一件事儿，如果他是条船，一旦误入歧路，不是偏离航道，就是搁置浅滩，更可怕的是触礁沉没！他只有觅到真正的水路，升起民主的帆篷，借助革命的飓风，才有可能找到人生真正的蓝海！

卫母也怕卫姓的混混去庐州，将卫立煌当革命党的消息报告给倪嗣冲的虎狼兵，她急忙说："老三，娘同意你去武汉了，正巧那边有一个亲戚，家住汉口，你到了地方之后，可暂时投奔他，也好有个落脚之地！"

卫立煌担心地摇摇头："娘，我不走，我要走了，混混回来，还得欺负您！"

卫立炯当时正在县城做事，他得到消息急忙回家。两兄弟一商量，决定狠狠教训混混一通。他们直奔混混的家，却发现混混家锁头看门，附近的邻居告诉卫立煌，混混挨打后，回家收拾了一个小包，已经逃之夭夭了！

卫立煌赶走了村中的祸害，卫扬村的村民得知消息，无不奔走相告，有的村民甚至亲自到卫家感谢，并"噼噼啪啪"地放起了鞭炮。本来，卫母和卫立炯都不放心年纪尚轻的卫立煌远去武汉，可是通过这些件事，他们终于明白，卫立煌真的有实力，绝非池中之物，早早晚晚，定当会云起龙骧的！

这一次，卫立炯不仅同意卫立煌去武汉的要求，卫母也转而支持儿子远行。卫立煌虽然心愿得偿，但还是忧心忡忡地道："可我走了，家里怎么办？"

卫立炯说道："家里有我，还有弟弟妹妹，你不用操心！"

卫母从箱子里取出仅有的两块银圆，塞到了儿子的手中说："你出门在外，不比家里。你不管在什么地方扛枪当兵，都要后脑勺长眼睛，千万小心才好！"

卫立煌答应了母亲，然后背着一个装有几件衣服的青布包，就匆匆上路了。好男儿志在四方，这句话放在卫立煌身上，绝对非常契合。可是那乖张的命运，偏偏不肯轻易放过年纪轻轻的卫立煌，它要折磨他、历练他，命运也要考验一下卫立煌是不是可堪造就的人才。此过程被称之为砥砺磨剑，也有人管它叫百炼成钢！

1914年3月，17岁的卫立煌一身补丁衣服，满身尘土地来到了大武汉。滚滚长江东逝水，气势巍巍黄鹤楼。龟蛇二山遥对峙，归元寺内说名流……武汉这些闻名中外的景点，虽然能吸引大多数游人的眼光，可是却难以让卫立煌驻足留恋。

卫立煌来到武汉，可谓超级不顺。首先他投靠汉口的亲戚就没有找到，接着他一打听，孙中山先生根本不在武汉，最后他兜里的路费已经告罄。如果他不能尽快地找到出路，那就只能露宿街头，成为乞丐和流民了。

卫立煌在武汉人流滚动、熙熙攘攘的街头踯躅的时候，忽然看到路边的电线杆子上，贴着一张湖北省学兵营招生的布告。

由于军阀连年征战，兵燹战火就像恶魔的巨口，吞噬了大量成年士兵的生命，为了弥补部队兵源的不足，有的军阀被逼无奈，只得向未成年人伸出了招兵的"幌子"。

学兵营招募的就是未成年人，这些未成年的孩子经过一年左右时间的培训，就可以扛枪上前线打仗了。卫立煌来到了学兵营的招兵处，凭着过去屡次参加过战斗的资历，很痛快地被录取。让卫立煌觉得歪打正着的是，这座学兵营的教官非常正规，也非常严厉。经过一年的学习，卫立煌的军事素质及军事技能，都得到了十足的提高。

毕业在即，当时的卫立煌面前，有三条路等着他进行选择：第一，留在武汉当兵；第二，拿着毕业证书直接去北京；第三，南下广州寻找孙中山先生。

学兵营的情况是，一多半的学兵毕业后都选择留在武汉当兵，因为这样可以"过门槛就上炕"，大收近水楼台之利；学兵营中的大多数安徽籍学兵都选择去北京，要知道当时的段祺瑞正任陆军总长，因他生于徽地庐州，故得了一个绰号"段合肥"。

卫立煌抵拒了高官厚禄的诱惑，学兵营毕业后，他毅然决然地选择去了广州。卫立煌不想重蹈军阀内战的覆辙，最后把理想和梦想都打成糊涂仗，将青春和热血都打懵懂。他要为理想当兵，他要为革命扛枪，他要为民主与和平而战。

当时国内战火四起，军阀割据，从武汉到广州有两条路，一条是近路：穿过湖北、湖南到达广东。这条路很危险，因为要经过北洋军阀的地盘，这些反动的军阀视广州的革命党如虎，特别是卫立煌这样的20岁左右的年轻人，便是他们重点盘查的对象。

反动军警一旦发现盘查对象有疑点，绳捆索绑投入监狱都是运气好，很多无辜的青年当时就冤死在军警的枪口下。

另外一条路相对安全，经江西到福建，然后从福州上船，走水路直接到达广州。卫立煌警惕性很高，宁走十步远，不走一步险，他乘坐火车到福州后，本找了个小旅店休息。他在小旅店的客房放下行李，出门去茶炉打热水回来的时候，就发现两个神态鬼祟的特务，正在用笔写着卫立煌的门牌号。卫立煌当即退房，直奔福州码头。他买了一张直航广州的外国客轮的船票，前脚刚刚登上客轮，那两个特务提枪领着几名同伙就追到了码头。特务瞧着外国客轮上的卫立煌，一个个急得就好像丢掉了猎物的鬣狗，在码头上团团乱转。

洋人的客轮享受豁免权，北洋政府的军警畏洋人如虎，不敢到客轮上抓人。卫立煌虽然脱离了险境，但想想自己是靠洋人势力的庇护才得以安全，也觉得心里翻腾，不是个滋味。

1915年开春，卫立煌到了广州。他四处一打听才知道，孙中山先生目前并不在广州。袁世凯上台后，先是派人暗杀了宋教仁，接着又非法签订善后大借款，准备发动内战，消灭南方的革命力量。孙中山先后在江西、四川、南京和上海等地起兵讨袁，可是因为国民党内部涣散，无法形成一个拳头，讨袁的战争只进行了两个月，"二次革命"就以失败告终，孙中山先生被迫流亡日本。卫立煌想追随孙先生，获得和捍卫革命真理的计划又一次落空了。

卫立煌为了在人生地不熟的广州站住脚，参加了许崇智的粤军，每天在操场、营房两点一线机械地生活。他通过能买到的报纸，尽可能地知悉国内外的形势，准备随时能有所行动。卫立煌在粤军部队吃粮当兵，完全就是在守拙待时、伺机而起的一段生活！

这时候，国内的政治的乱局，已经到了火山喷发前一刻的临"爆"点。1915年12月，袁世凯不顾国人反对，悍然称帝。12月25日，蔡锷将军等首先在云南举起了讨袁护国的大旗。袁世凯复辟的阴霾，在国内人人喊打的讨伐声中，很快便被驱散。

袁世凯只当了83天皇帝，便被革命的大扫帚扫进了历史的垃圾堆。卫立煌以为袁世凯倒台后，国内的政治局面能够"乌云散尽露青天"，可是他真的想错了。

袁世凯"称帝"遭到各方反对，不得不宣布取消帝制，但作为政治"强人"，他领导的北洋政府尚能勉强维持大体统一的局面。袁世凯死后，北洋政府内部立刻分为直、皖两大系。

直系军阀的代表人物就是曹锟，而皖系军阀的代表人物是段祺瑞。除了直奉两系，还有一些地方性的小军阀，比如奉系张作霖就在东北迅速崛起，晋系、滇系、桂系等小军阀则割据一方，一个群雄纷起、兵燹祸结、黎民倒悬的军阀割据年代就开始了！

1917年8月，孙中山先生为了勘定内乱，恢复约法，他电邀原来的国会议员南下广州，召开第四次国会非常会议。在这次会议上，与会议员做出了成立中华民国军政府，选举孙中山先生为海陆军大元帅的决定。

孙中山兴共和，终帝制，为民生所系，为国家的前途举兵，此举出自公心，自然遭到了那帮只为私利的军阀的嫉恨，有的军阀甚至公开宣称，要取孙中山的性命。

为了保证孙中山先生的绝对安全，急需组建一支卫队，这只卫队的组成人员，不仅需要军事技术过硬，而且要对革命万分忠诚。报名的士兵非常踊跃。卫立煌日夜期盼的就是这个机会，到孙中山先生身边去工作，如今机会摆在了自己的面前，怎么不令他兴奋莫名？

卫立煌经过努力，不管是出身政审、军事技术还是体能考试，都以优等的成绩过关，如愿以偿，终于成为孙先生的一名卫士。

浑金璞玉，岂可土埋，锥处囊中，其锋必见。孙中山先生日理万机，对于手下的几百名卫士，根本不可能全部认识。可是卫立煌却不同，他是为了寻找革命真理，开始追随孙中山先生，他如今心愿得偿，每日都能看到中山先生忙碌的身影，卫立煌就会觉得心中充满了光明和希望。

人一旦有了理想，便会迸发出异样的火花。中山先生其他的卫士稍微懈怠的时候，卫立煌却单手持枪，站得笔直，一双眼睛充满了警惕。不仅孙中山先生注意到他，宋庆龄女士也觉得卫立煌迥异凡流，与别的卫士大有不同。

有一次孙中山先生和宋庆龄女士外出归来，宋庆龄经过卫立煌身边时问："你是哪里人，站岗是很辛苦的！"

卫立煌两个脚后跟并拢"咔"的一个立正，用激动的声音说："能为大元帅和夫人站岗，是我的荣幸，一点都不辛苦！"

宋庆龄女士笑道："我看你和其他的卫士有些不同……"

卫立煌就简单扼要地讲出了自己的理想：扛枪当兵，目的是跟随中山先生，寻求革命真理。孙中山先生虽然没有说话，但他对浑身上下充满着青春朝气的卫立煌，还是报以鼓励的眼神、会心的微笑。

这时的卫立煌，浑身上下充满了干劲，可是一场飞来横祸，还是让他离开了军营，并和孙中山先生暂别了。

这场祸事的肇始，还是卫立煌骑术不佳、经验不足所造成的。有一次，卫立煌骑着战马，后背长枪，保护孙中山先生去执行一件公务。回营的时候，战马看到马厩，撒开四蹄，狂奔了起来，他背后的长枪挂在营门口的门楣之上，战马冲过了营门，卫立煌却从马背上直接摔到了地上。

卫立煌后背着地，肺部受到了震荡，当即口吐鲜血，昏迷了过去。中国有句古话说，男人怕鞍前马后，要知道作为一个骑兵，行动迅速的同时，坠马伤亡的危险也会伴随左右。

为了让骑兵减少危险，增加其战斗力，世界很多发达国家都为骑兵配备了枪管短小、重量稍轻的马枪。当时革命军的武器装备并不完善，枪械的制式也是五花八门，卫立煌这一次可算是因枪长吃亏了！

卫立煌坠马重伤后，卫队长急忙找来军医官，经过服药调理，一个星期后，卫立煌终于能站起走路了。可是，戎马倥偬的军营不适合卫立煌养伤，孙中山命秘书找来卫立煌，批给他一笔丰厚的康复费，说："你还是回家暂时静养，我已经关照卫队长，保留你的职务，一旦身体康复，立刻归队，必有重用！"

卫立煌虽然舍不得军营，更舍不得保卫中山先生的职务，但兵荒马乱的军营里，打仗是常有的事儿，他身体的状况，不仅不能为中山先生解忧，反而会给战友们增加麻烦。卫立煌就这样暂别了军营，乘船坐车，一路辗转回到了徽地庐州的卫杨村。

卫母的眼睛不好，当她确定是自己的三儿子从前线受伤回来的时候，真是先喜后惊。要知道饿马入厩，狂奔如风，卫立煌的坠马之处，一旦有个石块或者其他尖利物品弄断了他的脊椎，那就不是肺伤咳血这么简单了，很有可能摔成终生残疾，甚至会丢了性命。

卫立煌虽然受伤，但能四肢健全地回家，卫母在心里就一个劲地念阿弥陀佛了。卫母安排卫立煌躺在竹床上静卧，她则直奔卫杨村的一个乡野郎中家去给儿子开药。

那位乡野郎中问明了卫立煌的病情，随后就给卫母开了由几味中药组成的方子。卫母看着乡野郎中在药柜中配齐了中药，她手拎十几个药包，不放心地问:"大夫,您有没有使病人更快恢复的好办法?"

乡野郎中一边用纸捻子将药包捆扎结实,一边说:"我还真有一个食补的方子,不过却不好淘换治病的东西!"

这位乡野郎中说的东西在卫杨村很常见,就是鸡蛋,但这种给病人食补的鸡蛋却不是普通的鸡蛋,而是100个孵鸡蛋,这种蛋也叫"活珠子",就是母鸡孵化了12天左右的鸡蛋,这种蛋味道鲜美,营养远超普通的鸡蛋,只是价格不菲,即使有钱,也不好淘换。

有人说"尊前慈母在,浪子不觉寒",也有人说"万爱千恩百苦,疼我孰知父母",卫母一口气走遍了十里八村,不惜高价为三儿子卫立煌买来了100个孵鸡蛋。

药疗和食补双管齐下,报国的志向和母爱一起用功,20多天后,卫立煌的病情痊愈,他辞别了母亲,几日行程后,精神抖擞地出现在了孙中山的面前。

孙中山先生一见卫立煌伤愈归队,体质更胜从前,不由得心中大喜。他拍着卫立煌的肩膀说:"我送你到许崇智的部队当排长去吧!"

卫立煌在孙中山身边当了几个月的卫士,他深深知道中山先生的用才之道,那就是发现身边的卫士中,有可堪造就的人才,便会将其送到军队中带兵锻炼,参加战斗,经过炮火的洗礼、战场的锤炼,促使其快速成为一位可以独当一面的将才。

卫立煌虽然舍不得卫士营,但却能体会到中山先生的一番苦心。他当即"咔"地一个立正,举手敬礼道:"孙先生请放心,卫某定当在军队中有所作为,不辜负先生的栽培之恩!"

乱世出奸雄亦出英雄。卫立煌很显然是后者。他来到许崇智的第二支队,成为该支队的一名排长。卫立煌上任不久,还未等将手下士兵的名字记全,便接到了一个任务——随大部队一起开赴福建讨伐福州的都督李厚基。

李厚基也是个人物,但却是一个志大才疏的典型。徐州曾经流传着一个关于他"吃牛肉"的故事,便充分地说明了他"吃货"的本质。李是徐州丰县人,有一次他回家,徐州的乡绅便在当地有名的快活林酒家宴请他。

李厚基端起酒杯,就开始讲他当年曾经追随李鸿章出使美国的一段趣事:李鸿章爱吃洋葱炒牛肉丝,经过外国报纸的炒作,这道菜风靡美国,菜名就被叫李鸿章杂烩。

李厚基在快活林酒家断言，国内厨师再高明，也是无法复现这道菜中的牛肉丝鲜香嫩滑，最终原因是，美国人的食用牛很小就杀，牛肉很嫩，而国内能吃的牛全都是老牛，入口发柴。

快活林的老板听他说得刺耳，当即让店内的名厨炒了一盘李鸿章杂烩。李厚基举筷子一尝，不由得大为惊叹，快活林的牛肉虽老，但厨师火候控制得好，其软嫩的程度，比美国的小牛肉有过之而无不及！……

李厚基吃罢牛肉，还乘兴口占一联"李杂烩誉满美国，张师傅名扬徐州。"从此，洋葱炒牛肉丝就身价百倍，成为徐州名馔，前来快活林品尝者络绎不绝。

李厚基治军名声不显，反倒是因为这道洋葱炒牛肉丝的故事，而被大家熟知。但他治军多年，甚为自负，一开始并没有拿许崇智的部队当回事，可是经过几场激战，卫立煌和战友们就攻下了闽地重镇漳州。

李厚基吃了一个大亏后，当即组织精兵强将，在一个漆黑的夜里，对许崇智的部队进行偷袭。许崇智的部队因为接连取胜，军官们骄傲情绪弥漫，士兵们更是疏于防范，以至于李厚基的部队偷营成功。这场一面倒的战斗进行了一个多小时，许崇智的部队不仅被打散，而且军械、粮食和物资等大多被丢弃。

兵败如山倒，许崇智真的没有想到，自己会输得这样惨，他领着一些军官，在枪炮声中撤出了军营。他一边撤，一边收集残兵，天亮时分，手下已经有了一百多名士兵了。他本来想领着这些士兵，回到广州向孙中山复命，可是这时候，就听身边的几名军官惊叫道："许司令，不好了，李厚基的追兵赶来了！"

许崇智心中一凛，但为了能够脱离险境，他还是"嗖"的一声，拔出了手枪，叫道："李厚基欺人太甚，咱们跟他们拼了！"

许崇智手下的士兵"哗啦"一声，就地卧倒，他们有的躲在了石头旁，有的躲在了大树后，虽然枪口对着敌人，可是身子却不肯为自己做主——打追兵一个埋伏，他们真的不敢想，顶多是放几枪，给长官一个交代，然后就是撒开两条腿，没命地逃跑了！

许崇智借着晨光，凝神往身后的路上一看，"咦"了一声道："这哪是追兵，这不是卫立煌吗！"

出现在晨曦薄雾中的正是卫立煌。卫立煌在昨天晚上虽然挥枪击毙了多名偷营的敌人，但他因为孤掌难鸣，故此，还是随着溃兵的人流退了下来。

卫立煌远离军营后，他一没有慌张，二没有逃走，而是一边聚拢溃兵，一边打听许崇智的消息，然后一路追了过来。

许崇智一见危险解除，长吁了一口气，站了起来。他本想夸卫立煌几句，没想到卫立煌跑步过来"咔"的一个立正，说道："许司令，卫立煌前来请战！"

许崇智听卫立煌讲完话，他也糊涂了，两方面搜罗的溃兵，加在一起，也不超过三百人，这些士兵皆是残兵败将，哪里还有战斗的勇气？许崇智还以为听错了，说："卫排长，你前来请战，我没有听错吧？现在的形势对我们极为不利，除了撤退修整之外，实无其他出路啊！"

卫立煌一摆手，两名士兵推过来了一名绳捆索绑的俘虏。这名俘虏是李厚基偷袭部队的一个连长，他因为双方混战，打光了队伍，在撤退中，被卫立煌领人抓了起来。卫立煌经过审问，这名连长说出了李厚基司令部的位置，卫立煌的意思是，趁着现在粤军新败，敌军获胜，其司令部必不设防的机会，给李厚基来一个出其不意，大刀剜心，扭转战局，反败为胜！

许崇智听罢卫立煌的计划，不由得精神一振，他欣喜地对卫立煌点了点头，道："卫排长，这场斩首战，就靠你老弟了！"

许崇智为了鼓舞士气，他大声宣布了斩首战的计划，说："弟兄们，此战一旦取胜，士兵每人赏大洋两百，军官官升一级！

卫立煌一晃手中的步枪，接着许崇智的话口说道："弟兄们，我们如此狼狈地败回广州，不仅损伤革命军威名，更是无颜面见中山先生，只要大家跟我走，相信出其不意，攻其不备，定能端了敌军的司令部，让李厚基知道我们的厉害！"

前有卫立煌在身先士卒，后有许崇智的重赏计划，两三百名士兵已经熄灭的斗志，又熊熊地燃烧了起来……

李厚基军偷袭部队的司令部早已经接到前线胜利的消息，军官们有的喜笑颜开，喝酒庆祝；有的偷偷算计着凯旋后，李厚基会发多少奖金。而司令部外面的警卫部队也处于极度的懈怠状态。卫立煌领着士兵，趁着敌人警卫部队吃早饭的机会，他大吼一声："立功的时候到了，兄弟们杀呀！"然后一马当先，冲了上去。

卫立煌指挥的这场斩首战，不仅时间选得妙，而且战机也选得巧。李厚基军司令部的军官们庆祝胜利的酒杯还没等放下，他们就被卫立煌手下用黑洞洞的枪口指住了，虽然这些军官们不甘心，但也只有乖乖地举手投降了。

敌军的司令部被端，大部分的高级军官都成了卫立煌的俘虏，这就好比两个拳师在拳台上较技，一个虽然被打得摇摇欲倒，可是他用最后一点力气，对胜势的拳师头部发出了致命的一击。这招重击，果然收效，不仅使对手身受重伤，而且昏迷倒地，成了一个可悲的失败者。

许崇智真的没有想到，这场败得已经不能再败的仗，他还能翻盘惨胜。许崇智虽然想重用卫立煌，可是卫立煌实在太年轻了。在当时的旧军队里，军官的提升是需要论资排辈的，一旦提升太快，反而对卫立煌不利。许崇智考虑再三，只是让卫立煌当了连长。

卫立煌不居功，不自傲，更不嫌弃连长的官小，因为他知道，像他这样一无金钱、二无背景、三无提携的农村青年，想要在山头林立如剑戟、倾轧掣肘赛荆棘的军队里干出一番事业，除了脚踏实地干出一番骄人的成绩，绝没有第二条路可走。

许崇智的粤军乘胜追击，迅速占领了闽西和闽南的大部分地区，而李厚基的队伍接连败退，被压缩至福建的一隅。本来大好的革命形势，一路发展下去，势必会出现全国一统的喜人形势。但很多军阀都是高举孙中山先生的护法大旗，却只打自家的小算盘，陆荣廷首先取消护法，接着桂系的军阀于1917年2月通电主张南北议和，参与改组军政府，并于非常国会通过了《修正军政府组织法》。

孙中山先生面对不断受到排挤的形势，毅然辞去了陆海军大元帅的职务，转而去了上海，以静制动，谋求再一次进行北伐的时机。

粤军部队占据了闽地大部分地盘后，面临着两件任务：一是严防李厚基的队伍抢夺地盘；二是剿灭地方多如牛毛的匪徒。而英勇善战的卫立煌，就成了剿匪的主力。

如果说卫立煌上一次打斩首战凭得是勇气，而这一次消灭匪徒，凭借的可就是智慧了。闽地的匪患由来已久，这帮恶匪皆是本地人，他们白日为民，晚上变匪，而且对家乡的商家店铺采取的是保护的态度，故此，甚得本地人的人心。他们一旦放下武器，剿匪的部队难以分清哪个是匪，哪个是老百姓。

卫立煌针对这种正规军队剿匪无功、大棒打不死蚂蚁的反常现象，命令手下身穿便装，以剿匪小组为基本单位，灵活、准确地对当地的恶匪发起进攻。

其他连队剿匪无功，损兵折将，而卫立煌的连队却斩获连连，战报喜人。许崇智觉得自己没有看错人，就破格提拔卫立煌当了营长。

卫立煌年仅22岁，就升任营长，这在粤军中是绝无仅有的，有不少同僚，甚至当面叫他为小营长。卫立煌为了使自己年少老成一点，还在自己的鼻子下面，蓄起来两撇醒目的胡须。故此，他被军队的袍泽送了一个响当当的绰号——卫胡子。

古人有蓄须以明志，可以这样说，一蓬整洁、漂亮的胡须，等同于雄狮的鬃毛，可说是一个成熟男人的标志和象征。当然，卫立煌蓄须，只是他成熟过程中的一个小事件。他作为一个中下级军官，除了严格要求自己，便是好好带兵，努力打仗。要知道，战争的铁锤，是锤炼自己心性的最好工具，每一场胜利，都是一步步通向成功的阶梯，卫立煌经过暴风狂雨的洗礼，他变得更加英勇善战了！

1921年4月，孙中山被选为中华民国非常大总统兼陆海军大元帅。这时，受到日本帝国主义支持的段祺瑞，继承了袁世凯的衣钵，口里喊着要民主和共和，其实心里想的却是独裁与专制。

段祺瑞出任国务总理，并逐步接管了中央政府的全部军政大权。在这一段时间里，他和继任大总统黎元洪之间的"府院之争"搞得剑拔弩张，而且督军团叛乱、张勋复辟等多幕丑剧也开始连番上演。孙中山已经清楚地认识道：民国一厄于袁世凯，再厄于段祺瑞。

1921年6月，孙中山为了保护临时约法，他命令粤军、滇军和赣军一起举起北伐的大旗，开始向危害共和的"独夫民贼"宣战。

卫立煌当时还在许崇智部下任营长，他虽然每月有不菲薪俸，而且受上

许崇智

级军官和许崇智信任，前途不可限量，但心里却对国家和军队的命运，充满了彷徨和担忧。

袁世凯因为开历史倒车，已经被扫进了历史的垃圾堆。可是一个专制的独夫倒下，更多的专制者站了出来。卫立煌在中山先生的振臂一呼中，仿佛又看到了国家和民族命运的曙光。他暗暗发誓，一定要领着手下的弟兄，好好打仗，为北伐的最终胜利贡献出自己的一分力量。

3．立功，卫胡子鏖战成名

大丈夫处世，不能立功建业，几与草木同腐乎——罗贯中

有人打了一辈子战，最后还是经常打败仗，这样的军人，就是个不合格的军人。没有谁一生下来就会打仗，但可以在战争中学习战争。卫立煌就是这样，他的名气，是靠一枪一弹打出来的，是凭着一场场的胜仗积累出来的！

孙中山先生的这一次北伐，又是一次勉为其难的北伐。他虽然握有陆海军大元帅的权柄，可是手中却没有一只嫡系军队，他只能凭借着"不靠谱"的军阀力量，来完成"军阀打军阀"的北伐任务。

这些粤、滇和赣系军阀全都抱着"无利不起早"的趋利思想，他们之所以"甘心"受中山先生驱使，大多数都是借着"保卫约法、民主共和"这杆正义的大旗为掩护，然后行一些掠民、扩军、充饷和抢占地盘的阴暗把戏。

北伐军响应时代的号召，代表着进步的力量。故此，一开始在浩大的声威之下，进展迅速，桂系军阀被驱逐，很快广西统一，北伐军力量空前地壮大。中山先生为了鼓舞士气，接见了这次征讨桂系军阀的有功人员。

卫立煌光荣地出席了这次会见，并获赠中山先生的六寸签名照一张。这张上面写着"卫立煌同志，孙文赠"的珍贵照片，一直被他保存在身边。后来，卫立煌参加抗战，在荣任第一战区司令长官时，这张照片被他镶在精致的镜框中，立在办公桌上面，以示对中山先生的永久纪念！

孙中山正欲以桂林为大本营，向两湘进军的时候，留守广州的陈炯明部却有了异动。孙中山为将陈炯明叛变北伐的苗头扼杀，他从桂林亲赴广州，准备动之以情怀，晓之以道理，让陈炯明这支军队，不至于在北伐的道路上"脱轨"。

可是谁也想不到的是，震惊中外的六一六事件悍然爆发了，陈炯明不仅公然叛变北伐，而且手下的悍将叶举还领兵围攻总统府，并炮轰观音山。孙中山脱险之后，一路先到了白鹅潭，再上了楚豫舰，最后登上了永丰舰，继续指挥对陈炯明叛军的作战。

陈炯明曾是老革命党，甚至中山先生都说他"不好女色，不要舒服，吃苦俭朴，我也不如"。他公然叛变北伐绝对是有原因的。第一便是彼此政见不和：孙中山主张武力统一全国，彻底肃清军阀余孽；而陈炯明的政治主张联省自治，学习美国的联邦制度。

第二，陈炯明拥兵10万，是军阀中是实力派，吴佩孚和赵恒惕都派人积极与他联络，并许诺，一旦北伐失败，联省自治成功，则拥护他做领袖。

第三，孙中山主张国家统一，实则是军权、政权和财权的三权统一，这就从根本上夺取了各地军阀手中的枪杆子、印把子和钱袋子，故此，依靠军阀打军阀是绝难取得成功！

中山先生走国家统一的共和之路是正确的，卫立煌是其政策的坚定的拥护者，北伐伊始，卫立煌所在的许崇智部，执行的任务是继续对盘踞闽地一隅的军阀李厚基作战。

入闽的北伐军作战勇敢，一路胜势，直攻福州的李厚基部。李厚基手下的部队在北伐军犀利的攻势之下，已成处处失利、时时挨打的局面，可是随着六一六陈炯明叛变的事件爆发，许崇智入闽南的作战部队接到中山先生的命令：其部北伐军，改称东路讨贼军，回师广州，讨伐陈炯明。

中山先生为讨贼成功，还发表了一篇《讨贼宣言》。在这篇宣言中，中山先生先写了讨贼的原因和重要性，接下来写道：

要大家为三民主义去奋斗，变成革命军，便是要大家为三民主义变成敢死队。为什么要大家为三民主义变成敢死队呢？因为为三民主义去奋斗，就是死了，也是成仁取义，所谓仁义之师。这种死法，是为主义而死，不是为金钱而死。像从前沈鸿英造反，打到瘦狗岭来，死了很多的兵士，但是那些兵士是为金钱而死的，至今谁去纪念他？如果是为主义而死的，像黄花岗的七十二烈士,就是千载之下,都要来纪念。大家以后去拼命,用一个人去打十个人,必须为主义去牺牲,不要为金钱去牺牲,才叫作革命军。

东路讨贼军的总指挥为许崇智,兼第二军军长,粤军黄大伟为第一军军长,李福林为第三军军长,而总参谋长就是蒋介石。三路讨贼军齐聚韶关,与叛军展开了大战。

陈炯明的军队是以逸待劳,装备充足,而且早就修好了碉堡工事,占据地利。而许崇智部师出有名,为保护约法,统一全国而战,占据天时。两方一接触,基本上是势均力敌。但讨逆部队是正义的一方,经过十几天的苦战后,逐渐占据了上风。

就在讨逆军即将攻占韶关的时候,陈炯明的援军赶到了。负责支援韶关的是陈修爵的第3团,他们乘坐火车,由广州赶到了韶关马坝,向讨逆军开始了进攻。

连日的苦战,讨逆军将士不仅体力超支,而且弹药也几乎用尽,最后还是败下了阵来,分路撤向瑞金,并准备向福建大迂回,继续执行征讨李厚基的任务。

卫立煌在这次北伐福建、回师讨逆的过程中,带领着一营官兵,参加了大小不下几十场的战斗,虽然表现英勇,但官小职微,难以改变整个战局。在讨逆军撤退的途中,卫立煌的所在营接到了一个阻击追兵的任务。当时任务到手,全营的官兵就炸锅了,因为这场仗几乎没法打,部队在韶关一战,打得太苦,不仅手榴弹用罄,子弹也是奇缺。巧妇难为无米之炊,士兵们没有子弹,拿什么完成阻击任务!如果讲句不好听的话,没有子弹的步枪,还不如烧火棍挥舞着顺溜。

卫立煌哪会不知道这道理,可是为了完成任务,他站在了一块卧牛石上,说:"弟兄们,《孙子兵法》有云:兵者,诡道也,故能而示之不能,用而示之不用,近而示之远,远而示之近(战争是一种用假象来欺骗和迷惑对方的学问,只要善于利用强弱、远近来伪装自己,迷惑敌人,就能取得预期的目标)。只要你们相信我,卫某定能带领大家取得这场阻击战的胜利!"

全营官兵听卫立煌讲完话,一时间沉默不语。其中一名连长跟随卫立煌最久,他领头叫道:"我们相信卫营长!"

卫立煌听着全营官兵跟随自己的呼声，将手一挥，全营官兵纷纷借助地形，隐蔽在草丛、树后和山石旁。卫立煌这次打阻击战，给官兵们传下了一道惊人的命令：任何人都不许开枪。

紧追讨逆军的陈炯明部队，根本搞不清卫立煌这只阻击部队的实力，先头部队为了试探虚实，他们架起机枪，对着卫立煌部"突突突"地就是一阵乱射！……

面对飞蝗般的子弹，卫立煌领着士兵们，就像被钉子钉住一样，纹丝不动。五分钟后，追兵们停止了射击。本来火力侦察，是陈炯明手下部队惯用的伎俩，己方开火后，对方一般都会还击，从还击的枪声密度，就可以得知敌人的数量、武器配置等虚实情况，可是遇到卫立煌这只"打哑巴"仗的部队，他们也是土地爷抓蚂蚱——有点慌神了！

追击讨逆军的部队指挥官是一个团长，他闻报后，亲自来到先头部队，举着望远镜查看了一番，然后双眉紧皱，嘴里小声嘀咕道："姥姥的，今天真是闹鬼了！"

两军交火，如果一方静默隐蔽，一枪不发，大体有三种情况：对方没子弹了；鼓弄玄虚，吓唬对手；布下了一个口袋阵，等着敌人来钻。

第一种情况有点不可能，因为没有子弹的部队不会来打伏击；而第二种情况，冲过去很可能会打一个胜仗；而一旦遭遇第三种情况，那可就得不偿失了！

敌团长思考片刻，认为保存实力最为紧要，涉险的事儿还是让别人干吧。他将手一挥："前方有埋伏，立刻撤兵十里！"

卫立煌这场"哑巴仗"打得漂亮。他用强大的心理战，竟以一弹未发的零消耗，令敌人撤兵十里，解除了讨逆军部队被揪着尾巴追着打的危险。

许崇智得知情况，当即传下命令，卫立煌有勇有谋，由营长直接擢升为少校团长。这一年卫立煌刚刚25岁。

第一次北伐失败后，1922年5月6日，孙中山偕胡汉民、许崇智、程潜等人由广州来到韶关，督师进行了第二次北伐。北伐军经过一年艰苦卓绝的战斗，东西两路联军攻克广州，并成功地驱逐了陈炯明。

孙中山先生携宋庆龄女士复回广州，重登永丰舰，并在舰上接待了二次北伐中驱逐陈炯明有功人员。卫立煌身穿笔挺的军装，参加了这次盛典。

孙中山先生对于当过自己的卫兵，被他送到许崇智部队中的卫立煌非常关心。当他得知年纪轻轻的卫立煌因为作战勇敢，已经升任团长时，满意地点了点头说："好，革命以后就得靠你这样的年轻人了！"

卫立煌得到了中山先生的褒奖，心情激动，溢于言表。他从中山先生殚精竭虑、屡次北伐的行动中，看到了国家民族的希望，同时，做一辈子中山先生信徒的愿望，更加笃定和执着了！

卫立煌每每与军队袍泽们谈起青年时代追随中山先生的经历，便会称那段岁月为黄金岁月。他为能亲承孙中山先生的謦欬，而感到莫大的荣幸，以至于后来张学良和杨虎城发动西安事变时，卫立煌等国民党高级将领被扣西安，面对张、杨二人提出的八条主张中的"确实遵行总理遗嘱"，他对其表示了深刻的理解和同情。后来，抗日战争爆发，卫立煌和八路军并肩在山西抗日，当双方交流的时候，一旦遇到谈不拢的事情，只要八路军提及中山先生，双方的沟通就会减少很多障碍。

卫立煌作为中山先生的信徒，确实和蒋介石手下的嫡系将领不同。他不仅同情中共，而且对国共联合抗日等主张深表理解和支持。新中国成立后，卫立煌从香港返回大陆，开始为新中国的建设效力，这都是与中山先生植入他心中的革命理念分不开的。

孙中山面对北伐中的军阀各怀异志，他们只为私利和地盘而战，一旦遇到拉拢和诱惑，便会调转枪口，倒戈叛变，1924年做出一个决定，那就是创办两所学校。

这两所学校一所是国立广东大学（今中山大学），这所大学是培养政治人才的大学，而另外一所培养军事人才的学校就是国民党陆军军官学校。1924年6月16日，国民党陆军军官学校正式在广州黄埔长洲岛成立，这就是后来闻名遐迩的黄埔军校。中山先生在黄埔军校建校之初，为其题写的校训是"亲、爱、精、诚"，他希望通过黄埔军校正规的军事教育，培养出一批可以为国民革命而矢志不渝的军官，借此壮大革命军的力量，打倒军阀，挽救国家的危亡。孙中山在开学典礼上，曾做出了如下致辞："我们开办这个学校，要用里面的学生做根本，成立革命军，诸位就是将来革命军的骨干。创立了革命军，我们的革命才能成功。"

黄埔军校为革命所设，就必须要交给一个"实靠人"手中，该校校长的人选确实让中山先生很费思考。一开始，这所学校的校长被定为程潜，而蒋介石和李济深为副校长，但蒋介石不甘屈居人下，他消极辞官，避到上海，后经张静江为之斡旋，孙中山便正式任命蒋介石为这所学校的校长。

中山先生创办黄埔军校的目的是好的，但1925年发生的几件大事，让国内的政治、军事格局全都发生了深刻变化。这就不是中山先生以及众多爱好和平的人士所能预料到的了！

首先，第一次东征开始。

陈炯明部被讨逆军驱逐出广州，退兵福建后，他们不甘心失败，在北洋军阀和西方列强的支持下，组成了一只"救粤军"，并开始向广州进攻。1925年2月1日，广东革命政府开始了讨伐陈炯明的第一次东征。

这次东征虽然有湘、滇、桂等军参加，但主力是黄埔军校学生军和粤军。当时，粤军总司令许崇智任东征军总司令，蒋介石兼任东征军参谋长，周恩来兼任政治部主任，东征的联军约5万人，而陈炯明的"救粤军"共6万余人。在人数上，东征的联军并不占优势。

但战事一开，蒋介石手下的两个黄埔军校军官教导团就出尽了风头，3000人的教导团打的第一个硬仗就是攻克"救粤军"重兵防御的淡水，让陈炯明大吃了一惊。

陈炯明急命"救粤军"的将领林虎调集了三万重兵，向军官教导团潮水一般地压了过来。就在林虎部快攻到东征军的指挥部，蒋介石将全部预备队都投入到战斗的危急一刻，卫立煌领着一个团的援军赶到了。

面对人数众多、占尽胜势的敌人，卫立煌高声道："狭路相逢勇者胜，弟兄们，给我冲！……"

卫立煌团的官兵们一个猛冲，不仅止住了"救粤军"的攻势，也让胜利的天平开始向东征军倾斜……此

1912年出版物封面：陈炯明

战胜利,卫立煌的英勇善战,不仅让蒋介石刮目相看,也给指挥战斗的周恩来留下了深刻的印象。

其次,孙中山先生逝世。

孙中山先生一生致力于中国革命,因为操劳成疾,于1925年1月26日下午,住进协和医院准备进行手术。晚上9时许,医生打开中山先生的腹腔,发现是肝癌晚期,已经无法用手术治疗了。

1925年3月12日,中山先生于北京铁狮子胡同5号行辕逝世。逝世前,留下了著名的"革命尚未成功,同志仍需努力"的遗嘱!

最后,蒋介石"杯酒"释掉许崇智的兵权。

中山先生逝世后,许崇智在7月1日被广州成立的中华民国国民政府任命为军事部长兼广东省政府主席,成为继汪精卫、廖仲恺和胡汉民之后的国民党领袖人物。

1925年8月20日,国民党左派领袖廖仲恺被杀,蒋介石借处理廖案为名,大肆打击国民党右派,不仅许崇智的许多亲信被抓,而且他本人亦遭到了排挤。1927年冬,许崇智被迫出国,而蒋介石则取代了许崇智在国民党的军事首脑地位。

第一次东征的胜利,大出风头的是黄埔军校军官教导团,而黄埔军校的校长蒋介石因为"教育有方,指挥得法"而声名大噪。在国民党中央执委会的批准下,以黄埔教导团为班底,扩建成为国民革命军第一旅,旅长何应钦。不久之后,国民革命军政府改组为中华民国国民政府,并设立军事委员会,下设八个军。蒋介石出任第一军的军长。后来北伐时候,第一军的军长仍然由蒋介石担任。

1925年9月,卫立煌任国民革命军第一军第三师第九团少将团长。

1925年9月28日,国民政府为剪除心腹之患陈炯明,任命蒋介石为东征军总指挥,周恩来任东征军政治部总主任兼第一军党代表,以国民革命军第一、第二军为骨干,总兵力3万多人,分三个纵队,准备第二次东征,讨伐陈炯明。

卫立煌是中山先生的信徒,中山先生天年不永,曾让他一时间失去了追随的目标。陈炯明炮轰总统府之后,蒋介石因为亲登永丰舰,与孙中山先生一起指挥作战,而深得孙中山的信赖。加上蒋介石在1924年10月平定商团叛乱,及担任黄埔校长这一段时间的"上佳"表现,使他脱颖而出,继承了中山先生的

"衣钵",成了继续"革命"的代理人。顺理成章,蒋介石就成为卫立煌新的追随目标。

陈炯明的主力部队,基本盘踞在惠州一带。惠州远在隋唐时代,便已是重镇,它不仅是东江流域政治、经济和军事的中心,而且素有"粤东门户"的称誉。

原惠州城墙是明代洪武二十二年(1389年)所筑,外包青红石条,内填夯土,高逾6至7米,总长度为4700多米。陈炯明得知蒋介石率领东征部队首攻惠州,呵呵笑道:"不知道天高地厚,我要让东征军彻底知道厉害!"

滇桂联军第一次东征时,因为无法攻克惠州城,而留下了遗憾。这次,陈炯明命手下最能打的杨坤如任惠州的指挥官。杨坤如出身绿林,身经百战,可谓有勇有谋,经过半年左右时间的经营,不仅加高了城墙,而且在城楼上设置了隐蔽的机枪火力点,"粤东门户"已经变成了"南方第一坚城"。

惠州位于东江之滨,城外就是水流湍急的东江,而西南两侧,则是难以用兵的沼泽。这三面环水的险要之地,据传已经安度千年,从来也没有被攻克过!

杨坤如为了守住惠州,对手下的四个旅做了如下布置,按照不能将所有的鸡蛋都放在一个篮子里的原则,留下两个旅,固守惠州,另外两个旅,一个旅守惠阳,另外一个旅在惠阳和惠州之间驻军。

三个旅成一字长蛇阵的阵形排开。陈炯明为了给惠州的实力"添肉加膘",还调拨了3千名军队,驻守在惠州东门外水井街一带。杨坤如手下的军队,共有七八千人,而第二次东征军将士共有兵力3万余人,他们以第一、第二军为骨干,共分三个纵队,而第三师第九团因为骁勇善战成了先锋团。

惠州城真的难打,它不仅四周有护城河围绕,而且惠州城的7座城门,除了东门留下,准备不敌时逃跑之外,剩下的6座城门,全部被杨坤如下令用巨石塞死。东征军虽然有一些大炮,可是炮弹却严重缺乏;攻城官兵虽然杀敌的热情高涨,但攻坚的经验明显不足;还有更重要的一点,陈炯明基本是困兽犹斗,背水一战了。卫立煌深知,这场攻坚战一旦打响,绝对是生死一战。

10月13日凌晨,东征军完成了清除外围守敌、对惠州城包围的任务。上午9时,卫立煌指挥第九团的官兵,开始猛攻惠州的北门——朝京门。

朝京门与一般的城墙不同,它原先是一座旱闸,经过改建,才变成了城门。这座城门一旦落闸,便具有阻挡西枝江百年一遇洪水的功能,不管从高度，还是强度，都比一般的城门要结实和坚固得多！

卫立煌的先锋团，面对强敌、重城和猛烈的炮火，几番冲锋，多次激战，可是伤亡过半，却没有达到抢关夺寨，攻取城门的目标。《孙子兵法》中《谋攻篇》有云："不战而屈人之兵，善之善者也。故上兵伐谋，其次伐交，再次伐兵，其下攻城！"

可见两军对战，攻城是最下之策，但东征军讨逆伐异，属于进攻作战，面对雄关阻路的战争形势，只能是攻坚夺寨，强行拔城。

卫立煌血战一日，到了晚上，他看着疲惫的将士，还有遍地的东征军官兵的遗体，他心痛得连连跺脚，道："这仗真的不能这样打，不能这样打啊！"

卫立煌思前想后，决定改变进攻作战的策略。他找来了当时任连长的陈明仁，道："陈连长，明日我领兵与敌先战，你带领一只尖刀部队，养精蓄锐，等守敌疲倦后，一鼓作气，破敌攻城，不得有误！"

陈明仁道："卫团长放心，明仁一定不辱使命，身先士卒，攻下惠州！"

14日拂晓，三师的一个团猛攻北门，卫立煌亲率三师第九团开始攻打西门，西门和北门一时间，变成了战火横飞、血肉飞溅的主战场。三师九团的将士们架设云梯，奋勇爬城，战斗到了下午，不仅九团的官兵成了疲师，惠州的守军也已经精疲力竭。

陈明仁的尖刀部队在发起冲锋之前，卫立煌做出了两点安排，一是准备好泼上煤油的湿稻草，在尖刀部队攻城时点燃，用滚滚浓烟遮蔽敌人的视线。

二是将炮营的6门炮推到城外500米的小树林内，隐蔽起来，在尖刀部队发动攻城之后，众炮齐射，为攻城部队扫清攻城的障碍。

随着洒上了煤油的湿稻草被点燃，呛人的滚滚黑烟，直奔惠州城的北门飘了过去。杨坤如手下被呛得涕泪交流，连声咳嗽，随后，炮营的六门炮开始了怒吼。

经过两天的战斗，惠州城头机枪的位置早已经被炮兵摸清，这六门炮首先干掉了城头的机枪，然后集中一点齐射，在北门的右侧10米处，将城墙炸开了一个大豁口。

下午4点整，卫立煌一声令下，陈明仁的尖刀部队肩扛竹梯，呐喊一声——冲啊，直奔西门杀了过去。

陈明仁借着浓烟炮火的掩护，猛冲到了城下，他们在城墙豁口处，竖起了竹梯，陈明仁身先士卒，他第一个踩着竹梯，开始攻城。

杨坤如听说西门吃紧，本想领兵亲自督战，可是炮营的六门火炮在城墙上炸出豁口后，火力就开始向城内延伸。猛烈的炮火，在城中处处开花，弹片横飞，硝烟滚滚中，杨坤如也害怕了，他觉得惠州难保，形势不妙，随后率部从东门仓皇逃走了！

狭路相逢勇者胜，陈明仁左手驳壳枪，右手拎着大刀，第一个杀上了惠州的城头。惠州的守军得知杨坤如逃走，早已无心恋战，一见陈明仁英勇顽强，挡者披靡，早已乱成一团，作鸟兽散。

卫立煌得知陈明仁攻占了城楼，当即一声令下，第九团的官兵立刻发起了潮水般的冲锋。惠州的西门被首先攻克，南中国第一天险——惠州城的城头就这样插上了东征军的旗帜。

第一个登上惠州城头的陈明仁，由连长升为少校营长。蒋介石还特意为陈明仁召开表彰大会，命手下吹号三通，并对天鸣枪，以示祝贺。

惠州一战，让卫立煌英勇善战的名头更响，可是将近一半的战斗减员，也让卫立煌为九团的命运深感担心。要知道，在当时有枪就是草头王的年代，很多军阀为了自己的利益，一旦遭遇战争，首先想的不是如何战斗，而是如何使自己的实力不受损失。因为一旦实力受损，人员、枪械得不到补充，成光杆司令了，还混个啥！

其实这完全就是"弱肉强食"的丛林法则。后来，蒋介石为了将军权牢牢地抓到手里，他就有意地用战争清洗杂牌军，并让黄埔军校的嫡系取而代之，这也是后来国民党的杂牌军，不肯为蒋政府真正出力的一个原因。

正义之师天不欺。惠州城攻克后，第三师九团继续向陈炯明盘踞的潮梅两地进发。因为新庵圩和河婆一带陈师防守较弱，卫立煌率领九团没费多大的劲，便取得了驱敌成功的胜利。

第九团的官兵没等杀牛宰羊，举杯庆祝，陈炯明手下的悍将林虎兵出华阳，准备一口吃掉第九团，报惠州失陷的"切齿"仇恨。

当时第九团面临的形势非常不利。首先，林虎是以逸待劳，而九团官兵完全是疲惫之师。

其次，林虎手下的军队，数倍于卫立煌的九团官兵。

最后，陈炯明久居广州，跟英国人混得很熟，他通过外交渠道，获得了大量英国先进的武器，林虎部队的装备，从整体上要优于卫立煌的部队。

第九团面对诸多的不利条件，虽然凭着一股英勇之气在应战，但面对敌军强大的火力，已经处于疲于应战的状态。

卫立煌忙给距离九团最近的一师拍去了请求支援的电报。拍完电报，他又请求三师的主力急出梅林。三师的官兵接到卫立煌的电报后，他们一路轻装跑步，快速前进，去解九团之围。

三师主力来到前线战场时，一师已经在左翼与林虎的部队交上了手，三师随后开始进攻林虎的右翼。卫立煌见援兵已到，他一摆手枪，对九团传令道："让陈炯明的部队，知道我们东征军的厉害！"

一师的加入，让林虎部疲于抵抗，而三师主力，更是能征惯战的队伍。三支部队不管从人数还是战斗力，都对林虎的部队形成了压倒性的优势。

三支部队，好像三只铁锤，将林虎部队这只"硬核桃"，敲了一个稀巴烂。卫立煌这一仗大获全胜，特别重要的是，除了缴获大批的军用物资，他们还得到了六千多支英国造的步枪。

卫立煌参加东征的九团的部队使用的武器，完全就是"杂巴凑"，不仅有老套筒，还有毛瑟枪，甚至有的士兵竟使用着老式的火枪。因为武器的混乱，军需和后勤的供给异常复杂和困难，这次一下子得到了六千多支英国造的最新枪械，让卫立煌也是喜形于色。

他除了给一师的弟兄们留下了足够的枪械外，三师九团的士兵们，都统一换成了英国造的步枪。枪械的统一，枪械口径的一致，让卫部的战斗力立刻提升到了一个新的档次。

4．北伐，击溃劲敌孙传芳

八百里分麾下炙，五十弦翻塞外声，沙场秋点兵——辛弃疾《破阵子》

卫立煌率部参加了北伐，在北伐的过程中，卫立煌的对手全是孙传芳手下的悍将。孙传芳不仅与张作霖、吴佩孚并称"北洋三大军阀"，他还做过浙、闽、苏、皖、赣五省联军总司令。卫立煌和号称"东南王"的孙传芳作战，他真的有取胜的把握吗？

1926年7月9日，国民革命军从广东起兵，开始了震惊中外的北伐。

说起这场战争爆发的原因，还得从1911年爆发的辛亥革命讲起。孙中山先生领导的辛亥革命是一次轰轰烈烈的反帝反封建的壮举，但因为军队没有掌握在手，封建军阀的势力太过强大的原因，这次革命最后同旧军阀的势力妥协而宣告结束。

帝国主义势力依旧在国内根深蒂固，辛亥革命的胜利果实，最终落到了袁世凯为首的北洋军阀手里。当时的各路军阀为争夺利益，便开始了十多年的混战，社会各阶层对北洋军阀的憎恨与日俱增，有识之士都急于寻找改变中国半殖民地半封建社会的出路，并期盼着能够早日实现国家的独立和统一

1926年，国民革命军起兵北伐时，北洋政府控制在以张作霖为首的奉系军阀手中，兵力约40万，地盘最广，实力也最雄厚；直系军阀吴佩孚占据两湖、河南三省等地，并控制京汉铁路，兵力为20万，实力也不可小视；而皖系军阀孙传芳，则占据了长江中下游，统兵20万，被称为东南王，实力也是一方霸主。

国民革命军的总司令为蒋介石，下设8个军，总兵力为10万余人，第一军的军长为何应钦，其下设5个师，分别是一、二、三、十四和第二十师。

第三师师长为谭曙卿，副师长顾祝同，参谋长赵启录，辖七团涂思宗、八团徐庭瑶、九团卫立煌。

当时第一军第三师的任务是向福建和江西进军，负责征讨东南王孙传芳。北伐军一路征战，进入福建后，激战不断。鉴于卫立煌在惠州取得的可圈可点的战绩，这次进攻孙传芳，卫立煌的部队当仁不让地被选调为先锋团。

当时的卫立煌只有30岁，可是多年的征战，已经让他成熟了起来。他严肃军纪，不管到了何处，手下的官兵都不许骚扰百姓，一旦有违军纪的事件发生，当事人必被军法严办。

卫立煌在作战过程中，还特别注重地形的运用。他每到一地，都要带着连以上的军官查看地形，并结合地形，考察手下的军官，一旦爆发战斗，如何攻杀战守，如何安全撤退，直到手下的军官们，结合眼前的地形，做出最为合适的战斗安排，他才肯领着大家回营休息。

卫立煌一路进攻福建，一路捷报频传，当时第一军军长何应钦也准备栽培他，便以检查防务的名义下部队考察。果然，他发现卫立煌的第九团军容整

齐，训练有素，战斗力明显超过其他团队，便上报蒋介石。经过核准，卫立煌团长的官职也得到了提升，现在他已经是第十四师的副师长了。虽然冯轶裴是该师的师长，但前敌总指挥的担子，他已经整个地挑了起来。

很快，一场考验卫立煌新任副师长的硬仗就出现在他的面前……

当时，卫立煌的部队与孙传芳手下的悍将周荫人相遇。周荫人和卫立煌相比，绝对可称为"洋范"，他毕业于日本陆军士官学校第六期，现在是孙传芳手下五省联军闽军（福建）的总司令。

严格地说，周荫人并不能算孙传芳的嫡系。为了一个扩大地盘、增强实力的目标，他只是暂时认了孙传芳这个"老大"。

五省联军的组合方式，基本上算是"拉大旗当虎皮"，甚至都不能算作是"抱团取暖"，他们共同的利益就是"抢地盘"，一旦目标失去，五省联军也就立刻树倒猢狲散了。

对于军阀们来说，联军就是唬人的幌子。就拿周荫人举例，他的官职是闽省督理兼第二师师长，号称手下有六万人马，可是能调动的不过三万。

当时，由粤进闽的北伐军是何应钦第一军三个师：即谭曙卿第三师、冯轶裴第十四师、钱大钧第二十师，还有张贞的独立第四师，人数共计7000余人，不及闽军周荫人部队人数的三分之一。

孙传芳的五省联军，包括的范围是浙、闽、苏、皖、赣五省，孙传芳自任总司令兼江苏总司令，换句明白一点的话说：卫立煌奉命北伐，领兵攻打江苏，周荫人不见得出兵帮忙，可是北伐军来进攻闽地，就等于来"抢"周荫人的地盘。周荫人拼命的底线就是地盘，卫立煌面临的情况，完全就是在周荫人的虎口夺食。

果然，战斗一开始，北伐军就遭到了周荫人部下异常顽强的抵抗。

当时双方战斗的部署是这样的：首先，谭曙卿师由大埔进攻永定。

孙传芳

永定位于福建省西南部,是"南方矿区"和著名的"烤烟之乡",又为闽、粤的交通要道,因取"永远平定"之意,被命名为永定县。永定县作为闽军的补给中心,前线指挥首脑机关所在地,故此,想要打败周荫人的闽军,必须先取永定。

接着由冯轶裴师攻占峰市,切断永定至松口的交通,使永、松之闽军首尾不能相顾。很显然,这场战斗谭曙卿师的战斗任务是围城,而冯轶裴师的战斗分工是打援。

10月10日,谭师第七、八两团分别从西南的老虎寨、城东的书院岗两处出兵,呈蟹钳状,夹击永定城内的敌军,周荫人亲自坐镇永定城,在他的严厉督战之下,城内的闽军抵抗非常顽强。战斗开始后,周荫人为保永定不失,接连拍加急电报,命松口的守军,星夜赶路,支援永定,不得有误。

10月11日,冯轶裴师挥兵进攻峰市,第十四师三个主力团。战斗力最强的就是卫立煌的九团,在进攻峰市的战斗中,卫立煌的九团又一次成了攻坚团,峰市的守敌虽然顽强,但遇到了攻势迅猛的九团,很快便被打得丢盔弃甲,狼狈逃窜。

卫立煌只用了一天时间,便领兵占领了峰市。部队修整一夜后,第二天便兵分两路,向观音凹、大金坑等高地展开进攻。峰市失守的消息传来,驻守这两个高地的闽军早就已经军心动摇。面对北伐军迅猛的攻势,他们再也不理督战军官的指挥,一个个丢枪弃械,纷纷撤离阵地,撒丫子逃命去了。

峰市原名"硿头",硿是水流撞击的象声词。峰市靠近汀江,汀江流到这里突然收缩成"V"字形峡谷,水流汹涌,湍急澎湃,而且紧挨着险峻的双峰山,故此得名峰市。

峰市有山有水,按照道理来讲,正是围城打援的好地方。可是有一样,这里距离永定也就三十里左右的路程,不仅有陆路可达永定,而且松口的闽军,还可以走水路去解永定之围。卫立煌的部队,在兵力上并不占优,一旦陆路和水路两面设伏,很有可能因为兵力不足,让松口之敌突破防线,一旦打援失败,那可就贻误军机了。

为了争取主动,卫立煌放弃打援,请缨率部直扑闽军盘踞的战略要地松口。

广东与福建之间的松口虽然是一处小镇,但却是兵家必争之地。

松口地处闽粤赣三省交汇处,水陆运输方便,历史上便是商贸重镇。该镇又是广东内河港第二大港口,松口还有句震慑人的话:"自古松口不认(嘉应)州"。可见,此地因地理位置的重要,才让当地的居民,有着雄厚的藐视嘉应的底气。

10月13日,卫立煌率部直扑松口。松口守敌为刘俊第三军,共有兵力7000余人,这支部队是闽军的一只劲旅。战斗一开始,就进入到白热化状态。

卫立煌为了消灭刘俊部,已经连续作战6日,第九团团长陆季甫因劳累过度,首先牺牲在前线。黄杰营长负伤在身,但还是坚持带兵冲锋,不下火线。

这时,谭曙卿师已经攻下永定,随后挥师急进,与卫立煌师兵合一处,开始猛攻松口。刘俊顶不住如此强大的攻势,只得率残兵弃城逃走。北伐军大获全胜,而且俘敌旅长李宝珩及营团以上官佐60人,连以下官兵5900余人,并缴枪械5700余支。

卫立煌部作战最为得力,松口之战结束后,第十四师师长冯轶裴升任东路军指挥官,卫立煌升任第十四师师长。

永定、松口之役,是北伐军以少胜多的经典战役。此役后,北伐军又乘势占领了长汀。闽军第二、第四两军已经溃不成军,第三军主帅周荫人易服出逃,镇守松口的刘俊在出城后,被乱军开枪打死。至此,闽军第三军全军覆灭。

北伐军声威远扬,福建的闽军亦不再肯为孙传芳卖命,便纷纷来投。这时,还出现了一个小插曲,这个小插曲,充分说明了当时北伐军顺应民心,并得到了大多数正义军人的理解和支持。

卫立煌率领十四师一路驱逐残敌,打到了距离福州约20里路的红山桥镇。驻守该镇的军队是闽军张毅的部下,这场一边倒的战斗,很快就以卫立煌部的胜利作为结束。

卫立煌

十四师官兵一边打扫战场，一边安民，为了防止有闽军的残部藏于镇内，伺机搞暗杀和破坏，卫立煌派亲信开始对红山桥镇清查户口。

一位合肥籍的副官在清查户口的时候，在一家客栈中遇到了一个合肥口音的商人。这商人器宇轩昂，一见就不是凡人，两个人一交谈，竟是小老乡。这位小老乡说他经商至此，遇到战争，故此才改行易装，如果不是遇到清查，他应该离开红山桥镇多时了。

这位副官也不点破，道："现在兵荒马乱，哪有生意可做？不如这样，跟着卫师长从军入伍，岂不强上经商几倍？"

小老乡道："如果卫师长真的肯收留，那我实在感激不尽了！"

师部的副官领着小老乡来到师部，当时卫立煌正在吃午饭，他的饭菜非常简单，一碗白米饭，一碟酱菜，外加两个馒头。

卫立煌听完副官的介绍，他一把拉住了小老乡的手，说："老乡见老乡，两眼泪汪汪，还没吃饭吧，如果不嫌弃，就对付着吃一口吧！"

卫立煌将小老乡让到餐桌边坐下，然后让伙房的炊事兵给加了一副碗筷，还特意炒了一盘霉干菜扣肉端了上来。小老乡吃罢了卫立煌简单的中午饭，心悦诚服地站了起来，说："卫师长，我久闻您带兵有方的大名，今日一见，简朴诚挚，果真超乎我的想象。其实，我不是商人，我是张毅手下的一名宪兵！"

宪兵是独立于作战部队的一个兵种，平日里主要负责维持军纪，维护社会秩序，但他比普通警察的权力要大得多，因为他在非战时，什么事情都可以管，战争时，又可以拿起武器，直接参战或者是在军队后面督战。

卫立煌的小老乡在闽军张毅的手下当宪兵，不仅每月能拿到不菲的军饷，更重要的是，平日里吃饭、穿衣、日常用度，基本都有人"孝敬"。

卫立煌呵呵一笑，伸手拍了一下小老乡的肩膀，说："在十四师当兵，没有闽军那么好的待遇，而且还要将脑袋系到裤腰带上冲锋陷阵，苦你能吃，险你能冒吗？"

小老乡"啪"的一拍胸脯说："卫师长，只要跟您干，什么苦我都能吃！"

闽军军纪颇差，当官的贪污腐败，欺上压下，甚至以喝兵血为荣。卫立煌的小老乡对这支军队早就心存芥蒂，只是没找到一个合适的队伍投奔而已，否则他早就离开闽军，寻找自己的前途去了。

今日他得遇卫立煌，从卫师的军容风纪，勇猛的作战表现，还有卫立煌平易近人的态度，简单朴实的生活作风，都可以看出，跟着他吃粮当兵，将来一定能有个好的前途和出路。

小老乡并不是一个人，他是宪兵的班长，手下也有5个兄弟，每人手里还有一只驳壳枪。在北伐战争时期，驳壳枪可是非常鲜见的厉害武器，可以想见，这六个人投奔卫立煌，并非是卫师收了六把先进武器的事儿，而是卫立煌用区别于其他北伐军将领的人格，让很多有志推翻军阀统治的义士前来投奔。

有人才有战斗力，有人才才能打胜仗。卫立煌除了给有志于反封建、反军阀的青年广开从军之路外，他还对电话机和望远镜这些"高科技"非常感兴趣，要知道，在《封神演义》中，就有一个千里眼和顺风耳，他们俩施展手段，曾经让姜子牙每一份作战的计划，都变得毫无秘密可言。

对于当代的军队而言，电话机和望远镜就是千里眼和顺风耳。有了这两样东西帮忙，不管是情报的获得、敌情的侦察还是命令的转达，都会变得非常便捷和迅速。

卫立煌师取得入闽战役的初步胜利，随后加快了北伐的脚步。北伐军一路开进浙江之后，卫立煌奉命在蒲城、江山和金华一带清剿孙传芳的反动军队。

宋•陈亮在《上孝宗皇帝第三书》中说："天下大势之所趋，非人力之所能移也。"后来，经过归结与提炼，成了中国一个非常有哲理性的成语叫大势所趋。

清帝退位，建立共和就是大势所趋；军阀横行，战乱四起，人人盼望着国家统一，更是大势所趋；北伐军以10万之劣势兵力，挑战60多万北洋军阀的强敌，所凭借的也是"大势所趋"这四个字。

卫立煌麾下十四师的官兵，在讨伐孙传芳，捷报频传的时候，北伐军的其他几路人马，战绩也同样是鼓舞人心。

唐生智亲率左纵队（第八军）和右纵队（第四、第七军）为中央军总指挥（兼任），攻取岳阳、平江，直指武汉；朱培德率第二、第三军、独立第一师和第五军第四十六团，为右翼军总指挥，集结醴陵、攸县等地，对江西警戒，掩护中央军侧背安全；袁祖铭率第九、第十军，为左翼军总指挥，从湖南常德地区进取湖北沙市、荆门，相机占领宜昌、襄阳。

北伐军的东路军果然不负众望，他们兵分两路，一路为江左军，他们在

1927年3月4日不战而下安庆，至18日进至庐州、六安一线。

江右军由江西沿长江南岸东进，相继攻克芜湖、当涂。3月20日开始总攻南京，激战四天后，3月24日，北伐军开始进入了南京。

北伐军虽然一开始只有10万的薄弱兵力，可是随着节节胜利，有志青年纷纷加入了北伐军的行列，孙传芳的旧军阀部队中，亦有很多思想进步的军人临阵起义投诚，使北伐军的队伍得以迅速壮大。

北伐军经历了汀泗桥、贺胜桥和攻取武汉等战役之后，国民政府随之迁往了武汉。

1927年，北伐军各部势如破竹，湖南、湖北、江西、福建、浙江和江苏大部划入国民政府的版图。大好局面之下，国民党内部产生了分裂，汪精卫和唐生智开始反蒋；同年4月，蒋介石悍然发动反革命政变，以"清党"为名大肆逮捕、屠杀共产党员。

第一次北伐战争所赢得的有利局面，在国民政府分裂成以胡汉民为首的南京国民政府，以汪精卫为首的武汉国民政府后，遭受了重大的挫折和打击。"宁汉分裂"不仅使军队一度陷入混乱，也让孙传芳等反动军阀获得了喘息和继续生存的空间。

1927年5月，蒋介石南京方面部队兵分三路，分别由何应钦、白崇禧和李宗仁指挥，开始渡江向孙传芳发起进攻。

让蒋介石没有想到的是，武汉的汪精卫不仅派唐生智率领"东征军"出兵攻打南京，他还干了一件让社会舆论大哗、让国民党党员都瞠目结舌的事儿，就是发表了一篇通电，称："蒋中正屠杀民众，摧残党部，甘为反动，罪恶昭彰。已经中央执行委员会决议，开除党籍，免去本人所兼各职。著全国将士及各革命团体拿解中央，按反革命罪条例惩治。"

汪精卫以国民党中央的名义开除了蒋介石的党籍，并对其展开全国范围的通缉。

蒋介石真有些气急败坏了，他调主力回师南下，准备抵抗武汉"东征军"。北伐部队南撤后，直系军阀孙传芳有了可乘之机，他领兵很快收复了徐州。蒋介石面对两路夹击，方寸大乱，他亲赴前线指挥，准备率领北伐军收复徐州。一场激战的结果是，徐州未夺回，北伐军一路溃败。8月6日，蒋介石退回南京，江北尽失。

蒋介石任中央军委主席和国民革命军总司令,但不管第一次北伐打得多好,他也不可能一边和孙传芳等军阀作战,一边再兼顾唐生智的进攻。

蒋介石为了平息事端决定下野,让出中央军委主席和国民革命军总司令的职务。下野之前,蒋介石召开了一次"去留"的会议。在会上,除了刘峙表达了对蒋介石的挽留之外,甚至二号人物何应钦都低头不语,以沉默表示了同意驱逐蒋介石之意。

汪精卫

1927年8月,蒋介石由于在派军的矛盾和斗争中孤立无援,被迫辞职下野。他首先回到了家乡浙江奉化溪口,然后赴沪去见宋美龄,并对宋美龄展开了爱情攻势。9月26日,由王正廷、李德全做媒,蒋介石和宋美龄两个人正式订婚。

蒋介石订婚后,随后发表了出洋意见,那就是考察日美法英等国的政治、经济和军事的长处,一年后归国,希望能有一番新的作为。

事实与想象总是有差距。9月29日,蒋介石到达日本长崎。"考察"了几天后,便在宋子文陪同下,拜访了当时在神户有马温泉疗养的宋太夫人。蒋介石一番运作之下,终于获得了宋太夫人对"蒋宋联姻"的允许。

11月8日,蒋介石启程回国,开始筹办自己和宋美龄的婚事。蒋介石回国之快,实在出乎汪精卫等人的意料。蒋介石回国的道理很简单,他下野出洋,并非是出于本意,而是要借助宋美龄曲线复出。一旦蒋宋联姻成功,蒋介石不仅能最大限度地继承孙中山先生的政治遗产,弥补自己政治根基未稳的毛病,而且会获得宋氏家族的大力支持。

蒋宋联姻,不仅让蒋介石获得了大量的政治红利,而且通过孙传芳兴兵攻打南京的事实,让驱逐蒋介石的人明白了一个道理,南京政府离不开蒋介石!

当时,蒋介石下野的消息传出,被北伐军打得损兵折将的孙传芳不由得喜出望外。为了收复丢失的地盘,8月13日,孙传芳乘国民党内部宁汉两路军队对峙、无暇他顾的机会,集中兵力大举反攻,首先占领了淮阴、淮安、蚌埠以及菏泽等地区。

8月17日，孙传芳部占领了浦口。26日，孙部三个师强渡长江，首先占领了栖霞山，接着直扑龙潭车站，其战略目的是断绝南京、上海间交通，目标直指六朝古都南京。

多年后，当年龙潭战役前敌总指挥白崇禧在《白崇禧口述自传》中，披露了奉命去南京城勤王的前尘往事。

孙传芳之军队由运河两岸向镇江、南京压迫，张宗昌、褚玉璞主力向徐州以西。直鲁军铁甲车队沿津浦路向浦口，唐生智、张发奎之部队也循江而下，图谋南京。何键之江左军至安庆时，被唐任命为皖省主席，刘兴之江右军至芜湖时，被任命为江苏省主席。张发奎兵发之后，行至九江，汪精卫见国内政治环境复杂，策动张改道回广东，谋取根据地……

蒋公下野，除了三军无主，军饷也是一大问题……上海人心惶惶，多数人家准备五色旗欢迎孙传芳。

龙潭车站虽然是个三等小站，但该站的地理位置非常重要，它仅仅距离南京城东北约三十公里，并三面环山，北临长江，可以说它是扼守南京东北大门的"重镇"，而且当时的中国水泥公司就在这里，不管从经济还是军事上，这座小镇都具有重要的价值。如果龙潭镇被孙部占领后，就等于一刀切断了沪宁线的运输大动脉。近在咫尺的南京城，也就危险了。

孙传芳占领龙潭的消息传来，南京城一时间草木皆兵，乱成了一团，政府的高层急忙召开会议，甚至有些胆小的官员，为保性命，已经准备收拾细软，弃都南逃。

那些驱逐蒋介石的高级官员们，心里感觉有些后悔。如果有蒋某人在，至少孙传芳也不敢来进犯南京啊！

蒋介石下野之后，政府由何应钦、李宗仁和李济深三个人组成的特别委员会负责，面对这种"山雨欲来风满楼"的紧张形势，何应钦通知白崇禧南京危矣的同时，他也想到了敢打敢杀、善于打硬仗的卫立煌师。

卫立煌驻守镇江，并兼任镇江警备司令，负责保卫刚成为中华民国首都的南京的外围安全。

何应钦急忙打电话给白崇禧，白崇禧当时正坐着火车从上海回南京，因为铁道被孙传芳部队破坏，火车几次脱轨，白崇禧得知事态严重，便打电话至镇江，调卫立煌师到南京"勤王"。其实一场战争的胜负，不仅取决于军官的素质、士兵的勇敢、武器装备的优劣，战机的捕捉和决断，也很重要。

南京江面的平均宽度为1230米，再加上水流湍急，孙传芳想将三个师的部队渡过江来，绝非一朝一夕容易的事儿。如果将拒敌的任务，抢在敌军渡江之前，或者"半渡而击之"，那将是一场优势明显的阻击战。可是事实上，孙传芳的部队已经安然渡江，《白崇禧口述自传》中，这件事儿最终还是被揭秘：

> 孙传芳部队向镇江方面渡江的是佯渡部队，主渡河点是大河口、划子口……龙潭之役前，我方曾截获敌人准备渡江之情报。我方当时之策略是采取后退配备，第一线沿江布置少许部队，主力控制后方机动地点，若敌人果然敢渡江，准备半渡而击之。不过海军初期之态度，确出乎我们预料之外，以致孙部能迅速渡江。
>
> 长江天险，孙部能安然渡江与海军之暧昧态度有关……

孙传芳渡江之前，曾有万全之准备。他在江北利用密布如网之运河支流，操演船只。孙传芳认为过去在福建、江西、浙江之挫折，悉因缺乏破釜沉舟之决心，所以龙潭之役他不但亲至水泥厂督战，凡运兵完毕之船只一律调回长江北岸由大刀队看管，颇有济河楚舟背水一战之壮志。因此龙潭之役后，孙本人固然逃回江北，其部属几全被俘虏，不过孙部被俘之高级军官，于押运至南京途中逃脱者不少。

由此可见，破釜沉舟的孙传芳已经抱定了必胜的信心。卫立煌接到电话，急忙命令十四师的官兵，立刻带足弹药，火速赶到了龙潭。孙传芳渡江占领龙潭的部队是崔景贵师、段永泽师和刘士林师。这三个师，都是孙传芳手下的劲旅。

卫立煌只有一个师的官兵，面对三个师的强敌，他并没有畏惧，用手一指龙潭车站旁的高地，说道："弟兄们，抢占高地，打出我们十四师的威风来！"

卫师人数处于劣势，用一个师的人马，单挑三个师的敌人，收复龙潭车站，堵住长江的渡口，不让孙传芳的部队渡江，估计只能是一厢情愿的事儿。

卫立煌登高观看完战场的地形后,他发布了一道命令:占领车站后的高地,然后将山炮拉到高地上面,众炮齐射。在钢铁和炮火面前,孙传芳不管有多少人马,也难以占领龙潭车站。

战斗从8月26日开始,打了一整天。卫师在炮火的掩护下,虽然人数处于劣势,但凭着一股英勇之气,最终还是抢占了龙潭车站旁的高地。

龙潭车站的高地被卫师占领后,卫立煌命人立刻将山炮拉到高地之上,并向着龙潭车站以及车站两旁孙传芳下辖的三个师进行炮击。

战斗进行了两日,大部分的高地都被卫立煌夺了回来。可是龙潭车站战斗正酣,孙传芳在长江对岸运兵的船只一刻也没有停歇,他利用这两日时间,又运过三个师的部队来。而且这三个师里面有号称最精锐的马葆珩师。

很显然,孙传芳是下了赌本,意欲借助人多势众的优势,一举击溃卫立煌部,牢牢占据支撑点龙潭车站,为进攻南京,做好前期的准备工作。

卫立煌一以敌六,亦丝毫不慌乱。因为卫立煌深知自己部队的兵少,但却有一个敌人比不了的长处,那就是后勤的粮食枪弹供应比较充足(卫立煌部队有多带弹药的习惯),而敌军渡江作战,不仅弹药供应不充足,而且也没有山炮等重武器。

孙传芳渡江而来的六个师中,实力最强的就是马葆珩师。马葆珩厉害到什么程度?只要举两场战斗,就可以说明问题。

孙传芳后来失势,被施剑翘所杀,起因就是孙传芳杀了奉军老将施从滨(施剑翘的父亲),而捉住施从滨的,就是马葆珩。

马葆珩曾经在蚌埠大战过奉军的大将张宗昌。张宗昌号称狗肉将军,骁勇善战,手下有一伙亡命之徒,他们就是"第65白俄独立师"。张宗昌收编的这伙白俄兵,一共有五千多人,不仅装备精良,而且异常凶悍。

这些白俄亡命徒,每临战斗,都会脱成一个大赤膊,然后一手拎着伏特加的酒瓶子猛灌,另外一手端着上了刺刀的步枪狂冲。凶神附体的模样,简直比地狱里跑出的恶鬼还要凶狠十分。

马葆珩与这帮凶神恶煞般的白俄兵交锋,一开始吃了大亏,不仅伤了两名营长,一名团长也受了重伤。马葆珩大怒,当即调来了机枪和迫击炮,一顿机枪狂扫,大炮猛轰,白俄兵嚣张的气焰被打了下去。马葆珩随后领兵一个反冲锋,消灭了八百多名白俄兵,三百名白俄兵被活捉。这一战,令张宗昌的宝贝白俄独立师元气大伤,几乎一蹶不振!

卫立煌和这样的悍将打仗,真的不能走平常路,否则杀敌一千,自损八百,最好的局面,也就是两败俱伤。

马葆珩久经战阵,他也知道占据有利地形,会对龙潭站的争夺起到重大的作用。他就排兵布阵,让手下的精兵,占据了龙潭最高的一个山头,并构筑了阵地,以逸待劳地等待卫立煌师前来进攻。

卫立煌是拖不起的。孙传芳渡江的船只可以走马灯似的运来更多的部队,一旦出现那种局面,卫立煌的压力就会越来越大。

马葆珩能想到的事,卫立煌也能想到。他为了攻占龙潭站的制高点,然后用大炮和孙军说话,将全师的轻重机枪都调集到一起,然后进行定点射击,随后命令山炮营对马葆珩占据的制高点进行了火力覆盖。

山炮炮弹密集如雹,机枪子弹好似雨点,马师被压得抬不起头来。卫立煌一声令下,他手下弟兄组成的先锋队就开始了猛冲,随着卫师接近马师的阵地,卫立煌也怕伤了自己的弟兄,抬手令炮兵和机枪射手停止了射击。

马葆珩正要指挥手下的士兵们抵抗,令人想不到的是,卫立煌早有安排,那些冲锋在前的先锋队手中都握有多颗手榴弹,这些近战武器就好像下雹子似的袭来,随着一连串的爆炸,硝烟滚滚,弹片横飞,占领龙潭制高点的马师官兵死伤无数,没死没伤的也被卫立煌手下的官兵勇猛顽强打得斗志全无。为了保命,他们再也不听马葆珩的召唤,转身便跑。

马葆珩也没有想到,己方如此精锐的人马,竟然败得如此之惨,还没有真正交手,便已经溃不成军了。最精锐的马葆珩师被打残后,立刻在剩下的孙传芳的五个师中,产生了不小的震动。

卫立煌接下来在龙潭站的各个制高点上,全都筑起了山炮阵地,十四师击破孙传芳的五个师的战斗中,得到了炮兵最为有利的支援和帮助。

步炮的协同作战,发挥了巨大的威力,占尽地利优势的炮兵往往一阵精准而又激烈的猛轰后,与卫立煌作战的孙师就会乱成一团。卫立煌领兵一个猛冲,战斗就会很快结束。

接连5天的激战,卫立煌打出了十四师的威风,因为是以多胜少,卫立煌甚至好几顿也顾不得吃饭,睡觉更是一件奢侈的事儿。年轻的卫立煌,正是体力旺盛的时候,他用旺盛的毅力,终于将六个师的孙军打垮,并一鼓作气,收复了龙潭站。孙军渡江的渡口,也被卫立煌占领。

孙传芳在长江边上,一口气被卫立煌等军队吃掉了六个师(孙传芳参战的士兵共有六万余人,战死和淹死约四万人,被俘两万余人),这不仅令他元气大伤,从此一蹶不振,而且再也没有能力进攻南京了。

龙潭战役让孙传芳精锐尽损之后,北伐军在东南一带,基本处在横扫一切无对手的状态。国民党元老于右任曾经这样写道:"东南一战无余敌,党国千年重此辞。"龙潭战役不仅是北伐革命最大的一场战役,而且这场战役还奠定了国民政府的基业,蒋介石为让国军的高级将领继往开来,不忘记这场战场的重要性,从第二年起,国民革命军高级将领每年(除抗战期间)都到龙潭,来到中国水泥厂进行纪念活动,并会合影留念。

《白崇禧口述回忆录》中,对卫立煌等北伐军之所以能获胜,而从兵力上占有绝对优势的孙传芳为何失败,还做了一番比较中肯的分析:

龙潭之役,实在没有什么了不起之战略、战术,只是尽量抽调后来之兵使之开赴前线拼命,全是打硬仗,所凭借的又是士气而已……

总观龙潭之战,孙传芳利用了最有利之时机,蒋先生下野,唐生智有二心,革命军徐州受挫。他选择大河口、划子口等地渡江也是最有利之地点。划子口对岸便是栖霞山,乌龙山炮台。占领该等山地,一则可以掩护登陆部队,二则可以威胁南京。南京一旦被占,革命军之政治力量将被瓦解。而且京沪铁路以东之地区,田坎皆为南北方向,登陆部队即可用作天然进攻之掩体。

龙潭之役,孙传芳既得绝好之机会,何以会失败呢?孙之失败不是指挥错误,也不是战斗力不强,主要原因有三:

①参加龙潭之役之革命军以一、七两军为主。一、七两军部是国民革命军之主力,对三民主义有信仰,有信仰便有力量。

②白崇禧由沪回宁,在无锡指挥第一路军,与何将军无形中造成夹攻形势。

③孙部渡江后,渡口被革命军所抄袭,后援不继,加以海军态度明朗,孙部之补给可说完全断绝。反之沪宁之间补给方便。双方经六昼夜之苦战,有无补给自然成为决定胜负之重要因素。

是役,双方死亡很重,我与何将军在士敏土厂会师后,肃清残敌,清理战场。当时敌我双方真是尸体遍野，骸骨盈野。我们发动士敏土厂工人及红十字会收尸，结果收不胜收。据说半年之内，火车经过龙潭，尸臭仍然逼人……

南京政府为了表彰卫立煌，特意为他定制了一面蓝底黑字的"党国干城"的锦旗，可是接下来"实际"的加官晋爵，却让这场南京"勤王战"出力最大的将军感到了一股无名之火，在胸口中熊熊地燃烧了起来。

白崇禧

何应钦借着孙传芳被打败的机会，趁机扩编队伍，与他同穿一条裤子的刘峙、顾祝同提升为军长。后来，白崇禧在抗战胜利后，成为中华民国的首任国防部长，与此役也有一定的关系。而在前线打冲锋的卫立煌却成了第五军的副军长，卫立煌一气之下，远遁上海休假去了。

国难思良将。现在孙传芳的部队并没有被完全肃清，真要是有什么情况，还是离不开卫立煌的部队。何应钦得知下面议论纷纷，也觉得自己做的有点过分，当即领着随从，直奔上海。卫立煌住在一家旅馆内，何应钦手拿名片想要见卫立煌，可是却被卫立煌直接拒绝。

何应钦只得留下名片，并怏怏离去。从此之后，两个人就开始了不和，这也为卫立煌"杂牌"中的嫡系，始终得不到蒋介石的信任，埋下了"失和"的导火索。

卫立煌 全传
Biography of Wei Lihuang

二

"围剿"红军，西安事变同抗日

> 一事不谨，即贻四海之忧；一念不慎，即贻百年之患——康熙

蒋介石娶宋美龄之后，甚至让蒋都没有想到，这桩婚姻，为他增加了不可估量的政治资本。

当这场婚礼结束后，蒋介石不仅"理所当然"地成了孙中山的合法继承人，更重要的是，他还获得了外国驻上海领事的集体支持。

1928年2月2日至7日，国民党二届四中全会在南京召开。蒋介石不仅当选军事委员会主席、国民革命军总司令；随后又当选组织部长、中央政治会议主席。

1928年4月，蒋介石发动第二次北伐。1928年12月29日，继张作霖掌控东北的少帅张学良宣布易帜，南京国民政府从形式上完成了全国"统一"大业。

蒋介石一贯的主张是"攘外必先安内"。攘外必先安内并非蒋介石的首创，最早的提出者是宋朝的宰相赵普。赵普在给宋太宗上奏的折子中说：中国既安，群夷自服。是故夫欲攘外者，必先安内。

攘外必先安内所依附的道理是，当国家出现内外交困的重大统治危机时，历代统治者为维护统治，必须以安内为中心、攘外而次之的国策进行处理。最典型的例证就是明朝，当时外有后金扰边，内有李自成、张献忠等农民起义，可谓国内外形势交困。最终，明朝错误地以精锐的正规军对抗后金，以力量次之的地方武装剿灭农民起义军，可是明王朝并没有亡于后金的手中，却被李自成等农民起义军推翻。

在封建社会的统治者眼中，内患是心腹之害，外患是肌肤之害。如果想要维持其封建统治地位，必须先安内，方能攘外。"攘外必先安内"在封建帝王时代，是一条比较正确的应对危机之策，但放在已经畅行"民主和法制"民国的时代，却根本就是隔年皇历、前朝法典，完全就是一条不合时宜的政治主张。

蒋介石曾经悍然发动五次对共产党领导的红军和根据地的大"围剿"，而卫立煌执行蒋介石的命令，曾经干过一阵子"围剿"战的急先锋。随着西安事变一声枪响，蒋介石面对全国上下枪口一致对外的呼声，他开始正视抗日的形势，并在中共的诚意感召之下，终于使第二次国共合作变成了现实。

1. 成家，朱夫人相夫有术

> 家是父亲的王国，母亲的世界，儿童的乐园
> ——爱默生

人生的另一半非常重要，如果一个男人找对了另外一半，不仅对自己的事业、人生有绝大的裨益，甚至还能引领自己走上一条崭新的人生大路。

在楚州新城梁红玉祠有一对抱柱联，长达五十四字的对联这样写道：青眼识英雄，寒素何嫌？忆当年北虏鸱张，桴鼓亲操，半壁河山延宋祚；红颜摧大敌，须眉有愧！看此日东风浩荡，崇祠重整，千秋令誉仰淮壖。

南宋名将梁红玉出生于一个军官家庭，父兄获罪被杀，她被充作营妓。深谷里的小花，也会仰望着太阳，梁红玉就好像一朵莲花，虽处淤泥，但她希冀着，总有那么一天，一个奇男子，会摘下自己这朵红莲，帮她离开淤泥，让自己换一种活法。

不久，梁红玉救下了一个贫困交加的汉子韩世忠。

在南宋，最能打的男人有两个，一个是统领步军的岳飞，另外一个就是统领水军的韩世忠。韩世忠发迹后，梁红玉就成了擂鼓战金山的韩夫人。

救人的故事很多，但有梁红玉那样慧眼识珠的人又有几个？梁红玉如果没有那份青眼识英雄的眼力，恐怕一辈子都只能当一个卑贱的营妓，在屈辱忍耐和强颜欢笑中度过自己草芥般的一生。

卫立煌在自己的戎马生涯中，他就碰巧遇到了这样一位奇女子，女子的名叫朱韵珩，后来成了他的第三位夫人。

卫立煌是一个非常传统的人，忠孝礼义廉耻——这些美德在他的身上，都

有很好的保存。他的第一位夫人姓葛，这位葛夫人是卫立煌骑马摔伤后回家养病，遵照母命娶回家的首位夫人。

卫立煌伤愈后，回到中山先生身边，葛夫人曾替卫立煌在家尽孝，而她在农闲的时候，也会跟随卫立煌从军的脚步，去各个驻地去探望他。卫立煌与葛夫人有一子一女。不幸的是，葛夫人后来死于家乡爆发的一场瘟疫。

卫母在葛氏病故后，给在广东吃粮扛枪的儿子写信，叮嘱他一定要尽快续弦。卫立煌为了完成母命，就与一位姓田的女子结婚。田氏也给卫立煌留下了一子一女，后因病不幸仙逝。

卫立煌因为作战勇敢，在战场上敢打敢冲，随着官职越升越高，他肩膀上的责任也是越来越大，再次续弦的事就耽误了下来。

镇江距离南京城只有130里左右的路程，古称"润州"，在民国时代是江苏省的省会城市，地理位置非常重要。镇江不仅是江南的鱼米之乡，而且长江和京杭大运河在这里交汇，素有"天下第一江山"的美誉。

卫立煌作为镇江的警备司令，不仅有保护本省百姓免遭兵燹荼毒的任务，而且有拱卫首都安全的重责，一点也不敢懈怠，他对镇江的防务，基本上做到了事必躬亲，从来不敢马虎。

1927年9月，卫立煌拿着参谋送上来的孙传芳部队在长江对岸活动的情报，正在思考着下一步的破敌之计，卫兵进来报告：镇江崇实女子学校校长朱韵珩带领几名学校的代表求见。

卫立煌没有读过多少书，但他对有文化的人非常尊重，听说学界来人要见自己，急忙整装出迎。朱韵珩中等身材，相貌端庄，举止文雅，一看就是有学问的新时代女子。

卫立煌说道："镇江学界今日光临十四师师部，令卫某的寒舍感到蓬荜生辉，快请，请到寒舍中叙茶！……"

朱韵珩第一次来十四师师部。卫立煌威名赫赫，朱韵珩原本以为他必定是一个身材魁梧的山东大汉，再次也是一个络腮胡须，整日里高呼"拿酒来"的燕赵豪侠。闻名不如见面，打得孙传芳只有招架之功、没有还手之力的卫将军竟然身材不高，说话和气，举手投足，处处显得精明干练、老成持重。

朱韵珩一行人走进卫立煌简陋的师部，在一排长凳上坐下。卫立煌的副官用搪瓷缸子给镇江学界的同人倒上茶后，朱韵珩用略带不满的口气说道：

"卫师长驱除军阀孙传芳,威名传遍大江南北,可是部下是否需要严厉督促一下!"

卫立煌听朱韵珩将事情的经过讲完,他才明白镇江学界来十四师师部的真正目的。

镇江崇实女子学校是一所基督教美以美会办的教会学校,校址设在风车山,国军驻防镇江,需要兵营屋舍,副官就会出面沿街"号"房,即相中了哪家的房子,就会做个记号。不仅老百姓要无条件地给国军让出房子,而且屋内的家具还不能搬走。

按照号房副官的说法:国军为国征战,保家为民,出门不能顶着房子走路,老百姓免费为国军提供房屋,理所应当。

秀才遇见兵,有理说不清,老百姓对抢占房屋的国军真是敢怒不敢言。十四师就有这样一连国军,他们来到风车山,强占了镇江崇实女子学校不少的校舍。

镇江崇实女子学校是一所女子学校,国军在这里驻防,不仅影响学校的正常教学,而且让上学的女学生们感到不便。

卫立煌叫来副官询问,证明事情属实后,他当即命令那一连的士兵,立刻离开镇江崇实女子学校,不仅要将校舍复原,而且应打扫好卫生,一旦桌椅板凳有了损坏,还须照价赔偿。

朱韵珩今日领人到十四师师部说理,是抱着被赶出军营的打算而来,她万没有想到卫立煌竟如此通情达理,看来这位年轻的师长与国军其他长官大大的不同。

时近中午,朱韵珩领人起身告辞,卫立煌赶忙站起身来,真诚地说道:"几位都是镇江的学界精英,今日难得到军营一聚,就让卫某尽一次地主之谊吧!"

朱韵珩等人一见盛情难却,只好留下来与卫立煌共进午餐。朱韵珩说道:"谢谢卫长官如此盛情,不过国

1936年,卫立煌夫人朱韵珩(左)在南京

家满目疮痍，今日之午餐请不要太过奢侈！"

卫立煌平日的伙食非常简单，经常是一饭一菜，五分钟就祭完了五脏庙，今日招待镇江学界同人，他还是吩咐小厨房加了几个小菜。

朱韵珩笃信基督，而卫立煌信奉中山先生的三民主义。朱韵珩笃信的基督教讲究"善"，在《圣经》中的耶稣就是基督，信耶稣得永生，并能得到上帝赐予的平安。

而卫立煌信奉的是三民主义，是由民族主义、民权主义和民生主义所组成。具体内容政府拥有治权，而人民则拥有政权。要实行地权平均，资本节制，用以求得国内各民族之平等博爱等等。

很显然，让卫立煌接受基督教，让朱韵珩接受三民主义，绝不是一蹴而就的事情，好在卫立煌经多见广，言辞谨慎，尽可能求同存异，他最后道："不管是什么宗教，什么主义，最终的目的都是让国家昌盛，让老百姓过上好日子！"

对于卫立煌的这句话，朱韵珩也是连连点头，她微笑着说道："卫将军，跟您谈话，我觉得很好沟通！"

一场便饭，在宾客尽欢中结束，卫立煌起身，将朱韵珩一行人送到营门口。看着这位知性的美女校长渐渐走远，他转身对副官说道："你去查一下朱校长的背景，情况越详细越好！"

副官转身而去，没用两个小时，一份关于朱韵珩的报告，便被递到了卫立煌的案头。

朱韵珩是镇江崇实女子学校培养的一名高中毕业生，毕业后，经过考试，她获得了去美国科罗拉多州丹佛大学深造的机会。朱韵珩获得硕士学位后，回国反哺母校，成为该校第一位中国国籍的女校长。

这位"海归"的女校长朱韵珩眼界甚高，平庸之辈根本不在她的雀屏之选，红颜易老，岁月蹉跎。朱韵珩虽然已经30岁了，但还是小姑独处，不肯降低择婿标准。

卫立煌看罢报告，兴奋得一拍桌子，连声说好，道："天设姻缘，真是天设姻缘！"

卫立煌娶的第二位田氏夫人，已经去世两年，卫立煌忙于军务，虽有意续弦，但实无佳偶，朱韵珩的出现，确实让他有一种柳暗花明的感觉。

但他随后心里也涌起了两个担心，首先：卫家家境贫苦，在民国讲究出身，看重门第的时代，朱韵珩的家长，会不会因为门不当、户不对，对他这个"农村娃"不待见？

第二个更是非常现实的问题：朱韵珩笃信基督，如果两个人结婚，教会是个什么态度？如果教会反对他们结合，卫立煌该如何处理？

卫立煌思前想后，忽然他笑了，面对军阀的万千兵将他没有皱过眉头，枪林弹雨他亦坦然面对，他相信"只要功夫深，铁杵磨成针"，这世界上只要有勇气，就没有解决不了的困难。

卫立煌思路打开后，正琢磨着如何与朱韵珩进一步接触，卫兵进来报告，并送来一张请柬。请柬是朱韵珩所写，原来她离开十四师师部，回到风车山，发现强行住进镇江崇实女子学校的一个连国军早已撤走，他们离开学校之前，不仅打扫了卫生，而且留下了损坏桌椅的赔偿费。

崇实女子学校归属镇江，而卫立煌就是镇江的警备司令、军界的首脑，崇实女子学校需要和卫立煌搞好关系，不敢奢言照顾，但至少可以"拉大旗，作虎皮"，让那些随意号房的国军，不会进驻学校，妨碍正常的教学工作了。

朱韵珩征得了基督学校校董会的同意，提笔给卫立煌写了一封请柬，请他和警备司令的同仁们明日到学校聚餐，以答谢卫立煌"令出必行，恢复校园秩序"的美意。

卫立煌正愁找不到进一步接触朱韵珩的机会，他当即慨然允诺，答应明日到崇实女子学校参加聚餐会。

崇实女子学校的美食可不是容易吃的，首先，该学校的老师大多是讲英语的外国人，卫立煌作为镇江的警备司令，首先需要有一篇切实得体的讲话；接下来，卫立煌吃惯了中餐，洋人的西餐他还没吃过，到时候拿起刀叉，露怯人前岂不让朱韵珩笑话。

卫立煌不愧是指挥千军万马的少将师长（当时他已经是副军长），他首先让秘书为自己准备了一篇恳切得体的讲稿，然后找来一名曾经留学美国弗尼吉亚军校的团长，教自己如何吃西餐。

第二天早8时，卫立煌骑马领人来到了崇实女子学校的校门口。朱韵珩和崇实女子学校的校董们听到卫立煌驾到，急忙迎了出来。

朱韵珩穿了一身水蓝色的旗袍，更衬托得她身形婀娜，举止得体，落落大方。卫立煌和朱韵珩及各位校董握过手后，他就对着学校几十名外国教师，发表了一段言简意赅的讲话，当然讲话的内容无非是军人以保境安民为首要之责，崇实女子学校是镇江的名校，他作为此地的警备司令，定会为学校秩序的维持、学校的良性发展、教育的普遍惠及做出自己的努力和奉献云云。

卫立煌用中国话在台上讲，朱韵珩就负责翻译成英语给全体外国校董和教师听。卫立煌一段话讲完，外国教师们立刻报以热烈的掌声，很显然，他们都为遇到一位忠于职守、热心教育的国军师长而感到庆幸。

朱韵珩等卫立煌讲完话，便将他让到了餐厅，开始了一次西洋式的自由餐（类似于现在自取自食的自助餐）。卫立煌从留学美国弗尼吉亚军校的团长那里，已经得知这种自由餐的吃法，故此，在用餐的时候，非常合乎西方的礼仪，让朱韵珩对他的好感又增添了几成。

卫立煌用完自由餐之后，校方组织学生，又演出了一场歌颂天主、赞扬中山先生的革命主张的文艺节目。文艺演出结束，卫立煌恋恋不舍地向朱韵珩告辞，朱韵珩将他送出学校的大门。女校校长的眼睛里，也闪现着一股留恋的目光。

卫立煌为了更深入地了解朱韵珩，决定亲自出马。在十四师师部的驻地不远处，住着一位崇实女子学校的老校医，卫立煌一开始和这位老校医接触，这位校医竟对朱韵珩的家世和父母避而不谈，卫立煌就下了水磨的功夫。两个人几次接触后，老校医感觉卫立煌为人正派，确实是对朱校长关心，而不是存有什么坏心眼后，他才用尊敬的口气说："朱校长是个孤儿，教会学校就是她的父母，而学校全体校董和教职员工，没有一个因朱校长孤苦的出身而看不起她，反而敬服她刻苦努力、执校有方，而对她充满尊重！"

卫立煌听到了朱韵珩如此凄苦的出身，反而对她更加敬重了，他就将自己出身安徽合肥东郊卫杨村，父亲早逝，为了改变命运而出来扛枪当兵，凭着一股不惧死的犟劲儿，追随中山先生，并以"三民主义"为终身奋斗目标的历程详细讲述了一遍！

卫立煌向老校医介绍自己的目的只有一个，那就是无媒不成婚，请他为自己和朱韵珩的亲事做个冰人。

老校医对卫立煌在东征、北伐等战役中的英勇表现，亦早有耳闻，可是国军军官大多娶妻纳妾，玩弄女人，老校医还是对卫立煌有些顾虑，毕竟朱校长是自己敬重的人，绝对不能让她受到一丝一毫的伤害。

卫立煌心中一急，说道："我敢对你们的上帝发誓，我对朱校长万分敬重！"

老校医最后信了卫立煌，经过他的牵线搭桥，卫立煌和朱韵珩的感情日深，可是当朱韵珩向教会诉说自己是否可以嫁给卫立煌时，他们两个人的婚姻，却遇到了非同一般的阻力。

这阻力来自两点，一是：卫立煌是个异教徒；二是：国军将官大多对婚姻不负责，而且名声恶劣。

卫立煌坚信一句话：事在人为。他相信，只要自己扎扎实实做事，诚诚恳恳地向教会表白，他们一定会同意自己和朱韵珩婚事的。

卫立煌正思考着如何能攻破婚姻这座城堡时，接到何应钦的命令，命十四师渡过长江，迎击孙传芳部，彻底解决长时间觊觎国民政府首都南京的大军阀。

卫立煌是个军人，以服从命令为天职，接到战斗的命令后，在第一时间骑马来到崇实女子学校，找到朱韵珩，说："韵珩，我要上前线了，你等着我凯旋的消息吧，我一定回镇江，决然来娶你！"

朱韵珩也被卫立煌直截了当的表白讲得一颗心"砰砰"乱跳。作为一个女子，谈及自己的婚姻，她确实感到羞赧，可是作为一个高学历的海归，一个女校的校长，一个上阵杀敌的将军的爱人，她还是期盼地点头，并说："我以基督的名义，为你的正义之师祈祷，我期盼着你早日回镇江……"

1927年10月10日，第一军渡过长江，卫立煌所部的第十四师又成了主攻师。孙传芳手下的悍将崔景贵上一次在龙潭被卫立煌击败，这一次他本想凭借着蚌埠的有利地形，以逸待劳地挽回脸面，打卫立煌一个落花流水。哪承想两军一经开战，卫立煌先是炮轰，接着机枪扫，等崔景贵师的士兵醒过味道来，正要在战壕中露头抵抗，卫立煌手下的官兵的刺刀已经抵在了崔景贵的鼻子底下。

崔景桂不仅没有报龙潭之战的一箭之仇，反而被卫立煌打得片甲不留。崔景贵领着几个亲信化装逃跑，当他逃到安全之地，这才真切地知道，卫立煌作战指挥之高，官兵战斗力之强，他绝对无法望其项背，想要"翻盘"，只能等下辈子了。

卫立煌再接再厉，11月份又经过蚌兵会战，一举占领了军事重地徐州。第一军将孙传芳部驱除出两淮，让南京城不再受反动军阀的直接威胁。如果论攻城略地、斩将搴旗的首功，还是卫立煌。

可是何应钦却不论军功大小行赏罚之事，大肆上演以亲疏远近"玩"升迁的把戏，他为了打压卫立煌，竟传出了这样一道命令：国军所有部队，副军长不得再兼任师长。

很显然，这是要削去卫立煌十四师师长的节奏。卫立煌不仅是十四师的师长，他还是十四师的主心骨。卫立煌战功第一，没有得到奖掖，他心中负气，一怒之下请假去上海散心，可是留在徐州的十四师官兵们可不干了，没有了卫立煌，十四师还是十四师吗？十四师还能打胜仗吗！

十四师官兵群情激奋，军心不稳，何应钦虽然远在南京，但他还是通过十四师的亲信在第一时间知道了。何应钦也觉得自己做得有些过火，当即颁布委任状，一顶有名无实的徐州戒严司令的大帽子就戴在了卫立煌的头顶。

卫立煌在上海住了几日，上海的军火商、汽车商还有各种三教九流的人物闻风而动，他们都想在这位威名赫赫的卫少将身上，赚取自己想要的利益。

三年清知府，十万雪花银。卫立煌作为一个少将，如果他是一个贪财的人，打了三年仗，何止是十万雪花银，恐怕房子、车子、票子、女子和位子就都"五子登科"了。

可是卫立煌真的没有发财，他除了喜欢手枪之外，根本没有闲钱去购置外国进口的小汽车。他在上海每日真是不奈其烦，后来他决定离开上海，直奔镇江而去——卫立煌可以不要官位，但却不能再错过生命中的红颜朱韵珩。

朱韵珩是民国时代睁开眼睛看世界的知识女性，虽然风车山消息闭塞，但她还是能从过期的报纸上，知道卫立煌在蚌埠、徐州连战连捷的消息。

卫立煌领着卫队来到了镇江风车山女子学校，他和朱韵珩几个月未见，自然有说不完的亲切话儿。1927年12月，卫立煌正式向朱韵珩求婚。

朱韵珩有基督教会学校校长的职位在身，她的婚事事关重大，必须要得到学校执事团的支持。学校的执事团为了朱韵珩和卫立煌的婚事，已经开了好几次会议，执事团里面有人反对，也有人支持，基督教会也不知道听谁的好了。

卫立煌连战连捷，把军阀孙传芳驱除出两淮，这骄人的战绩，崇实女子学校的执事团还是知道的。他们觉得简单的拒绝，有可能让朱韵珩错过一段好姻缘，便给了卫立煌一个当着执事团陈述的机会。

卫立煌其实早就盼望着这次机会，他根本就不用准备，而是原原本本、不增不删地开始讲自己扛枪当兵、献身戎马，受的苦、受的伤；因妻子叠亡、子嗣夭折，自己受的痛、受的累。

卫立煌最后当着崇实女子学校的执事团表示，朱韵珩是留学美国，取得硕士学位的大知识分子，而自己的学历只有私塾的水平，如果日常能够得到朱韵珩的指点，自己的文化水平也会得到提高。他讲完这段话后，又诚恳地表示，假使有幸能娶朱韵珩为妻，自己一定会好好照顾她，并力争给朱韵珩人生最大的幸福！

崇实女子学校的执事团听罢卫立煌的宣讲，他们也是深受感动。基督教讲究婚姻自由，既然朱韵珩同意嫁给卫立煌，作为学校的执事团，必须要拿出一个能让教会和结婚双方，都能接受的方案来。

卫立煌离开后，学校的执事团经过讨论，终于拿出了三项双方都比较满意的条款：

第一，因为卫立煌不是基督教徒，故此，执事团虽然同意两个人结婚，但朱韵珩不能再担任崇实女子学校校长的职务。

第二，两个人结婚不应在镇江举行，但两个人结婚时，镇江的教会会派人前去祝贺。

第三，教会的大门永远为朱韵珩敞开。

执事团给出的三条方案，卫立煌非常痛快地接受了。这道理很简单，首先，卫朱二人结婚，必然要有一个人做出事业的牺牲，不管怎么说，牺牲事业的人都应该是朱韵珩，而不当校长就是必然的选择。

其次，卫立煌不会在镇江草率地办一个不上档次的婚礼，婚礼的举办地他已经有了腹案，那就是在大上海。

最后，教会的大门永远向朱韵珩敞开，这是照顾双方面子的话，并不会起到什么实际的作用。

1927年12月24日，卫立煌和朱韵珩在上海举行了一场中西合璧的婚礼。卫立煌的大哥、镇江基督教会的代表，还有卫立煌诸多的亲朋好友、袍泽兄弟都参加了这场既热烈又隆重的婚礼!

2．进学，陆大学习打基础

天行健，君子以自强不息——《周易·乾·象》

朱韵珩绝对是卫立煌的贵人。如果卫立煌遇到一个平凡而庸俗的妻子，她会整日陷于权势的江河、名利的海洋之中不能自拔，无暇督促丈夫学习和进步。但朱韵珩绝对不是这样的人，她留学美国，深深知道学习对于男人的重要性。她和卫立煌婚后，便做出了一个决定，那就是让卫立煌到北平陆军大学去进修学习，深造读书。

卫立煌骁勇善战，他是在实战中总结战争，在实战中学习战争的典型。但光靠悟性，成就必然有限，想要短期内提高卫立煌的军事理论与指挥作战的水平，只有去学习，而陆军大学，就是朱韵珩建议卫立煌进修的首选。

陆军大学于1906年创办于保定，是中国近代唯一的一所最高级别的军事学府，当时的名字是：陆军行营军官学堂，其创办人为袁世凯。袁世凯将其视为私有，为培养北洋体系的军官，他曾派亲信段祺瑞为学堂督办，张鸿逵为监督。

1910年7月学校更名为"陆军预备大学堂"。民国建立后，陆军预备大学堂的校址由保定迁往北京，并在1913年10月正式更名为"陆军大学堂"。

陆军大学在民国时代的军校中被称为"铁门槛"，一向非常难考。蒋介石对培养"军事人才"的陆大非常重视，为了让黄埔和陆大的军官们精诚团结，黄埔的学生们读了一阵黄埔后，还会到陆大借读一段时间，用意是增进彼此的友谊，蒋介石曾经兼任陆大的校长长达二十一年之久，而国军将领，对"穿黄马褂（黄埔）、戴绿帽子（陆大）"的两校深造非常重视，因为从这两所学校毕业，就会摇身一变，成为蒋介石的嫡系，加官晋爵，飞黄腾达，将变得非常容易。

南京政府接管该校后（1932年1月，陆军大学由北京迁到南京），蒋介石为获得更多的军事高等人才，在1928年创设了特别班，主要招收军队中校以上、中将以下，年龄在四十五岁以内的军官。总之一句话，"考"和"招"相结合，既要让青年才俊有考进陆大的路子，也要让党国的有功的"干城"获得特招的机会。

但是陆大也有一怪，那就是一面是青年才俊和党国军官们挤破脑袋进来学习，获得一个嫡系的出身文凭；另一方面却有很多杂牌军的军官，拼命逃离到陆大受训的机会。

因为蒋介石借着让一些杂牌军的军官受训的机会，趁机剥夺了他们手中的兵权，当时卫立煌也有担心，可是朱韵珩却不这样认为。

中国有句古话，叫作磨刀不误砍柴工。卫立煌虽然英勇善战，但是有一点，打仗光靠战斗经验是不够的，必须要学习古今中外的军事理论，深剖经典战例，只有这样，才能扩宽视野，重塑格局；只有这样，卫立煌才能将实战经验和战争理论相结合，具备指挥大兵团作战的能力；也只有这样，他才能有一个更加灿烂的军事前途。

经过朱韵珩的分析，卫立煌也转过了弯来，暂时丢了兵权不要紧，要紧的是学来能带更多兵、打更大的仗的真本领。

卫立煌将离职学习的报告打上去之后，很快就得到了批准。"木秀于林风必摧之"，很多心怀鬼胎的军政高官，都想掐掉卫立煌这个"尖"。现在卫立煌要主动离开军队，他"挥挥手，不带走一片云彩"告辞了，正中了某些军队高层的下怀。卫立煌到陆大学习的报告，批复的不仅快比闪电，为显尊崇，上峰还给了他一个官职——南京卫戍区副司令。

卫立煌就成了陆大众多新生中，唯一一个带职入学的学员。

北平是七朝古都。建城已有两千多年的历史，最初名字为"蓟"。其地理位置十分重要，它西峙太行，东连山海，南俯中原。自先秦时期，这里就是燕国的都城。两三千年以来，北平因为改朝换代的缘故，虽饱经风雨，但这里始终是国内政治、经济和教育的中心之一。

东单西单鼓楼前，五坛八庙颐和园，北平城物华天宝，富庶繁华，从徐州来到北平读书的卫立煌，突然从战火纷飞的前线，携带者妻子朱韵珩，来到了几千年文化沉淀的古都，他真的有种耳目一新、境界大开的感觉。

北平好玩的地方很多，比如琉璃厂的古玩店，江湖艺人"撂地"的天桥，京戏的发祥地北京大栅栏戏园，还有香味飘飘的东来顺涮羊肉。可是这些地方真的都不吸引卫立煌。

卫立煌在庄惕深家租到了房子,他白天到陆军大学学习,晚上回家,朱韵珩就帮他复习功课。卫立煌虽然聪明,但是功课丢掉了这么多年,"冷手抓热馒头"似的捡起来,确实有些生疏和费劲。

卫立煌这天傍晚学习有些困乏,他就问起了朱韵珩在教会学校学习的经过。因为他至今也很纳闷,朱韵珩无父无母只是一个孤儿,她的学习成绩为何那么好?是什么力量支持她出国留学,拿回了硕士学位?

朱韵珩道:"我一开始努力学习,目的很单纯,只是想学一门能够立足于社会的本领!"她除了自己能够依靠,真的没有任何靠山,如果朱韵珩不努力学习,她的命运只能是被社会淘汰。

朱韵珩拿到了奖学金,来到美国的丹佛大学深造。当时外国人都称中国人为"东亚病夫",中国留学生想要在校外租一间房子都很难。

朱韵珩因为国弱民贫而被外国人瞧不起,她的心里很是窝火,便发奋努力,准备用学习成绩,让瞧不起她的外国人看看,究竟是谁超过了谁。被称为"东亚病夫"的中国人,一样可以在学校里拿第一,更可以取得名校的硕士学位。

朱韵珩讲完辛苦异常的求学经历,卫立煌也是深有感触。他一开始吃粮当兵,目的只为复仇,可是自从追随中山先生,也渐渐地明白,打倒祸害国家的军阀,推翻封建的旧制度,建设三民主义,才是他最终的理想与目标。

卫立煌今日读书再累,也没有朱韵珩一个弱女子孤身出洋,到人生地不熟的美国留学累;卫立煌读书再难,也没有中山先生建立三民主义难。卫立煌咬紧牙关,在朱韵珩的辅导之下,功课很快就大有起色,不仅陆大老师留的作业,能准确及时地完成,学习成绩也在逐日进步。

这一天,卫立煌遇到了一个难题,学校的老师让他选修一门外语课。

陆大有英、俄、日等外语课可供特招班的将校级的军官们选择,卫立煌班上的不少同学,都选择了英语。卫立煌找朱韵珩商量,如何选修外语。朱韵珩在美国多年,英语是她的长项,卫立煌如果选学英语,至少会得"近水楼台"之利。朱韵珩想了想问:"将来中国的敌人有可能会是谁?"

卫立煌回答:"日本的可能性最大!"

朱韵珩义无反顾地说:"你作为守土有责的将军,那就必须要学会日语!"

只有知己知彼,才能百战百胜。卫立煌觉得朱韵珩说的话有理,他就开始认认真真地学习日语,而且他的毕业论文,写的就是《论中日战争》。

一个好妻子,不仅能框定丈夫的未来,还能为自己的夫君指明前进的方向。卫立煌有百样好处,却有一个缺点,那就是非常喜欢交朋友。

卫立煌入陆大,一开始和学员们彼此不熟,饭局、酒局就撺掇不起来。几个月之后,大家彼此熟络,就开始分山头,列派系,卫立煌也就有了一大群臭味相投的好朋友。

"在家靠父母,出外靠朋友",在这种有山头才能有人头的观念的作祟之下,卫立煌白天学习,晚上便将大把宝贵的时间,都放在了和同班、同级的学员朋友们的应酬之上。

朱韵珩虽说是新时代的女性,但她当时已经身怀有孕,深更半夜将她一个人留在家里,焉有不害怕的道理?卫立煌应酬,就少不了饮酒,他还常常喝醉,这不仅对身体有害,而且也影响夫妻感情。

卫立煌和朱韵珩的房东是庄惕深和罗馥贞夫妇。庄惕深先生是北平城里颇有名气的中医。提起庄罗二人来,当代的人恐怕没有几个人晓得,但如果提起他们的儿子中国乒乓球世界冠军庄则栋,恐怕没有几个人不知道。

庄惕深和罗馥贞夫妇对卫朱这对夫妻也是非常关心,庄惕深就去劝卫立煌,卫立煌态度挺坚决:不能因为妻子,而怠慢了朋友。

罗馥贞去劝朱韵珩,朱韵珩反问道:"庄太太,您说我先生交的那些酒肉朋友有用吗?"

罗馥贞看着朱韵珩"腹有

卫立煌夫人朱韵珩与子女

良谋"的样子,她回去和庄惕深一说情况,庄惕深道:"他们的事儿,我们别管了,看样子朱太太是个有学问和主见的人,一定能够解决好他们面对的问题!"

朱韵珩这几日也在思考,如何能让丈夫在陆大下课后就回家?她一开始用的是"堵"法,可是这招不仅不收效,反而影响到夫妻的感情。她决定用"疏"法,坚信卫立煌一定能体谅出自己的良苦用心。

这天,卫立煌因为没有应酬和酒局,他下课后就早早地回到了家里。朱韵珩一边为卫立煌盛饭,一边问道:"立煌,这几日我都在想同一个问题,交朋友应该交什么样的朋友?"

卫立煌说道:"交朋友自然要交志同道合,或者对自己能有启迪和指导的朋友。当然,最好能交到出生入死的朋友,这才没白枉好男儿在世上活一回!"

朱韵珩连声夸卫立煌说得对,然后她就帮丈夫梳理这几个月来交到的朋友,一番梳理,卫立煌也是觉得额头冒汗。那些常常跟他在一起沉迷酒局的"朋友",竟差不多都是有利则聚、无利则散的"酒肉朋友"。

朱韵珩告诉丈夫,如果他交到"志同道合、互相进步和同生共死"的朋友,尽管往家里带,她会亲操鼎镬,善学易牙,为他们蒸制美食,联络好友的感情,为丈夫将来在军界崛起,铺平人脉的道路。

卫立煌真没有想到,朱韵珩竟有如此见识,放下饭碗"啪"的一个立正,敬礼道:"夫人一席话,警醒梦中人,今日的点拨,立煌定当永记在心!"

卫立煌自此之后,交友变得慎重,不是来者不拒,而是有选择地交。卫立煌以后新交的这些好友,每到卫立煌从南京卫戍司令部领到军饷,就会到他家来聚一聚,朱韵珩不仅做的饭菜适口,而且待客热情大方,绝对让卫立煌交到的这些新朋友如沐春风。

卫立煌在陆大读书,本来是他人生的蛰伏和充电的阶段,没想到发生的一起"桃园结义"事件,竟惊动了蒋介石。

卫立煌在陆大有一个名叫严啸虎的学员,他准备效仿刘关张,在全校同学中,搞一次"结盟大会"。可是他自己的影响力不大,他就想起了在陆大深造、还能赚南京卫戍司令部军饷的卫立煌。

卫立煌对"结盟大会"不反对,可是他向夫人一说情况,朱韵珩道:"你是有军职的人，我认为你参加结盟大会不妥！"

在卫立煌的建议之下，严啸虎决定将这次"结盟大会"，搞成半公开的"结拜大会"，那就应该没有什么事儿了。

在严啸虎的张罗之下，约有三百名陆大的学院来到了中山公园的来今雨轩，参加了这次半公开的结拜大会，可是这次大会还是引起了蒋介石手下特工的注意，他们将情况上报到蒋介石的手中后，蒋介石经过调查，得知有卫立煌参加的这次大会。竟是一次"结拜大会"，他也就一笑而置之了！

因为在蒋介石心中，从来也没有拿结拜当回事。有人戏称，蒋介石有三不知：一不知道官职有多少；二不知道手令有多少；三不知道结拜兄弟有多少。根据不完全统计，蒋介石一辈子共结拜兄弟八次。比如，陈其美介绍蒋介石加入同盟会，蒋介石与其结拜成异性兄弟，结果是陈其美遇刺，蒋介石为他收的尸。

而和蒋介石结拜，被排挤、被打压和囚禁的人有张静江、许崇智、杨虎和张学良。而和蒋介石反目的人有：李宗仁、冯玉祥。唯一善始善终的就是张群。

可见与谁结拜，怎么结拜，这是个非常严肃的问题，值得每个人深思之、谨查之、慎行之。

朱韵珩虽是女流，但看事情的眼光却非常独到，卫立煌受其助力颇多。让卫立煌更没有想到的是，他通过朱韵珩竟搭上了总统夫人宋美龄的关系。国民党军界的二号人物何应钦虽然处处为卫立煌设置樊篱，但卫立煌却因为宋美龄美言，意外地得到了何应钦的顶头上司蒋介石的青睐。

朱韵珩和宋美龄都是留美的学生，她们在美国的时候，就是好朋友……蒋介石娶宋美龄，相比卫立煌娶朱韵珩，他付出了的代价更为"沉重"。蒋介石改信了基督教，这才能与宋美龄完婚。蒋介石的这段婚姻，即使不是政治婚姻，也没有人不拿这段婚姻当政治婚姻看，因为蒋介石娶了宋美龄，不单单是娶了夫人这样简单，而是娶了宋美龄携带的一笔庞大的政治财产。蒋介石从一个没有多少政治积累的政客，一跃变成了孙中山先生的连襟。

北伐的失败，军阀的反攻，何应钦搞不定，他们只有请蒋介石回来主持工作。而蒋介石需要猛将来帮他收拾残局，打赢胜仗！

1930年，朱韵珩在北平协和医院中，生下了长女卫道蕴。就在朱韵珩坐月子的时候，一封宋美龄的亲笔信，就送到了朱韵珩的手中。

1930年是个不平常的年份，冯玉祥和阎锡山联合起来，虎视眈眈地准备反蒋。蒋介石的精锐部队，相继已经北上，并集中于陇海路的两侧，准备痛击冯阎联军。

石友三原本已经投蒋，可他是冯玉祥昔日西北军的十三太保，蒙故主的招呼，又临阵叛蒋。石友三在上海的浦口高举反蒋的大旗，将蒋军守护津浦铁路的两支部队全部缴械。蒋介石面对后院起火的严重局面，急得团团转，要知道他手中已经无兵可派，前线的嫡系又无法调回，常言道"国难思良将"，可是派谁去荡平石友三这支部队？

石友三

宋美龄为蒋介石推荐了卫立煌。蒋介石是知道卫立煌的，卫立煌去陆大学习的原因，他也有所耳闻。蒋介石担心，如果卫立煌还在生着何应钦的气，他能不能听从自己的召唤，为"平叛灭反"出力？

宋美龄基于为丈夫分忧担责的心，就给自己的闺蜜朱韵珩写了一封信。信中，宋美龄首先称呼朱韵珩的教名"路德"，一个教名，就将两个人的关系拉近到了亲密无间的程度。

宋美龄在信中首先对卫朱二人的弄瓦之喜表示祝贺，并称"先花后果"（首胎女孩），预示着以后定能子嗣繁多，福祚绵长。

宋美龄不愧号称是蒋介石的外交大使，这封信读到一半，朱韵珩就被对方浓浓的关心，感动得泪流满面了。

宋美龄在信中笔锋一转，就切入了正题。蒋先生认为，学以致用，用方促学，卫将军应该以崭新的姿态，蓬勃的朝气，速赴安徽，组劲旅，卫南京，平贼寇，建功勋！

宋美龄的信确实令人感动，但让卫立煌远赴安徽的蚌埠去剿灭石友三，朱韵珩却再也笑不起来了。她有着深深的担心。首先，蚌埠并没有卫立煌的嫡系部队，如果靠匆匆招募来的新军，他能否打败曾经火烧过少林寺的石友三？其次，蚌埠是各方势力争夺的战略要地之一，孙传芳部在那里经营多年，卫立煌此去险地，会不会遭到孙部的暗算？最后，朱韵珩本打算在丈夫卫立煌陆大结业后，去日本的军校再深造一番。深造完毕，是否再去欧美，则视国内的战局发展而定，如果国内战火纷飞，朱韵珩的意思是能避之则避之，犯不着为当权者冒险。

但卫立煌毕竟是军人，他的想法和朱韵珩有一定的区别。军人以服从命令为天职，蚌埠虽险，也只有在那种富有挑战性的地方，方能显示出卫立煌临危不惧的军人本色。

卫立煌为了说服朱韵珩，他一连想了好几个理由，可是都不足以让朱夫人点头。卫立煌本来就是一个诚实的人，让他撒谎，很显然他不会。

最后还是陆大那些和卫立煌结拜的金兰兄弟帮了忙。卫立煌回到家里，按照金兰兄弟教他的话说，南京有先总理的陵寝，如果让石友三攻陷了南京，其手下了士兵必定会对中山先生的墓园不敬，这对坚信三民主义的卫立煌来说，完全是不能容忍的事情。

践踏中山先生的墓园，这就和对基督耶稣不敬是一个道理，卫立煌和朱韵珩讲明南京失陷的严重性后，朱韵珩果真再不阻拦，而是以基督教的名义为卫立煌祈福平安，并送他上了火车，直奔蚌埠而去！

3. 鏖兵，金家寨变立煌县

草木虽无情，因依尚可生。如何同枝叶，各自有枯荣——李白《树中草》

一粒沙无法改变大漠的温度，一滴水无法改变河流的方向。卫立煌上了蒋介石的战车以后，从1932年开始，他曾率兵对鄂豫皖苏区进行"围剿"。

鉴于卫立煌部队"围剿"的"成绩"，1933年4月，蒋介石下令，将六安、霍山、霍邱、固始和商丘五个县及部分地区划出来，并以卫立煌"收复"的金家寨为中心，建立了立煌县——卫立煌这段误入歧途的经历，历史早就给予了定论，但留在卫立煌心中的阴影，却真的难以消逝。

卫立煌奉上峰之命离开北平，等于没有完成陆大的学业，但陆大校方也体谅他作为一个在职军人的难处，同意了卫立煌等将来战事结束，重回陆大考试，取得毕业证书的请求。

卫立煌安排好妻女，然后坐上火车，直奔安徽的蚌埠而去。

蚌埠在历史记载中为"古乃采珠之地"，故素有"珍珠城"的美誉。蚌埠市地处淮河中下游，水路运输优势明显，是千里淮河第一大港。蚌埠港可四季通航江苏、上海、浙江、江西等省市，地理位置非常重要。

蒋介石点将卫立煌到蚌埠来"坐镇降妖"，绝对是有道理的，因为卫立煌就是安徽人。

卫立煌想要完成任务，手中必须有兵。蒋介石在卫还未到蚌埠之前，就封他一个皖北警备司令的头衔。接下来，组建第四十五师的重任，就落在了他的肩膀上。

南京军事委员会批准了第四十五师的番号，军械、军需和军饷南京方面都会负责调拨，卫立煌急需解决的是兵源的招募，及人员的配置等问题。

卫立煌回到合肥老家，在段家祠堂外面竖起了招兵的大旗。其他军队在合肥募兵，也许不好招，但卫立煌却不同，卫立煌只是合肥卫杨村一个农家苦孩

子，靠着自己的努力，一步步取得了肩扛将星的荣耀。

可以这样说，改变命运的传奇人物卫立煌就站在眼前，安徽的农家子弟们哪个不想以他为榜样，跳出山沟沟，开创出一番可以让人竖起大拇指的事业？故此，卫立煌招兵异常顺利，十几天后，第四十五师的士兵招齐。卫立煌的旧部，听到老上级招兵买马的消息，纷纷赶来投奔，黄埔和陆大等军校的毕业生，也成了卫立煌第四十五师的骨干力量。

卫立煌亲任第四十五师师长，师部下设三个旅，李默庵第二十八旅、李树森第三十旅和陈步云的独立旅。

参谋处的处长是郭寄峤，他不仅是卫立煌的合肥同乡，而且多谋善断，是一个非常机智的参谋处长。

一支部队是有军威的。四十五师刚刚成立，是一支新军，官兵们并没有参加过战斗，但卫立煌能打的威名，石友三知道的比自己吃几碗饭都清楚。

石友三一贯的作风是见风使舵，曾经前后倒戈了11次之多，他不仅投靠过冯玉祥、阎锡山、蒋介石、汪精卫，最后还和日本人穿了一条裤子。他每次投降都有目的，当然这种目的都上不了台面，无非是金钱、地盘和官位。

没有理想和目标的人，达不到一个很高的层次，一只以争利益和抢地盘而聚起的军队就是一群乌合之众。石友三虽然嘴里将拥护冯阎，反对蒋介石的口号喊得很响，但他惧怕卫立煌的"虎威"，在保存实力的思想作祟之下，一枪未发，挥兵撤离了津浦铁路。

1930年5月，规模浩大的中原大战爆发。战争的起因是北伐战争后，国民党左派汪精卫面临失势的困局，他联合阎锡山、冯玉祥、李宗仁、张发奎等发起的一场旨在推翻南京政府、夺取蒋介石军权的一场大战。

中原大战中双方动员兵力110万人，历时7个月，以死伤30万人的代价结束。在这场战争中，蒋介石不仅动用了军队，还不惜利用金钱、官位等见不得光的手段，拉拢敌方的军官临阵倒戈，最终取得了这场大战的胜利。

卫立煌在这次狼烟四起的军阀大战中，起的是一个屯兵竖戈"震慑"敌军的作用。因为有四十五师的存在，津浦路南段始终畅通，运往前线的兵源、物资始终也没有断流更为主要的是，南京平安无事，可以让蒋介石专心应对中原的战事。

中原大战结束后，蒋介石缓过了一口气，在1931年7月，展开了对工农红军的第三次"围剿"。卫立煌没有参加中原大战,并不等于蒋介石忘记了他,蒋介石给四十五师分派的"围剿"任务是在(江西)赣鄱之地,与工农红军进行决战。

兵圣孙武在《孙子兵法》中对手持兵权的后辈,做出了如下的警示:兵者,国之大事,死生之地,存亡之道,不可不察也。战争是生死存亡的大事,可是在民国时代,军阀们为了自己的利益根本不顾战争的危害,而妄兴战火。蒋介石更想通过对江西的"围剿",将"心腹大患"中国工农红军彻底"消灭"之。

江西是革命火种最早点燃之地。1928年1月,方志敏参与领导弋横暴动,创建赣东北根据地,并先后任红10军、红11军政治委员,中共闽浙赣省委书记。赣东北根据地位于江西、浙江、福建和安徽四省边区52个县,总面积10多万平方公里。地势险要、山高林密、河湖纵横的这片根据地与井冈山根据地遥相呼应,更能威慑到杭州、上海和南京等国统区城市的安全。

蒋介石面对中共赣东北根据地的不断壮大,早已经如坐针毡。在当时江西省的清乡报告上,曾载有蒋介石这样一段焦急而无奈的话:对于磨盘山区,历次军队进剿不但不能肃清,往往为其折损武器,增其势力,于是"势益猖獗"……

蒋介石第一次"围剿"工农红军用了10万兵力,第二次用了13万兵力。叠连失败后,他并不考虑"围剿"的兵力越多却输得更惨的原因,反而在第三次"围剿"中,用了30万的兵力,并请来德、日、英等国的军事顾问为高参,"围剿"人马漫天蔽野地对中央苏区"掩杀"了过来。

在毛泽东指挥下,中央红军三万余人,采取诱敌深入的作战计划,避敌主力,击其弱旅,共歼敌七个师、十七个团,俘一万八千余人,缴枪一万五千余支,第三次反"围剿"取得重大胜利。

蒋介石发动第三次"围剿"后,曾赴南昌亲自指挥,参与战事筹划。可是这场"围剿"只持续了一个月左右,便狼狈不堪地收场了。

当时,卫立煌接到调令,他的四十五师从津浦路驻地,一路急行军赶到了赣鄱之地。可是还没等放上几枪,第三次"围剿"便结束了。

卫立煌这次是"起了大早,赶了一个晚集"。随后,他奉命到湖北驻防。第四十五师来到驻防地黄陂之后,刚刚开始修整,南京军政部就发来了一份电报,将卫立煌的四十五师扩编为国民革命军第十四军,卫立煌荣升中将军长,李默庵成了十四军第十师的师长,而蒋伏生成了第八十三师的师长。

卫立煌扩编整军,训练部队,本以为可以过几天消停日子,万没想到的是,上海一·二八事变突然爆发了。

1932年1月28日午夜,日海军陆战队以日本僧人遭袭击、重光葵公馆被焚烧为借口,向我驻守上海的第十九路军展开了突然袭击。面对一·二八事变的爆发,当时全国的抗日军民无不义愤填膺,纷纷要求请战。

日方政府对上海的垂涎,由来已久。上海当时对外贸易额占全国五分之三,它不仅是民国最大的工业基地,更是最大的港口城市,日本军方曾自作聪明地认为,只要占领了上海,就等于扼住了南京政府的咽喉,接着以上海为跳板,南京城就将指日可下……但侵略者疯狂的呐喊,惊醒了全国军民抗争到底的呼声,侵略者的枪炮声,更是激起了全国军民奋起战斗的决心。

当时朱韵珩和全家正在上海,面对日军的暴行,她打电话到杭州,找到了在警戒沪杭线的卫立煌,并在电话里鼓励丈夫带兵参战,用枪弹和炮火,打击日军的侵略行径。

朱韵珩随后将孩子交给保姆,她亦参加了对抗日将士的慰问团体,用实际行动,表达了自己的爱国救亡之心。

面对十九路军的英勇抗战,3月中旬,卫立煌将十四军分兵两路,一路警戒日军很可能登陆的杭州湾和王盘洋,另外一路由李默庵率领,进兵上海近郊,随时准备投入战斗,支援十九路军,并对日军予以痛击。

一·二八事变爆发后,日军对上海守军发起的闸北之战、八字桥争夺战和吴淞要塞争夺战等战役,可是上海守军英勇不屈,拼死抗战的决心,确实是令日军损兵折将,处处受阻。

日本政府确实低估了中国军民抗日的决心。3月底,双方停战,南京政府并与日本政府签署了《淞沪停战协定》。根据这份协定的规定,日本军队可以长期留驻吴淞、闸北、江湾引翔港等地,而中国军队却不能在上海周围驻扎设防,使上海成为日本侵华的重要基地之一。

一·二八事变致使整个上海战火纷飞,可是卫立煌的第十四军却没有捞到仗打,这不能说不是一个遗憾。

1932年12月,国民党赣粤闽边区"剿匪"总司令部悍然发动了第四次"围剿",这次"围剿"共调集了近40万兵力,采取了左中右三路人马"分进合击"的战略,气势汹汹地向中央根据地掩杀了过来。

这次"围剿"的部署是:陈诚指挥12个精锐师团师16万余人为中路军,担任主攻任务;蔡廷锴指挥第十九路军和驻闽部队为左路军;余汉谋指挥的广东部队为右路军,负责就地"清剿",并策应中路军行动。

当时卫立煌的部队尚在平汉线南段花园车站驻防,接到"围剿"红军根据地的命令,卫的部下就开始议论纷纷。蒋介石对苏区进行"围剿""消灭"红军虽为主要任务,但还有一个上不了台面的目的,那就是消除军队中的"杂牌"异己,为蒋介石的嫡系牢牢掌握军权而铺平道路。

国民党军前三次"围剿"红军根据地的失败,虽然可以找出很多种原因,比如:轻兵冒进、指挥混乱、派系斗争等等,还有一个原因就是,蒋介石每次"围剿",都是以杂牌军当进攻红军的主力,而他的嫡系部队,为保存实力反而成了后续部队。

如此分兵布局,就造成了杂牌军不用命,杂牌与嫡系的不和,各个集团军之间互相猜忌,为保存实力,不肯互相协调和支援,以至于被红军各个击破,最后三次"围剿"全都失败。

卫立煌的第十四军绝非蒋介石的嫡系部队,按照前三次"围剿"的经验,注定将担任主攻的部队。接到命令,十四军官兵议论纷纷说,这次"围剿"红军根据地,第十四军绝对是凶多吉少!

卫立煌作为了中将军长,岂能不明白国军嫡系与非嫡系的区别,第十四军面对的危机形势,他甚至比其他官兵更清晰明了。但他作为一个军人,军令如山的道理他焉能不懂?他手中的"剿匪"命令清楚地写着:卫立煌作为中路军第六路纵队的司令,下辖第十师和第八十三师,沿着平汉线东进,攻击的方向是河口镇和黄安城。

卫立煌手拿这份电令,觉得以十四军的实力,分兵两路去攻取这两个地方,很有可能造成十四军兵力分散,会被红军乘虚而入、分割包围、逐一歼灭。

河口是一座古镇,因为偏僻,镇中还保留着一条完整的古街。黄安县城不仅有四百多度年的历史,而且人烟稠密,商贾云集,距离鄂东北苏区的中心极近,那是一座有城楼,有城墙的县城。按照兵法"先易后难"的原则,十四军应该先取河口，再攻黄安。

卫立煌的要求通过电报发到了武汉，很快汉口的总部就同意了他的"先取河口，再攻黄安"的作战方案。卫立煌领兵取路，直奔河口镇进发。令他感到诧异的是，这次进兵可以说非常顺利，几乎没有遇到抵抗，十四军的各路纵队就轻轻松松地到达了河口镇外围的指定地点。

卫立煌占领河口镇外围的攻击地点后，通过侦察得来的情报才明白，十四军进兵未遇抵抗的原因，是由于当时苏区红军的领导人张国焘估计形势错误，他对第四次反"围剿"的战斗计划制定得非常主观，面对敌强我弱的不利局面，他没有发扬前三次反"围剿"取得的诱敌深入，在运动中寻找战机，然后遇弱歼之，遇强避之，并在运动中，将强敌消灭的成功经验，而是执行"左"倾冒险主义路线，将红四军主力向平汉铁路（今北京—汉口）信阳至广水段集结，完全不顾实际情况，竟提出了一个非常蛊惑人心的口号"攻下麻城，攻下宋埠，打到武汉去"。随后红军南下，开始进攻湖北省麻城，实现其威逼武汉、逼敌从苏区撤军的冒险计划。

麻城地处鄂豫皖三省要冲，地势险要，素有"屏蔽江淮，北控天中，东引吴会，形势险要"之称，历来都是兵家的必争之地。根据历史记载，麻城雄关重重，五关翳锁，易守难攻，实为四固之区。

《徐向前传》记载：

西线敌陈继承纵队于7月10日由罗山地区南犯，卫立煌纵队于7月下旬由孝感地区向西推进。敌情已经非常严重。可是，张国焘不仅无视当前严重的敌情，而且夸大围攻麻城以来所获胜利的意义，令红军再次围攻麻城。

红军处处被动。总指挥徐向前几乎成了军委主席张国焘手中的一个棋子，搬来搬去。徐向前在难言的苦恼中，只得拼出全力，争取摆脱这种被动的局面……当红军河口独立团与来犯的敌人接触时，中央分局已获得急报，但仍令徐向前加紧围攻麻城。及至敌陈继承纵队占领了吕王城，向七里坪急进，卫立煌纵队向河口突进的时候，张国焘才感到局势严重，惊呼："今天打出了一个厉害的敌人来了。"于是赶忙决定放弃围攻麻城的计划，要徐向前、陈昌浩率红军主力星夜向西转移，迎击敌人。红军处于更加被动的境地。

李蕾和杨雪燕著《红军女将张琴秋传》中,记叙了麻城之战的艰难,以及此战失利给苏区红军第四次反"围剿"带来的不利影响。

蒋介石把目标瞄向了七里坪。七里坪是苏区重镇,七里坪一垮,下一个目标就是黄安,只要攻下黄安,整个苏区便就是盘中之餐。为此,蒋介石整合了八个师,气势汹汹往七里坪一步步逼近。

看到这个架势,张国焘慌了神,他这才对孰轻孰重有了一番比较。如果七里坪失陷,那攻取麻城简直就没有丝毫的意义。这时,他才不得不下令解除麻城之围,要徐向前和陈昌浩立即回师黄安,保卫根据地!在这之前,徐向前不止一次提出要撤麻城之围,张国焘不予理会,现在接到命令,徐向前和陈昌浩料定事情严重了,连夜从麻城往外撤。麻城到黄安,有120多里山路,所谓会走的一天半,不会走的得两天……

8月10日天不亮,卫立煌的第六纵队就开始向河口镇发起了攻击。虽然红四方面军河口镇的部队对卫部进行了英勇的反击,但实际情况是,红四方面军人少、缺枪、弹药供应不足。

卫立煌的第六路纵队不仅人多、枪好而且背靠平安县,弹药的消耗在第一时间就会得到补充。这场一边倒的战斗进行了一整天,入夜时分,与卫立煌部激战的红军撤出河口镇,向黄安一带转移。

卫立煌领兵占据了尚且弥漫着硝烟的河口镇,当他走在那条遍布兵燹痕迹的古街时,心中充满了一种成就感。当然这份胜利的成就背后,也有一些担忧:河口镇这场仗他是打胜了,可是接下来进攻七里坪和黄安的战役,他能有必胜的把握吗?

卫立煌刚刚领兵占领河口镇不久,蒋介石的加急电令便飞速急至,电令的内容是河口镇交归汤恩伯的预备师留守,第六纵队即刻向黄安进发。

蒋介石为了第四次"围剿"的胜利,可谓下了重注,三路"围剿"队伍不仅采取了"纵深配备,并列推进,步步为营,边进边剿"的战法,而且攻击目标齐指黄安、七里坪和河南省新集、商城等战略要地,其目的只有一个,那就是将红四方面军驱逐出鄂豫边境,随后开始东西夹击,夺取金家寨为中心的皖西地区,最后由北而南,将苏区红军压迫于长江沿岸,三面合击加以

"歼灭"。

第二纵队指挥官陈继承为达抢先一步，攻占黄安和七里坪（七里坪是红四方面军的诞生地，具有很强的战略、政治意义）的目的，他领兵从宣化店向红军苏区气势汹汹地杀了过来。

红四方面军的徐向前、陈赓率部迎敌，并与陈继承部展开了激战。这场激战前后进行了七昼夜，徐向前见敌各师攻势略减，随后集中五个主力师，对敌的前锋部队黄杰和李玉堂两师开始了正面的进攻，随后一场寸土必争的血战展开。敌一开始仗着飞机大炮之利，还在拼死顽抗，可是白刃战展开后，敌人的优势武器装备终于失去了作用，红四方面军不仅打死黄杰师六个团长，令该师损失两千人，而且动摇了敌之战线，第二路纵队全线已呈现溃退之势。

关键时候，卫立煌的第六纵队赶到了距离黄安郊外约十里地的冯寿二地区。面对红四方面军主力的进攻，卫立煌急忙将第六纵的指挥部设置在路旁的一个小高地之上。

卫立煌和参谋长摊开地图，确定了部队位于冯寿二高地群的位置之后，随即命令李默庵部五十八团，抢占高地，作为支撑点，以策应第二纵队陈继承的队伍。

卫立煌站在高地之上，举起了望远镜，他发现徐向前防守黄安和七里坪的红军是第四方面军的主力部队，共有三四万人之多，而且攻上来的红军部队竟有重炮作为掩护。后来，卫立煌才知道，红军的重炮是从汤恩伯部队中缴获的，虽然数量不多，但对据守高地的第六纵队，还是产生了不小的威胁。

徐向前部也发现了抢占制高点的卫立煌的部队。在《徐向前传》中，作者曾用浓彩重书的笔墨，记录下了这场非同寻常的激烈战斗：

8月11日中午，陈赓率红十二师在黄安以西下徐家、冯寿二地区与敌先头部队第十师遭遇，趁敌立足未稳，突然发起攻击，给敌以很大杀伤。当时，蒋介石对第十师失利甚为恼怒，急电卫立煌纵队加强防守，并命陈继承第二纵队限14日以前占领七里坪。"如有违误，当予以最严厉之处分"。

13日，红军主力赶到黄安地区，敌已筑好工事固守。徐向前让部队原地休息准备战斗，自己带了几个人来到前沿的一个山包，观察情况。这一带是海拔200米以下的丘陵地，地面起伏较缓，许多小高地错综连绵，山头都被敌人占据，正在加修工事。徐向前蹲在山头上，抽着旱烟沉思起来。这些天，他总想寻求一个战机，出敌不意，歼灭敌人一路，扭转一下被动的局面。可眼前的现实是敌人依托工事，居高临下，以逸待劳；红军却疲于奔命，跑了整整一夜。如果立刻发起进攻，不是"以我之长击敌之短"，而是恰恰相反……

当天下午1时许，敌第二师两个团攻到悟仙山大寨，红军乘敌仰攻，展开猛烈反击，当即将敌两个团大部歼灭于阵前。敌二师师长黄杰急调第八团增援，并令右翼第六旅十一团在柳林河西岸占领周田附近高地策应；敌第三师第九旅十七团也向南延伸。红军参战部队，冒着敌人猛烈的炮火和飞机的轮番轰炸，徒涉倒水河，一举突破敌前沿阵地，与敌人展开肉搏。战斗的激烈程度，为鄂豫皖苏区前所未有。敌第二师全线溃退，其第八团和十一团大部被歼。红军乘胜追击，直插白马斯河，攻占了黄杰的指挥所。敌陈继承得悉第二师惨败，急令其预备队第八十师增援，令左翼第三师向第二师靠拢，第二师残部则退守笔架山，陈继承并亲到第二师阵地"督战"。红军再接再厉，反复冲杀，与敌第二、第三师彻夜激战，肉搏10余次。徐向前鉴于天色将明，敌据险顽抗，且后续部队已到，而红军伤亡较大，后续兵力不足，再攻也攻不动了，于是决定连夜撤出战斗，扼守倒水河以东酒醉山至古风岭一线阵地。战局转成相持状态。

七里坪这一仗，徐向前是下决心要打好的，集中了十、十一、十二、七十三师和黄安独立师，共五个师，都是能打的部队。黄安独立师也是很有战斗力的，把敌二师师长黄杰的司令部都占领了，把司令部的电话机都缴来了。但是，由于红军伤亡很大，兵力不足，没有后续部队，把前面的敌人打垮后，再攻却攻不动了，只好转移再找机会。后来得知，敌第二师惨败的当天晚上，敌人召开了紧急会议，会上，敌军将领意见分歧，陈继承与各师长都主张退兵，唯独卫立煌主张坚守。卫立煌这一动议，深得蒋介石的赞赏……

卫立煌在冯寿二地区的激战中，所受到的攻击压力在《徐向前传》中，只披露了冰山一角。实际上，在卫立煌部和徐向前部第一次交火的晚上，如果徐向前部的武器再精良一点，战斗的决心再强大一点，卫立煌甚至都有可能被红四方面军俘虏。

当时李默庵的五十八团占据了冯寿二地区的一座无名高地，用机枪编织成火网,阻挡住了红军的进攻,几番激战之下,令徐部的伤亡甚大。

徐向前面对五十八团占据的无名高地难以被攻取的局面,急调红军主力离开高地,转而向第十师与卫立煌的指挥部"尖刀"般直插了过来。

很快,潮水般涌来的红四军就将卫立煌的指挥部团团包围。白天的时候,第六纵队的官兵,尚能在飞机和大炮的掩护下,凭借武器上的优势与红军周旋,可是到了晚上,武器上的优势荡然无存,面对擅长于夜战,而且对地形极为熟悉的红军,卫立煌的手下,完全处在一种被动挨打的局面。

卫立煌面对红军铁桶般的三面包围,他当时做了两件事:第一件是收缩兵力,采取核心战术,保护第六纵指挥部;第二件事,就是命令八十三师蒋伏生部,一定要策应第六纵的后侧,不能让第六纵的先头部队,成了一支被截断后路的孤军。

由于红四军的攻击太猛烈,以至于卫立煌指挥部所在的高地上全是硝烟。漆黑的夜里,外加烟雾笼罩,这就造成了双方情况判断不清。卫立煌虽处劣势,但也可以借着夜幕和烟雾的掩护,多次将指挥部进行秘密转移。

次日的凌晨,红四军的战士们对卫立煌的指挥所,展开了一次"奇袭"。卫立煌摆在前面的第三十旅,首先被潮水般的红军战士攻破,保护卫立煌的特务连就成了最后一道屏障。

卫立煌的特务连在国军序列中,不敢说武器最好,但至少装备有20响的毛瑟M1932驳壳枪十几支,还有几条英国产、下面带弹鼓的M1909半自动步枪。

驳壳枪和英国产的半自动步枪一经连射,密集的火力,编制成了一面巨大的火网,红四军的战士们因为摸不清情况,为了避免不必要的牺牲(并不知道卫立煌就在前面),很快就撤了下去。

红四军的奇袭部队撤下去10分钟后,蒋伏生的八十三师前锋部队,赶到了卫立煌第六纵的指挥部。后来,卫立煌曾经这样回忆:当时的情形真可以说千钧一发,如果红四军战斗意志再强一点,耐心再足一点,只要一个冲锋,第六纵指挥部就将被"连锅端",卫立煌也难逃被俘虏的命运。

随着天色渐亮,蒋介石派来"救驾"的飞机出现,随着这些飞机连番投弹、俯冲扫射和低空骚扰,红四方面军攻击受阻,人多的优势就不再明显。其中一架负责侦察的飞机,还为卫立煌投下了一个信筒,信筒里装着红四方面军的布防和兵力调动的情报。

随着第六纵蒋伏生的八十三师到来,战场的局面为之改观,冯寿二地区的激战又起,卫立煌手下的两千士兵,还有第十师副师长王劲修皆被红军歼灭。但红四军的阵地基本是稻田,仰攻的目标是卫立煌部队抢占的高地,故此伤亡亦很重。

负责进攻七里坪的是第二纵队的司令陈继承,他与红军的主力血战多日,部队减员严重,面对工农红军的顽强抵抗,他就给卫立煌发来一封十万火急的电报,电报的大意是:第二纵队急盼第六纵的支援,如果卫立煌不能施以援手,第二纵队就要收兵撤退了!

卫立煌急忙给陈继承发去电报:第二纵队必须下定决心,固守阵地,如果在红军内线撤退,势必会带来全军覆没的危险!

陈继承见到卫立煌的电报,这才下了死守的决心。(蒋军"围剿"部队的第一纵队迂回至胡山寨,接着兵出新集,与陈继承交战的红军主力,为防止腹背受敌,这才停止进攻,向沙窝一带撤退而去。)

金家寨位于安徽省的西部,大别山主脉北坡,是三省七县的结合部,因此地山高林密,易守难攻。1930年1月,工农红军就在这里建立了苏维埃政权,而金家寨则是鄂豫皖苏区的政治和军事中心。

蒋介石在第四次"围剿"起兵之前,就以金家寨作为此次"围剿"的目标,可是各纵队在"围剿"中,经过与工农红军交战,无不损兵折将,伤亡惨重。面对蒋介石的催促,各纵队司令都上报了停滞不前的理由。部队连续作战,已成疲师,人员亟待修整,武器装备亟待补充;再或者就是遭遇工农红军激烈抵抗,部队难于抽身进兵;总之一句话,想要攻取金家寨,必然要遭受重大的伤亡,在人人都想保存实力,让其他部队打头阵当"探路石"的思想作祟之下,蒋介石的命令几乎成了墙上的画饼。

重赏之下,必有勇夫。蒋介石为了鼓舞士气,他不惜下了"重注",不管是谁,只要首先攻取了金家寨,就在此地建县,并以部队长官的名字给新县命名!

蒋介石赏格高悬后,随后又下了一道严令:各围剿部队,必须即日向金家寨攻击前进,有逡巡不前,消极畏战者,决不姑息,必将严惩不贷。

陈继承与红军交战,面对红军集中优势兵力准备将其歼灭的严重形势,蒋介石忙给卫立煌的部队下达急令:即刻向新集火速进兵,解第二纵队被困之厄!

卫立煌接到蒋介石措辞严厉的电报,立刻找来参谋长,开始分析目前的形式:出兵解救第二纵队被困,已经是摆在第六纵面前唯一的选项。可是如何进兵,却有两条路可以选择。第一条路是走大路,这条路还不如不走,因为红军打援的部队,早已经磨刀霍霍,正等着前去解围的部队往枪口上撞。

第二条路是一条小路,这条小路要穿越崇山峻岭,大炮和辎重根本无法运输。卫立煌和参谋长都觉得,这条小路,应该是解救第二纵队的"阳关大路",相信红军定然不会设防,卫立煌派兵走小路,定能收到"突袭"之奇效。

果然,卫立煌派出的突袭部队沿着小路,轻装前进,竟未遇抵抗。第六纵队的先锋营,很快就来到了汤家汇,卫立煌的"暗度陈仓"之计,确实非常奏效。

当时防守汤家汇的工农红军兵力不多,更吃亏在没有防备之上。工农红军突遭袭击,一开始有些慌乱,可是借助地利的优势,很快稳住了阵脚,随后红军增援的部队纷纷赶到,并组成了一个大口袋,反将第六纵包围了起来,卫立煌得到形势不妙的电报后,急忙令汤家汇的前线部队,采取守势,有道是:不求有功但求无过,只要不被工农红军吃掉,国军不怕拼弹药消耗!……

其实第四次反"围剿",张国焘等实际指挥者,累犯指挥方向的错误。他们错误地认为:革命的高潮已经到来,必须先争取一省或者数省的胜利,国军胆敢进犯苏区,就要用阵地战和反击战的办法,坚决果断地将其歼灭或驱逐,一寸土地都不能丢失。

御敌于国门之外的"口号"喊起来,确实能蛊惑人心,但在实际上,工农红军和国军在武器装备上差得不是一星半点,作战人员没有对方多,财力更是没有可比之处,打阵地战的实力在哪里?打歼灭战的实力从何而来?

工农红军在历次反"围剿"中,总结出来的"诱敌深入,集中兵力,围歼弱敌"的宝贵经验,则被张国焘等人定性为"逃跑主义",而受到了批判。拼实力、拼消耗、拼牺牲的"三拼阵地战",却成了唱响第四次反"围剿"战争的"大主角"。

汤家汇阵地战一打响,激战的双方就成了胶着状态,这无疑给了汉口军政部门向汤家汇从容调兵争取到了时间。张国焘等人面对阵地战接连失利、人员伤亡过重的局面，也感觉如此打下去，红军会有拼光的危险，便开始命令部队西撤，目的地是湖北的枣阳，更远的打算是退到陕西，准备在那里开创出一片崭新的革命根据地。

红四方面军的全线撤兵，带动的是整条战线的松动。在汤家汇作战的第六纵先锋营抓住红军撤退的机会，在后面急追，一直追到了第四次"围剿"的目标——金家寨。

当时第六纵担任主攻金家寨的就是李默庵的第十师。李默庵进攻开始，一个令他担心的情况出现了，红军的反击非常激烈，作战亦异常顽强。金家寨在当时国共双方交战的指挥官心中，都非常重要，换句话来说，金家寨在谁的手中，谁就敢说己方是此战的胜利者！

李默庵面对进攻受阻、损兵折将的惨烈局面，给卫立煌拍去了暂缓进攻、请求撤退的电报。卫立煌当即用最严厉的口气复电：如若攻不下金家寨，当提头来见！

李默庵看罢卫立煌的电报，这才知道此战的严重性，可是如何才能攻取金家寨呢？李默庵正在前线指挥部召开紧急军事会议的时候，卫立煌派来的援兵赶到——第六纵的全部炮兵，都已经被调集一起，他们已经开赴到了金家寨前线。

金家寨的城墙虽然坚固，但冷兵器时代筑起的城墙，并不能阻挡住现代化火炮的进攻。

果然，重炮齐射之下，红军的阵地被突破，防守金家寨的工农红军一见形势危急，即使付出无谓的牺牲，也难保金家寨不失，便逐批地撤出了金家寨。

卫立煌率领第六纵队，进驻金家寨的时候，他嗅着街上的硝烟味，重重地咳嗽了两声，道："给总部发报，金家寨被我攻陷了！"

4．事变，枪口一致要对外

把我们的血肉，筑起我们新的长城——田汉《义勇军进行曲》

1936年12月12日，"西安事变"爆发，卫立煌与其他二十多名国民党高级将领一起，都被张学良和杨虎城扣押在西安。国家的命运前途，一时间变得风云莫测起来——是继续内战，兵戎相见，还是枪口对外，一致抗日？最后这场事变得到了和平解决，双方为国家的前途，民族的利益考量，决定精诚团结，共御外敌。作为西安事变的重要当事人之一的卫立煌，确实是体会深刻，感慨良多。

蒋介石也没有想到，竟是卫立煌第一个攻取了金家寨。他为了鼓舞士气，决定亲自领人前往安徽，他不仅带去了大笔的奖金，而且对卫立煌表示了嘉许和祝贺。

1933年4月，国民政府颁布了一道命令，在豫皖两省的金家寨设县，新县的名字就叫立煌县，该县的行政区划，包括安徽省的六安、霍山和霍邱，河南省的固始和商城的部分地区。

在民国时代，中国只有一个以孙中山先生名字命名的广东中山县，蒋介石虽然集军政大权于一身，但是国内却没有跟他名字有关的县城，立煌县的建立，在当时确实是一件非常轰动的大新闻。

一时间，假意奉承者有之，嫉妒者有之，暗地切齿者有之，准备对卫立煌打小报告的人更有之。卫立煌这个没有后台的"军中翘楚"，注定以后的军旅生涯，会走得分外磕磕绊绊，充满坎坷和险阻。

卫立煌第六纵八十三师的蒋伏生部进驻金家寨之后，他仗着自己是黄埔一期的"精英"，是"天子门生"，竟疯狂地屠杀苏区干部、红军家属、赤卫队员，金家寨一时间腥风阵阵，杀声不绝……这让后来弃暗投明的卫立煌，心里产生了深深的内疚。

蒋伏生杀人立威的同时，还搞起了"军政并进"，就是建立健全地方区、乡、保、甲制度，逼迫当地的百姓订立"五家连环保"条约，一家"通共"，五家俱杀。

蒋伏生为了压缩、限制最后乃至"剿灭"鄂豫皖苏区的红军，他发布了一道严苛的命令：

凡重要村镇、山岭、隘口，交通要道，筑能容营、连碉堡，其余次要地点，则筑排碉。至于一地带内，碉堡数量与密度，能以互相通视火力为要。

1936年，国民党安徽省政府曾经做出了一个碉堡统计数字，仅皖西地区即新建碉堡24700余座，在鄂豫皖苏区，碉堡密如蛛网，碉堡之间为了能做到"通视火力"，相距仅半里之遥。

卫立煌攻取金家寨之后，他除了得到一笔奖金，还有一个"立煌县"的虚名之外，并没有斩获其他的好处。与之相比的是，作为蒋介石嫡系的顾祝同从1930年开始，就成为江苏省主席；而安徽省主席，蒋介石却给了镇嵩军首领刘镇华。

卫立煌希望的得不到，可是不想要的却纷至沓来。他先后干过一阵子鄂东清缴总指挥，又被调到江西担任过一阶段赣江清缴总指挥，卫立煌对于这种好事找不到自己、打仗永远都少不了自己的局面，心中也是充满了怨气。1933年，随着蒋介石对江西红军发动了第五次"围剿"，卫立煌和蒋介石的矛盾终于集中在一起爆发了！

蒋介石发动的第五次"围剿"，共调集兵力100万，飞机200架，直接对中央苏区的兵力达50万。这是一次超越前四次进攻苏区的重大"围剿"计划。

为了达到压缩苏区生存，寻求红军主力决战，以达到消灭红军、占领苏区的目的，蒋介石这次四路分兵，一改前几次"围剿"的失败路数，对苏区展开了"步步为营、堡垒推进"的第五次"围剿"。

这四路人马分别是：北路以顾祝同为总指挥，陈诚兼任前敌总指挥，下辖二十二个师又两个旅，是四路"围剿"中央苏区的主力；西路以何键为总指挥；南路以陈济棠为总指挥；东路以蒋鼎文为总指挥。而卫立煌被任命为第一纵队司令，归属陈诚领导。

卫立煌心中不由得万分恼火。顾祝同、陈诚和蒋鼎文等人和自己一同起于卒伍，但因他们是蒋介石的嫡系，故此扶摇直上，反而成了他卫某人的顶头上司。

卫立煌不管是军事指挥才能，在部队中的威望，还是个人的资历，与那些人相比都不低，如今在第五次"围剿"中，他却成了被指挥者，这让他情何以堪？

卫立煌又一次撂了挑子，他离开军队，回到南京的家里，闭门谢客，不谈政事，除了每日帮妻子做些家务，教育自己的子女外，他最喜欢的娱乐就是到南京大华电影院去看电影！

蒋介石当时正在南昌行营，布置第五次"围剿"中央苏区的任务，当他听到卫立煌"再见"都没说就走了，他满腔的怒火腾腾燃烧。如果怒火化成烈焰，恐怕南昌行营的房子早就灰飞烟灭了。

蒋介石连夜签署了撤职惩办卫立煌的文件。很显然，他要拿卫立煌杀一儆百，震慑一下那些敢于不听话的将领。可是蒋介石还未等将这份文件发出去，就被武昌行营的参谋长熊式辉给拦住了。

熊式辉

熊式辉说道："委座，万万不可，卫俊如能征惯战，他无故离开军队，必有原因啊！"

蒋介石发火归发火，卫立煌在第四次"围剿"中，确实是第一个攻下了金家寨，在第五次"围剿"中，绝对需要他这样的悍将打头阵。

蒋介石正在用人之时，不得不仔细掂量一下手令发出去的后果。他踌躇一下，对熊式辉说道："天翼，你立刻派人去调查，如果卫俊如果居功自傲，不听命令，我定当将他撤职查办！"

熊式辉几经权衡，最终把"劝将"的任务交给了南京办事处处长刘刚夫。刘刚夫也是一个聪明人，他作为一个局外人，对卫立煌撂挑子的原因，不敢说十分清楚，但至少也有几分耳闻，是蒋介石赏罚不明所造成的。

墨子在《天志下》二十五章中，曾这样写道：天子（这里的天子可以翻译成领导的意思）赏罚不当，听狱不中，天下疾病祸福。翻译一下就是：若天子赏罚不当，刑罚不公，天就会降下疾病灾祸！而《吕氏春秋》也说：用赏罚不当亦然，奸、伪、贼、乱、贪、戾之道兴，久兴而不息！

刘刚夫虽然知道自己当说客难以达到目的，可是面对熊式辉交代的任务，他作为政府部门的公职人员，只有硬着头皮上门，找到卫立煌，并将蒋介石和熊式辉的意思，委婉地表达了出来，并传达了请卫立煌尽快回转部队，在第五次"围剿"中再立新功的想法。

卫立煌未置可否，他送走了刘刚夫，坐在了椅子上，喝了一口清茶，道："军队暂时我是不会去了！"有道是兵熊熊一个，将熊熊一窝，与其在庸将的指挥下打败仗，坏掉自己的名头，还不如抽身事外，做一个事不关己的闲人。

朱韵珩点了点头："只是蒋介石不比何应钦，事情不能闹得太僵，得想一个万全的办法出来！"

朱韵珩不愧是留过洋的高才生，她随后给南京中央医院的外科专家沈克非打了一个电话，请他为卫立煌安排一场手术。卫的肋下新生了一个小瘤，沈克非施展刀圭之术，很利落地将小瘤割掉了。

刘刚夫为了完成任务，他利用卫立煌做手术的机会，写了一份报告，蒋介石看到刘刚夫的报告，还有卫立煌后补的做手术的文件，他只得悻悻地准了卫立煌病假的请求。而蒋介石发动的第五次"围剿"的队伍中，就没有出现卫立煌的身影。

1933年11月20日，蒋介石亲自督战，悍然发动了第五次对中央苏区的"围剿"。就在这场"围剿"进行到最关键的时刻，驻扎福建的第十九路军将领蒋光鼐、蔡廷锴等联合李济深、陈铭枢等反蒋势力，发动了以反蒋为目的"福建事变"。

1933年12月下旬，"福建事变"爆发后，蒋介石亦害怕中央苏区的红军和第十九路军联合起来，对自己进行前后包抄，两路夹击，如果腹背受敌的形势一旦出现，他可就危险了。

蒋介石将能用的"悍将"在心中过了一遍筛子，最后决定启用卫立煌。他相信只要卫立煌能够"挂帅"，很快就可以平定福建之乱。

蒋介石一开始让熊式辉去做说客，卫立煌以委座身边黄埔精英众多为由，让熊式辉的游说毫无建树地"鸣金收兵"。蒋介石明修栈道

蒋介石决定启用卫立煌平定福建之乱

不成，他就派出了夫人宋美龄暗度陈仓，让她以教友的身份，对朱韵珩施加影响。

宋美龄关于卫立煌一旦勇挑重担，委座一定不会亏待于他的暗示，朱韵珩心知无法再拒，于是劝卫立煌道："俊如，见好就收吧！"

卫立煌拨通南昌行营的电话，提出了销假的要求。蒋介石准予卫立煌销假，并委任卫立煌为第五路军总指挥。伙同第三路军总指挥蒋鼎文，第四路军总指挥张治中，率领十余万人，在海、空军的配合下，为平定第十九路军的"叛乱"，向福建浩浩荡荡地杀了过去。刚刚成立不到百日的福建"人民革命政府"由于内部不团结，如何布防甚至都没有做好，面对中央军凶兵悍将的进攻，当时就乱了手脚。

蒋介石还是一手"银弹"（金钱），一手"炸弹"，两路进攻。第十九路军的师长们在蒋介石"银弹"的诱惑和三路大军"炸弹"的威胁之下，纷纷倒戈。

陈明枢、蒋光鼐、蔡廷锴等人组建的"福建政府"垮台后，军政要员害怕蒋介石报复，纷纷逃奔香港。而唯独蔡廷锴率领十九路军，继续抵抗，坚决不降。

蒋介石拍电报给卫立煌，命他率领第五路军迅速行动，截击准备放弃福建、进入广东的第十九路军，并一定要活捉蔡廷锴。

"狡兔死，走狗烹；飞鸟尽，良弓藏"的道理卫立煌焉能不懂，当刘戡、李默庵部在仙游以南地区伏击十九路军的时候，蔡廷锴乘坐汽车，由惠安方向败退了下来，李默庵的部下将这几辆汽车击毁。卫立煌手拿望远镜，他看着败军之将蔡廷锴慌慌张张地下了汽车，在副官和卫兵的搀扶下，向南逃走的时候，卫立煌并没有传下命令，赶尽杀绝，而是收起了望远镜，视而不见，仿佛没有发生这件事儿一样。

一场福建平叛的战争打完，原十九路军的投降部队被宋希濂缴械收编，并开到河南一代去整训，营长以上的军官，进行了大换血，全都换成了中央军校毕业的军官，这支部队从此成了蒋介石的嫡系部队。

福建"平叛"战争结束后，第三、第四、第五路军的番号撤销，蒋鼎文任福建省绥靖主任，指挥该省的全部军队；张治中经过要求，重回中央军校仍任教育长；卫立煌虽然多次被蒋介石公开赞誉：行动敏捷、战略效果出我意料，却只是被委任了两个空头衔：驻闽预备队总指挥，还有一个就是兼任驻闽第十绥靖区司令。

蒋介石每有危难，必然想起让卫立煌"冲锋在前"。危难过去，卫立煌一般都"享受在后"，蒋介石会在卫立煌头上安一个闲差事，然后将其搁置冷冻起来。想想自己受到的"超好"待遇，卫立煌哪能不心灰意冷？

朱韵珩看见丈夫每日郁郁寡欢，便道："闲下来也好，不由你我去上海散散心吧！"

上海在民国的时候，亦是国人了解世界的小窗口。卫立煌和朱韵珩来到了"十里洋场"，他除了陪伴妻子参加教会的活动，就是与一些亲英亲美人士广泛接触。卫立煌的"不务正业"，让一些政府当权者甚有微词，但蒋介石却对没有流露出任何不满的情绪，卫立煌越不和军界的人沾边，他越感放心。

也许是良心发现，也许是卫立煌表现出来的"假象"迷惑住了蒋介石，1935年11月，蒋介石终于兑现了自己的承诺：卫立煌成为国民党中央执行委员，随后不久，他又成了陆军三星上将（当时尚无四星和五星上将）驻扎蚌埠，成为徐海绥靖分区司令长官。

1931年9月18日，日本关东军发动了九一八事变，张学良领东北军撤进山海关，东北全境沦陷。

1933年，日军为实现亡我家国的侵略计划，大举出兵入侵华北，可是蒋介石却奉行"攘外必先安内"的政策，悍然发动了第五次"围剿"。

在这次反"围剿"战中，王明"左"倾机会主义路线在红军中占据了统治地位，毛泽东的游击战和运动战，被阵地战和正规战所取代，红军遭受了重大伤亡后，1934年10月，中央领导机关和红军主力被迫退出根据地，并开始了举世震惊的长征。1935年10月，中央红军经过艰苦卓绝的两万五千里抵达陕北。

1935年9月20日，蒋介石来到西安，并设立了西北"剿匪"总司令部，自任总司令，张学良为副司令，调东北军入陕甘，开始了"剿共"。

东北军装备精良，不管是人数还是财政的支持，绝非工农红军可比，可是东北军最精锐部队109师，在直罗镇的一场战役中，红军仅以八百多人的伤亡，就杀、伤、俘六千多名官兵。

东北军背负"不抵抗"的"罪名"，如今又到陕西"剿共"失败，东北军该何去何从？张学良的出路又在哪里？

1936年11月15日，日本侵略者侵占了蒙东和热河后，为了实现在内蒙古等地建一个类似伪满洲国的邪恶目的，便开始实施侵占察哈尔、绥远两省的"满蒙计划"，随后发动了绥远战争。

绥远省主席傅作义亲率三十五军将士，采用奇袭制胜、先发制人的方法，接连取得了红格尔图战斗、锡拉木楞庙战斗和百灵庙战斗的胜利，百灵庙大捷是中国军队自1933年长城抗战以来取得的唯一一次完全胜利。

百灵庙大捷让傅作义成了抗日英雄。张学良头上戴着一顶"不抵抗"将军的帽子，这场抗战的胜利，深深刺痛了他的爱国之心。面对东北军将士抗日救国，收复失地越来越高的呼声，11月27日，张学良向蒋介石递交了《援绥请缨抗敌书》，接下来又分别在12月3日、12月7日，向蒋介石两次哭谏，要求援绥和释放"七君子"，以表示自己的抗日之心。

可是蒋介石力推的是"攘外必先安内"的政策，目前最紧要的任务就是消灭共产党和红军，他不仅拒绝了张学良的哭谏，而且将其痛斥一番。张学良为了找到收复东北失地的方法、抗日救国的真理，他从1936年4月开始，就与中国共产党人秘密接触，并在1936年9月，中国共产党与东北军签订了《抗日救国协定》，双方正式结束敌对状态。

1936年12月4日，蒋介石为了敦促张学良和杨虎城二位将军"剿共"，乘专机飞抵西安。蒋介石在西安给卫立煌拍了一份电报，命他速到西安参加"剿共"军事会议。卫立煌接到电报后，立即和参谋长郭寄峤，由蚌埠出发，乘专车来到西安。

根据郭寄峤回忆，当时火车刚到西安市郊，陇海铁路局局长上车迎迓，想与卫立煌做短暂攀谈，可是几个人还未到餐车入席，火车在换车头时候，与车体发生了强烈碰撞，餐车上的酒菜，竟全部倾覆于地。

虽然卫立煌一个劲地安慰这趟列车的列车长，可是郭寄峤的心中，却隐隐地感觉此行是"凶多吉少"。

卫立煌抵达西安后，下榻在西京招待所。第二天，张学良为参加会议的国民政府军政两界的高官举行了盛大的欢迎宴会。卫张二人虽然见过面，但无深交，两人短暂会晤后，张学良对素有"常胜将军"的卫立煌，表现出了极大的热情。

张卫二人互致问候后，张学良就开始试探卫立煌的态度，说："我东北三十万健儿退守关内，实在有不得已的苦衷啊！"

卫立煌作为职业军人，深知国破家亡的道理，他用鼓励的口气道："相信汉卿兄只要训练好军队，一旦时机成熟，定可驱除东北的倭寇，一血前日之耻！"

当张学良在谈话中流露出对蒋介石"攘外必先安内"不满的情绪时，卫立煌一不知张学良心内的打算，二也是怕泄密，他用官话搪塞道："俊如身为军人，以执行总裁命令为第一天职，其他不敢多言！"

让卫立煌没有想到的是，就在当天晚上，张学良和杨虎城两位将军，发动了举世瞩目的"西安事变"！

卫立煌之子卫道然在《父亲口中的"西安事变"》的回忆文章里，这样写道：

1936年西京饭店。12月11日晚，张学良举行盛大宴会，招待来西安的这些高级将领。父亲他们谁也没料到，当晚，就发生了震惊中外的"西安事变"：

父亲睡到快天亮时，枪响起来了，因为没有一点思想准备，所以他最初以为是修水管的声音，还奇怪怎么这么早就有人修水管。

于是他起床，穿着一身"卫生衣"（秋衣，当时叫"卫生衣"），准备到外边看看怎么回事。门一开，杨虎城部队的两个士兵站在门口，拿着名单，对他说"我正找你呢，你甭回去了，穿上衣服吧，到大厅集合"。后来知道，邵元冲翻墙逃跑的时候被开枪打死了。

一到大厅，随蒋介石来西安的军政大员全在，谁也讲不清楚怎么回事。好了，别讲了，都坐着吧。杨虎城部队的人开始点名，点了一圈，就缺陈诚。一搜查，他躲在地下室的垃圾桶里面，满身满脸沾了好些垃圾，很多灰。就把他弄出来，他很不高兴的样子，大家也不吭气了。本来士兵想把每个人都绑起来，陈诚等人说，"你不能绑我们，你是国军，我们也是国军，你有什么资格绑我们，叫你的长官来"。

正在吵闹的时候，张学良来了。

张学良一进来就先敬礼，对大家说"对不起，有误会"。接着，张学良就讲"我来兵谏，我要请委员长抗日，要发表一个声明，请你们大家签个字，就好解决"。这样，大伙就说他这个事情做得不对，"你也是军人，你是副委员长，你有话说也不能绑我们"一类的话，说了半天也没结果，都是人家的人，大伙已经失去自由了嘛。

讲半天，张学良就让大家在声明上签名。第一个就叫陈诚签名，陈诚是蒋介石的铁杆（支持者），也是非常骄傲的一个人，但没办法，人家拿着枪在一边，据说声明中有几句很难听的话，被他划掉了。大家最后都签了名。事变平息后，蒋介石说这种情况，枪口下签名的不算，连陈诚都签了不算。

第二天，杨虎城的部队来缴械，大家坚决不从，双方都拔出枪，气氛十分紧张。这时张学良东北军的一卫队长赶过来从中调和，他说：我们都是军人，要打就一起打日本，不能自己先打起来。他拿了个木箱，让大家把武器都放在木箱里说："你们的安全我们负责，但你们不能出去。"

然后，他又跟负责的主任副官讲，这些警卫不能出门，在里面的安全他负责，但出门就开枪。

他拜托主任副官控制下面的兄弟。这些警卫就算想反抗，也没办法，人家的机枪架在那里。就这样，这些人也在那个大院子里关了很多天，每天好吃好喝，直到事变和平解决。

西安事变解决后，蒋介石向张学良提交一份名单，要求首先释放4位将领，其中包括父亲（卫立煌、陈诚、蒋鼎文和陈调元），张学良看后立即同意，可能是他也知道父亲不是蒋介石的亲信，加之平时与父亲"私交"（引号作者加）也不错……

文章的最后，有卫道然和父亲卫立煌的一段谈话，这段谈话，虽然算作父子之间的私密，但也可以算西安事变的余波，从卫立煌先生的"政治智慧"中，也可以读到西安事变背后的另外一层意思。

"西安事变"以后，我父亲回到南京，我有印象。那次他在家里没住两天，蒋介石的电话就追过来，让他马上到商丘，河南边上，组织成立一个新的集团军。当时蒋介石一共组织了五个集团军，对付西安方面。最后对东北军缴械、改组，如果有什么反抗，坚决镇压。后来我父亲这些老人之间谈，觉得张学良去送蒋介石，是他的聪明，他要不去送蒋介石，不被关起来，他在抗战时期估计也活不了了，因为他是少帅，真正叫他去打仗，他没有那个能力，仗打不好给他加个罪名就非常容易了。

抗战期间我父亲跟万耀煌、陈继承等人在成都聚会，他们"西安事变"时都在嘛。大家在饭桌上聊天，我在一边。我问："张学良敢不敢杀蒋介石？"大家都说："不敢。"我又问："敢不敢杀你们？"他们回答："没有必要，我们跟他关系都不错，他杀我们干什么？"

我当时年纪小，问过也就算了。

后来我到香港跟我父亲谈起"西安事变"，我说："张学良要真把你们都杀了，或者把蒋介石杀了，这个事不是也就能解决了？"他说："你们小孩不知道，边上都是国民党部队，这怎么行呢？"

然后他又说："中国历史上有的，谁都知道，领袖被劫持，如果政府软弱，那领袖一定被害；政府强硬，领袖就有活的希望，谁都懂这个道理。你怎么能这么想？"

"香港'左派'报纸很多，都这么讲。"我回答。

"报纸是报纸，他要怎么说那是他的事情，我跟你讲的是历史常识。"我父亲对我说。

西北"剿匪"副总司令、东北军领袖张学良，西北军领袖杨虎城在西安发动的"兵谏"，经过谈判和平解决，迫使蒋介石接受了"停止剿共、一致抗日"的主张。随着西安事变的和平解决，蒋介石获释，国民政府放弃了"攘外必先安内"的政策，抗日民族统一战线从形式上开始建立。

身为当事人之一的卫立煌同蒋介石一起被扣押西安，但令他没有想到的是，蒋介石首先要求释放的四个人当中，陈诚、蒋鼎文和陈调元都是蒋介石的嫡系，而卫立煌竟然也被列入亲信的名单，被第一批释放，这件事也确实令他心生感动。

虽然以后蒋介石对他仍然相信但不全信，使用完继续闲置，但卫立煌在中华人民共和国成立前，始终也没有走上背弃蒋介石的道路。西安事变这份最先释放的四人名单，就可能从侧面说明了上述问题。

1936年，卫立煌受张治中在家乡巢县创办黄麓师范学校的影响，也准备在家乡合肥的大蜀山上兴办一所学校。因为当时国内缺少农林业的人才，他决定办一所农林职业学校，以培养农林业技术人才为办学目的。

学校办成之日，卫立煌带着警卫排，从五里庙方向回卫杨村。当地的老人们回忆：

（卫立煌）当时是惊动了合肥县衙和当地的乡绅，沿途引起无数人的围观。好玩的是叫花子也出动了，口里高喊着卫大长官，希望得到几个铜钱。卫立煌坐在轿子里，让随行人员一路施舍，撒下银圆无数。

回到故居，当地官员和头面人物挤满一屋子。等到来人散尽，他挨家挨户一一问候，遇到生活拮据的，都是送上一袋大米和十块大洋。至今，村子里的老人还记得他的好。而且还留下这样一段歌谣：卫立煌，没豪长（个子不高），大蜀山上办学堂！

大蜀山位于合肥县城西18华里，海拔不足300米，风景优美，远离喧嚣，确实是一个办学的好地方。卫立煌兴办的蜀山农林职业学校，可算作当时安徽省级别最高的教育机构，只可惜1937年卢沟桥事变后，日军飞机空袭合肥，这所农林职业学校为避免不必要的伤亡，宣告停课。次年5月合肥沦陷后，校舍尽被战火所毁。安徽合肥的教育史上，亦留下了一段不小的遗憾。

卫立煌 全传
Biography of Wei Lihuang

三

忻口会战，虎将一役寒敌胆

> 上天完全是为了坚强你的意志，才在道路上设下重重的障碍——泰戈尔

1937年7月底，日寇相继占领了北平、天津。为了加速侵略的步伐，日寇一边叫嚣着"三个月内灭亡中国"，一边沿津浦、平汉、平绥三线加速进兵。日军沿津浦路进攻，为的是策应对华东等地的侵略；沿平汉路南下，为的是夺取中原，进逼华中、长江流域；沿平绥路西进，为的是占领山西，进而控制整个华北。一时间，华东危矣，中原危矣，山西危矣。

卫立煌奉蒋介石之命，率领第十四集团军进入山西，他们摩拳擦掌，要准备进行一场艰苦卓绝的忻口会战，并将进犯山西的日寇驱歼之。

忻口会战虽然属于太原会战的一部分，但这是继平津失陷、淞沪会战开始之后，国军在抗日的正面战场组织的一次以保卫太原为目的的大会战。这次会战从1937年10月13日开始，到11月8日结束，在近一个月的鏖战中，卫立煌率领部队奋勇杀敌，而八路军在侧面战场上，亦取得了平型关大捷和夜袭阳明堡战斗的胜利。可是，几场小胜并不足以改变整个战役的进程，随着忻口和太原相继失守，山西亦成为沦陷区。太原失陷后，共产党领导的八路军深入敌后，利用游击战、破袭战、麻雀战打击日寇，逐渐成为华北战场上的主角。

1. 山西，日军进攻现危局

身既死兮神以灵，子魂魄兮为鬼雄——屈原《国殇》

山西本是阎锡山的禁脔，他不许任何势力染指晋地，山西铁路都被强令设计成为窄轨。可是面对气势汹汹地杀来的日军，阎锡山再也坐不住了，向蒋介石拍出了求救电报，请蒋介石派兵进驻山西，协助他抗日。而这入晋察抗日的急先锋，阎锡山就点了卫立煌的将。

1937年7月7日，日军在北平西南卢沟桥附近演习，可是他们借口一名士兵（志村菊次郎）"失踪"，要求进入宛平县城搜查。日军蛮横的举动，遭到第二十九军的严词拒绝。日军遂向中国守军开枪射击，又炮轰宛平城……这就是举世震惊的"卢沟桥事变"，这也标志着抗日战争的全面爆发。

卢沟桥事变的枪声，震碎了国内某些主和派认定日军不会侵略华北的梦想；隆隆的火炮巨响，也让更多的国人看清日军不亡我中华绝不肯罢休的狼子野心。

卢沟桥事变的第二日，中国共产党中央委员会就通电全国，并大声呼吁："全中国的同胞们，平津危急！华北危急！中华民族危急！只有全民族实行抗战，才是我们的出路……为保卫国土流最后一滴血！"

1937年7月17日，蒋介石在庐山发表谈话，指出"卢沟桥事变已到了退让的最后关头……再没有妥协的机会，如果放弃尺寸土地与主权，便是中华民族的千古罪人。"

卫立煌当时任十四集团军的司令，负责驻守石家庄一带。随着卢沟桥事变的爆发，卫立煌接到蒋介石的电令，开始起兵驰援北平。

1937年7月17日，蒋介石在庐山发表谈话，指出"卢沟桥事变已到了退让的最后关头……再没有妥协的机会，如果放弃尺寸土地与主权，便是中华民族的千古罪人。"

因为战争的缘故，平汉路军队调动频繁，逃难的灾民聚集，情况非常混乱，卫立煌命十四军的三个师先行，而第九军原地待命。

1937年7月底，卫立煌部驰援途中得到情报，由于日军攻击猛烈，宋哲元的二十九军已经放弃了北平和天津两大城市，并退守保定府。日寇为了加速侵略的步伐，他们一边叫嚣着"三个月内灭亡中国"，一边沿津浦、平汉、平绥三线加速进兵。8月初，平绥铁路的要冲南口之战爆发。

以汤恩伯十三军为主力的六万国军，与板垣征四郎甲种机械化部队为主力的七万余日军在南口地区展开了激战。

卫立煌随后接到了蒋介石的命令，命他改道去增援南口。卫立煌面对纷杂的敌情，头脑始终清醒，他知道与武装到了牙齿的机械化的日军交锋，必须要占据有利地形，便命部队绕满城进入到太行山脉的狼牙山、大安山等地，绕到北平西面，侧敌行军。

十四军的三个先行师，任务各自不同：第八十三师的进攻方向是板垣征四郎的第五师团侧后；第十师乘北平日军兵力空虚之际，向门头沟方向急进；第八十五师任务更是犀利难测，他们进攻的方向是丰台，直取日军华北最高司令官香月清司的司令部。

战场上的形势瞬息万变，第十和第八十三师一路进攻一路前进，可是还没等攻击到位，南口战役结束。汤恩伯不敌日军的猛攻，虽血战18日，给敌以极大的杀伤，但还是撤出了南口的阵地。南口战略要地，被日军占领。

南口战役结束，卫立煌第八十三师和第十师再搞背袭穿插，已失去意义。进攻日军香月清司司令部的第八十五师也因叛徒告密，过早地暴露了行动意图，使这次"大刀剜心"的计划功亏一篑。

为避免第十四军陷入敌军的重围，卫立煌拍电报请示南京政府军政部之后，领兵南撤，准备与华北的军队汇合，为打响石家庄会战做好先期的准备工作。

石家庄战役没有打响，占领了南口的板垣征四郎派第五师团和第八师团各一部，沿着平绥铁路进犯张家口，张家口失陷后，日军开始兵分三路：第一路由怀来和蔚县进攻平型关；第二路由广灵和浑源进攻雁门关；另外一路则继续沿着平绥铁路西进。9月13日，山西大同落入这路日寇的手中。

山西，因居太行山之西而得名，山西古称三晋。战国时期，这里曾是赵国、魏国、韩国三国的故地。唐朝时，唐高祖李渊在太原起兵，建立了大唐王朝，山西被认为是"龙兴"之地，故此，李渊封太原为唐王朝的"北都"。

山西是典型黄土山地高原，境内主要山脉有太行山、吕梁山、恒山、五台山等，主要的河流有汾河、沁河、涑水河、三川河等。

《左传·僖公二十八年》中曾这样记述：晋国（今山西）境内大山大河、地势险要，易守难攻；柳宗元亦用"表里山河"（外有大河，内有高山）来描述山西这块神奇的土地。

山西对于华北地区非常重要，曾有历史学家这样说，在华北建立的政权，如果得不到山西这块土地，则没有任何一家政权能够长久。

山西军阀阎锡山闭关自守三十年，左右逢源，为了自己的地盘永远都姓阎，他不管国、共，谁都不得罪，看着日军势大，他甚至默许日本特务机关在山西设立了办事处。用他自己的话说：在三个鸡蛋上跳舞，哪一个都不能踩破。

阎锡山本以为山西是华北的一隅之地，自己和日方的关系还过得去，在这场日军侵略华北的战争中，山西不应该是日军的"剑指"方向。可是他想错

阎锡山

了，日军与阎锡山虚与委蛇，那是在释放烟雾，当图穷匕见时，灭晋军，占晋地，"干掉"阎锡山，那是眼皮都不眨一下。

阎锡山作为一个旧式军阀，他有自己独特的生存哲学："既抗日又降日，既拒蒋又拥蒋，既联共又剿共"，但不管他的思想多么矛盾和复杂，有一个任何势力都不能碰的底线，那就是地盘。

随着骄悍的日军长驱直入，阎锡山为了挽救颓势，他一连做了三件事：一是枪毙了面对日军临阵脱逃的六十一军军长李服膺；其二，阎锡山将第二战区的行营设在雁门关附近的代县太和岭；第三，拍电报向蒋介石求援，而卫立煌就是阎锡山亲点的入晋之将。

卫立煌来山西抗日之前是有压力的，因为日军的一只辎重部队，在途经平型关时，被八路军打了伏击。八路军的一一五师不仅全歼了一千多名日军，并缴获了大批的军用物资。这场战役不仅是抗战以来中国军队的第一个大胜仗，而且打破了日军不可战胜的神话，不仅鼓舞人心、激昂了全国抗战的斗志，也让全国民众认定了八路军是一只抗战的队伍！

卫立煌得到蒋介石命十四集团军入晋的命令后，为给部队争取到更多部署的时间，下令立刻开始急行军。而他则带领参谋人员乘火车先行，并先于部队一步，赶到了山西太原。

山西正太铁路（河北正定到山西太原）上行驶的窄轨的火车，以前是防止外来势力渗透的"秘密武器"，现在成了卫立煌运兵山西的最大障碍。这种窄轨铁路上行驶的机车，车身窄小，而牵引窄小车厢的火车头，也比普通的火车小了一号。车小马力就小，一辆火车头只能拉几列闷罐子车厢。卫立煌的先头部队分乘九节闷罐车，需要几个火车头去拉。虽然15分钟就走一辆，但想全部走完，也需要较长的一段时间。

窄轨火车发动起来后也跑不快，特别是在上坡的时候，一个人只要紧跑几步，竟然能将"轰隆隆"喘着粗气的火车，远远地甩在了身后。

卫立煌面对这种尴尬的运兵效率，也只能摇头叹息，被迫接受了。阎锡山对卫立煌率领第十四集团军入晋，显然非常重视，他不仅派自己的军师、山西省政府主席赵戴文远迎卫立煌，而且卫立煌一行人刚到太原火车站，就被早已等待在车站的阎锡山卫队用车接走。车队一路疾驰，来到了阎锡山的府邸，阎锡山为了给卫立煌一个好印象，他一身戎装，腰胯中正剑，正在大门口迎客。

阎锡山一见车队到来，他急忙迎了上去，用双手握住卫立煌，道："是咱把你求来的，你辛苦了！"

10月初的天气，卫立煌还穿着深灰色的夏季军装，风尘仆仆的卫立煌与衣冠堂皇的阎锡山正好成了鲜明的对比。阎锡山一见卫立煌如此简朴，顿时心生好感，他领着卫立煌走进密室，商谈破敌之计的同时，还找来副官处处长，让他领着卫部的随行人员，到太原城中的一家大服装店，为每个人做了一套上等的呢料军服，同时，还为他们每个人买来了一双长筒的皮马靴。

山西抗战的形势很不好。1937年9月下旬，日军第二十师团一路攻击前进，日寇突破由国军防守的石板山阵地后，一路攻下了保定城。保定失守，山西就好像敞开了大门，一股浓郁的火药味，在晋地的天空郁结、凝聚，挥之不去。

日军随后长驱直入，在山西犹到无人之境。他们的一支辎重部队在平型关被八路军歼灭后，日寇嚣张的气焰才收敛不少。随后，日军改变了行军路线，转向平型关和雁门关之间的茹越口，另外一路日军绕道阳方口翻越长城，对山西的战略要地雁门关来了一个战略性的大包围。

阎锡山为了鼓舞士气，曾将第二战区司令长官行营设在雁门山的太和岭口。面对两路杀来的日军，阎锡山的长官行营处在日军炮火的射程之内，他赶忙退回太原，再也不管什么晋北的作战计划了。

阎锡山的撤退，给防守雁门关的晋军带来的负面影响巨大，但阎锡山为了赢得时间，让卫立煌从容部署，他还是命手下的王靖国在崞县死守10日，一定不能让日寇的军队越过崞县半步。

阎锡山和卫立煌一说山西的战况，还有日寇重兵压境的态势，卫立煌点了点头，恳切地说："阎长官，为了共度危局，我们两方的军队只能精诚团结，联手御敌了！"

阎锡山道："俊如兄，山西一地的生死存亡，全都仰仗于你了！"

两个人的语气充满了沉重的感觉，这种感觉，就来自目前日寇整体的实力，及山西风雨飘摇的局面。山西抗战如何打，怎么打都很难打，但不管多么难打都得打！

蒋介石面对日寇侵略华北的企图，为守土抗敌，职责清楚，特将华北分成平汉、晋绥和津浦三个战区。

据《中国事变陆军作战史》译稿《中华民国史资料丛稿》第一卷第二分册（日本防卫厅防卫研究所战史室著·田琪之译）记载：

第一战区平汉路方向：司令长官先是蒋介石兼任，后改为程潜继任，下辖第一、第二十集团军共计25个步兵师等，共约25万人；

第二战区晋绥方面：司令长官阎锡山，副司令长官卫立煌、朱德，下辖第六、第七和第十八集团军（国共合作后，八路军改编为第十八集团军，以下行文，第十八集团军和八路军将会交替出现，实为一支部队），共计28个步兵师、3个骑兵师、7个步兵旅，约30万人，重点警戒平绥线、同蒲线方向敌军，确保山西不失；

第五战区司令长官是李宗仁，副司令为韩复榘，共计27个步兵师等，共约25万人……由此可见，华北战场，三个战区，以晋绥战区投入的兵力最多，当时华北战场共有约80个步兵师，6个骑兵师，12个步兵旅合计约80万人。

日军在华北战场上的兵力情况如下：8个师团、1个混成旅团、关东军察哈尔兵团（49个混成旅团，约2万人），共计19万人。

从总体兵力上看，是中国军队占优，可是"占优"两个字，却要打上引号。以阎锡山手下的第六和第七集团军为例，这两个集团军虽然步、炮和骑兵兵种齐全，但军费不足，粮饷短缺，吃空饷严重，战斗力极差，这样的军队拉到战场上，别说没有战斗力，一听到枪响，可能很多只以吃粮为目的的晋军士兵，早就恨爹娘少生两条腿而开小差了。

再从武器装备上比较一下，日军是飞机大炮加坦克，几乎武装到了牙齿，占尽武器优势；再看地利，中国军队是据险而守，而日军则是远路来攻，中国军队只是占了地利的优势。但是否能取得这场山西保卫战的胜利，那就得看双方指挥员的智慧、决心，还有双方一线将士的勇气和精神了。

阎锡山和卫立煌商讨破敌之计时，确实感觉有些压抑，为了改变这种沉闷的气氛，他道："俊如兄，共产党派来了一位重要的人物，你是不是要见一见？"

卫立煌来山西之前，耳朵里早就灌满了八路军取得了平型关大捷的消息。如今国共合作，联手在晋地抗日，共产党派驻在山西的重要人物，当然要见。当得知自己要见的人是周恩来，他兴奋地说："周先生可是一位了不得的人物，当年北伐时，我是国民革命军第一军第三师的团长，而周先生是第一军的党代表！"

下午四时，周恩来如约来到了第二战区司令的官邸。卫立煌见到周恩来，当即起立敬礼，周恩来握住他的手，说："俊如，我们在北伐时分手，只在西安事变时匆匆见过一面，今日相会在山西抗日的战场上，可以好好地聊一聊了！"

卫立煌满脸兴奋地道："山西会战在即，如何能战胜日寇，取得胜利，还请周先生不吝赐教！"

三个人落座之后，周恩来从1937年8月毛泽东在洛川会议主持制定的《抗日救国十大纲领》讲起，他指出：只要将全国人民都动员起来，让日寇陷入人民战争的汪洋大海，则抗战胜利一定会早日实现！而且共产党的主张，和孙中山先生的"唤起民众"的遗嘱不谋而合。

共产党在"唤起民众"宣传抗日的方面，确实做得很好。卫立煌记得，北伐时，军队中就有不少共产党的党代表，他们贴标语，做街头演讲，让老百姓充分知道了北伐的军队在为谁打仗。民众们被鼓动起来后，自发地组织起运输队、担架队，为北伐军的行军作战取得胜利，做出了很重要的贡献。

当三个人讲起如何打好山西的抗日之战时，阎锡山的副官送进来一张地图。展开地图，山西的平原河谷、险关重隘就展现在他们的面前。

太原是山西省省会，古称晋阳，也称龙城，这是一座具有4700多年历史的城市，被称为"襟四塞之要冲，控五原之都邑"。太原市三面环山，东面是太行山的余脉东山，主峰为海拔1500米的罕山；西面为吕梁山东翼，主峰庙前山海拔1800米，北面是系舟山和云中山，主峰为海拔2000米的柳林尖。

三面连绵起伏，峥嵘险峻的群山，成了太原天然的屏障。日军此次进攻山西，不管几路进兵，最终的目的都是攻取山西首府太原。而日军想要攻取太原，只有一条路，这条路就是过忻口，经忻县，才能达到攻陷太原的战略目标。

山西太原是一座古老的城市，但同时，也是一座英雄的城市，这座城市不畏强敌，勇抗强权的英雄辈出，有战国时的名将廉颇，跟随苏武出使匈奴的常惠，还有北宋时的名将杨业和杨延昭父子。

这座英雄的城市，因为日寇的入侵，又将面临一场空前的劫难了！

卫立煌准备率领部队在忻口打响保卫太原之战，因兵力不足，他向周恩来提出了要调八路军的一二九师参加忻口会战的请求。

周恩来谈了自己的看法。他认为在敌强我弱的情况下，不管国军还是八路军，都不应该将阵地战当成第一选择，八路军有八路军的打法，那就是迂回到敌后，灵活机动地与日军展开游击战、破袭战，在运动中削弱和消灭敌人。

卫立煌对周恩来提出的战斗分工表示理解，他说："贵军的游击战术，卫某确实深深领教过，希望我们在忻口之战中密切配合，最后取得这场战斗的胜利！"

周恩来笑道："配合友军作战，打好忻口之战，是我们八路军责无旁贷的任务。"

卫立煌意犹未尽地送周恩来离开了阎锡山官邸。第二天，他领兵离开太原，直奔忻口，准备这场一经打响，必然是震惊华北、国内的大战去了。

卫立煌的第十四集团军已经坐着小火车，陆续地赶到了太原，虽然他们还穿着夏装，秋天的风吹在脸上，令他们感到凉飕飕的，但官兵战士的精神状态都非常饱满。他们行军时候，队伍整齐，战士们手里全都拿着统一口径的7.9毫米步枪，特别是那些轻重机枪、高射机枪，还有专门打日本人坦克的德制山炮。这些武器不仅瞧着就提神长气，而且让人一眼看上去，就会感觉，这是一只能打的队伍，而且是能打胜仗的队伍。

第十四集团军官兵们休息时，并不交头接耳、大声说话，可是行军时，却一起唱起了由卫立煌填词、进步音乐家丁珰谱曲的《第十四集团军军歌》：

这是我们的地方

这是我们的家乡

我们是第十四集团军

英勇坚强

为祖国的生存而奋斗

团结得好比钢一样

服从命令，保卫边疆

联合民众，抵抗暴强

把自己的力量，献给祖国

完成中华民族的解放

这支唱着《第十四集团军军歌》，直奔忻口的抗日队伍，受到了沿途山西老百姓的欢迎，他们箪食壶浆，为这只英姿勃发、军威颇壮的队伍，尽可能地提供给养，甚至有的老百姓，还将家里舍不得吃的鸡蛋拿出来，煮熟后硬塞到第十四军官兵们的衣兜中。

山西太原的百姓虽然没有见过日寇，但他们残暴凶狠、杀人如草芥的恶名早就有所耳闻，他们真的希望第十四集团军能够守住忻口，不让日军越过半步，老百姓继续过安生的日子。但事实的情况是，面对日军强大炮火的进攻，第十四集团军想守住忻口，真的很难。

2. 血战，前线阵地炮声隆

血战乾坤赤，氛迷日月黄——杜甫《送灵州李判官》

《孙子兵法·军争篇》说：不知山林，险阻、沮泽之形者，不能行军。不用乡导者，不能得地利。故兵以诈立，以利动，以分合为变者也。这些兵法上的名言，讲得就是地利在战争中的作用。可是《孙子兵法》上的战争，是古代的战争，随着飞机大炮这些热兵器的运用，地利虽然在战争中有用，但起的并非决定性的作用，有时候，反而起到坏的作用，它让那些占据了有利地形的军队，面对强敌，不知道"避其锋芒，击其惰归"，灵活作战，只是一味地苦守,让己方处在了时时挨打的被动局面。

忻口是忻县的一个镇,处在原平、忻州、定襄三县之交,左边是峰峦叠嶂的云中山,右边是悬崖峭壁的五台山,滹沱、云中二河在山涧中汇合东流,实乃易守难攻的隘口,被称为忻县的北门户。

在历史上,不管是北齐、北周还是五代时期,这里都是中原王朝与北方少数民族争夺的关口。比如隋大业十一年(615年),隋炀帝被突厥十万骑围困于雁门,李世民和援军兵至忻口,迫使突厥始毕可汗领兵而去。回顾历史,忻口可谓血战不断,喊杀声音犹在耳。

关于忻口名字的由来,是与当年的汉高祖刘邦有关。他在平城突围至此后,"六军忻然"(忻然指高兴的样子)地来到了此地,故此,将此地命名为忻口。

不管传说是否真实,这座位于太原北面100公里的忻口要隘,确实是"晋北锁钥",可以称作是屏障太原的最后一道防线。如果换句话来说,这咽喉要地存,则太原城存,如果丢失,则太原危矣。

忻口的地形是两山相夹,其状如钳。卫立煌从阎锡山处领受了忻口保卫战的任务,率领手下的将士,风尘仆仆,一路急行直奔忻口开了过来。

山西的晋绥军在此地经营多年,忻口山坡、河谷等一些险要的地方,都修有一些不甚标准的工事。看着这些简陋的工事,卫立煌心中也是摇头叹气。晋绥军在自己的小田地里"画地为王",他们并没有想到,有朝一日日军会侵略山西,他们会在忻口这地方,打一场事关山西生死存亡的"恶战"。

卫立煌为了保卫太原,共集中第二战区的6个集团军,共31个师、13个旅,约28万多人,在忻口一线开始排兵布阵。其具体兵力部署如下:中央兵团由卫立煌副总司令任总指挥,第九军军长郝梦龄任前线总指挥,以第九、第十五、第十七、第十九军及第十四集团军等部组成中央兵团,负责守卫蔡家岗、灵山、南怀化、阳明堡等一线阵地;

以第十八集团军总司令朱德指挥的右翼兵团,下辖第十八集团军(除一二零师)、第七十三师、第一零一师等部,负责守卫五台山一线阵地;

第六集团军总司令杨爱源负责指挥左翼兵团,下辖第六十八、六十一、一二零师及独立第七旅等部,负责防守黑峪村迄阳方口一线阵地;

第三十四军、三十五军和第六十六师等部为预备队,由第七集团军总司令傅作义指挥,在定襄、忻县一带策应各方。

根据《第二战区第十四集团军晋北忻口会战纪要》中的统计,当时的防守忻口部队以忻口山岭为核心,组成了一个连接云中山、五台山的宽约50华里的防御阵地,共布置下兵力18万4千余人。而晋军的200多门山炮和野炮,也为卫立煌的部队提供了一定的火力掩护和支援。

日军参加忻口会战的兵力共约3个师团,7万余人,并配有350多门大炮,150多辆战车和300架飞机。

卫立煌是一位喜欢钻研的将军,他几年前就认为中日必将有一战。故此,他对日军的飞机、火炮的资料,都有过认真的研究。他还想尽办法,或买或要,弄来了一批日本军队的常备标准武器,这些武器包括——三八步枪、掷弹筒和自卫手枪等等。

卫立煌携带这些武器去了南京郊外的靶场,经过试验得知,日式的三八枪射程远,精度高,可是威力却小。也就是说,这种三八枪的子弹,打在人身上,一穿一个小洞,对人体造成的伤害不大,中枪的国军往往还能战斗。而卫立煌部队装备的7.9毫米中正步枪,虽然精度差,射程短,威力却不小,一颗子弹射在鬼子的身上,从前面进去一个小洞,从后面出去就是一个拳头大的血洞,威力要比三八步枪大得多。两相比较,各擅胜场,卫立煌基本做到了心中有数。

卫立煌的军队开赴忻口,得以比较从容地布置,不能不提在崞县打保卫战的王靖国。

崞县的地形地貌酷似忻口,也是双山夹着平川,一条滹沱河由北向南流经平原,古人曾经有一句诗词"千万桑田总战场,百二河山尽赤土",说明了这里作为兵家必争之地的重要性。

1937年9月19日(中秋节),山西大地上雪花纷飞,一片缟素,雄关险寨,尽披白银。面对日军压境、大战在即的危急形势,很多迷信的晋绥军都说:三关(雁门关、宁武关、平型关)戴孝,是不祥之兆!

10月2日,日军进攻山西的部队兵分两路,板垣征四郎率领第五师团进攻崞县,而筱原旅团长率领第十五混成旅进攻原平。

这两路日军进攻崞县和原平的目的只有一个,那就是扫清忻口的外围阵地，为取得忻口会战的胜利铺平道路。

果然，从10月2日开始，第五师团的千余名日军在飞机大炮的掩护下，对崞县北城的阵地，发起了疯狂的进攻。由于防守崞县的晋绥军一没有大炮等重武器，二没有高射机枪等防空武器，士兵们面对日军的狂轰滥炸，只能躲在战壕中被动地挨打。

虽然守北城的第四零七团奋力抵抗，旅长田树梅还曾经到城头赤膊督战，可是在日军的强大炮火之下，团指挥所的窑洞被轰塌，团长刘良相、中校团副高育麟等多人在窑洞中牺牲。北门的阵地最后被日军突破。

民国二十六年十月八日的《申报》报道了崞县保卫战：

崞县城敌军两千余人六日上午曾携炮二十余门向我方三面围攻，借炮火之掩护逐渐近迫我阵地附近，以图构筑工事，午后三时，敌炮猛烈轰击我刘团阵地，我官兵奋勇抗敌，卒以敌炮火过烈，将该团阵地完全摧毁，全团官兵殉难……

《大公报》中央社太原七日、八日和九日电，连续报道了崞县保卫战：

崞县原平方面，敌我连日激战甚烈，双方时停止枪炮射击，而作白刃肉搏战，致死亡枕藉，现仍在相持中……

崞县城郊之敌七日晚藉猛烈炮火之掩护，向崞县西北集中攻击，我军凭城守护，嗣因崞县城墙被毁一孔，该处守军庞营长青魁因畏缩后退，被王军长查明枪决，当时士气大振，王军长后指挥大部反攻，当将原阵地夺回，现敌仍退崞县城郊，并调原平敌军增援……

当时全太原、全山西全国都在关注着崞县保卫战的战况，听说崞县阵地夺回都无比振奋。各大媒体曾广为报道……敌军自八日午以飞机二十五架，大炮数十尊向我崞县城猛攻，连续不断达六七小时之久，所有城上一切守备防御工事悉被炸毁，俱成焦土，我守军百不存一，均作壮烈牺牲。

《大公报》是一家负责任的报纸，当年报道的消息翔实可靠，也最具史料价值。

"吃下砒霜，毒死老虎"是该报在抗战中的铿锵誓言。《大公报》作为一家民营报纸，在抗战中曾经忍受巨大财产损失，即使六度迁馆，也决不在日寇铁蹄下出版一天。

《大公报》总编辑兼副总经理张季鸾曾说，"抗战爆发以来，我们始终在抗战大纛之下，挣扎奋斗，以尽言论界一兵一卒之任务……"

后人有评价：这些人之可能贡献国家者，只是几支笔与几条命，但这几支笔是如椽之笔，这几条命是不怕死的命。

孙子兵法《谋攻篇》曾经将攻城归类于最下的破敌之策。要知道，杀敌一千自损八百，如果攻城，即使攻下了城池，恐怕己方损失的兵将之数，会比消灭的敌兵多出几倍。可是产生于冷兵器时代的《孙子兵法》，却无法洞知热兵器时代的战争全貌，"险关恶隘"在陆战之王的大炮面前，完全就是一个"受气包"的角色。如果炮弹足够多，炮击过后，步兵甚至可以不费一枪一弹，就能攻下这座城池。

当时守卫崞县的国军面临的就是这种"挨打"的态势，日军先是一阵飞机轰炸，然后炮火覆盖，接下来日军步兵对着国军阵地发起了猛烈的冲锋。打到10月8日晚上9点多，王靖国军长并没有坚持10日，他只是坚持了7日，便被手下"挟裹"着准备撤出崞县。

王靖国军长撤到崞县的城门口，说啥也不走了。他对手下说："我回去也是死，你们用枪打死我吧！如果你们不忍心，就用被子包住我，再开枪。"

军部副官长李泽长说："队伍全退下去了，你一个人也守不住崞县！"

苦守7日的崞县被日军占领了。王靖国虽然没有完成死守崞县的命令，但也算基本完成了"坚守崞县，以时间换空间"的任务。

原平县驻扎的是姜玉贞的一九六旅，他们为了帮助第十四集团军完成在忻口集结的任务，第二战区长官部命令他们，虽剩一兵一卒，也必须在原平死守七天（从10月1日算起）。

姜玉贞是一米九的大个子，体重超过二百斤，可以说是走路生风、脚板砸得地面"咚咚响"的铁汉子。他手拿电报站在全旅官兵面前，讲了这样的一番慷慨的话：养兵千日用兵一时，山西有难，只要有我一九六旅在，日本鬼子休想从原平过！七天内谁要敢从原平阵地上退后一步，立刻军法从事。我姜玉贞要是临阵退缩，你们人人都可以枪毙我！

第一天，日军筱原旅团长率领第十五混成旅攻到了原平城外。他们原以为守卫这座"不起眼"的小县城的晋绥军早就吓得望影而逃，当这些不可一世的"皇军"面对静谧无声的平原城，也是愣住了。

随后，他们派出了飞机侦察，发现城中有晋绥军驻守，便派了一个汉奸到城里劝降。

姜玉贞随后命人将汉奸剐掉，他的脑袋，就被挂在原平的城头。

两军对阵，不杀来使，在古罗马的法典上清楚地写着，一旦交战方杀了来使，破城后则屠城，杀尽城中的老弱妇孺。

姜玉贞用这颗汉奸的人头，清晰地告诉了日军筱原旅团长，想过原平只有一个法子，那就是从一九六旅官兵的尸体上跨过去。

第二天，日军便展开了疯狂的进攻，飞机投弹，炮火覆盖，原平城里城外全都成为片片瓦砾，处处废墟。随后，凶悍的日军便端着上了刺刀的三八式步枪，展开了不要命的冲锋。姜玉贞脖子上挂着两颗随时与日军同归于尽的大号手雷，穿梭在原平城外的阵地上，他们用山西兵工厂造的手榴弹，还有密集的复仇子弹，让冲锋的日军成片的倒下……当他的部下提醒他，日军的枪法太准，让他脱下显眼的黄呢子将军服时，他这样说：不能脱下将军服，我要让我的士兵一眼就能发现我，只要看到我在，官兵们就有守下去的信心。

日军接下来出动了坦克。姜玉贞为了反制，他让官兵们将山炮推到阵地上，直接用平射的办法，打得日军的坦克动不了窝……七天，姜玉贞整整坚持了七天，可是到了七天，阎锡山给一九六旅发来电报，让他们再坚守三天！……

一九六旅减员严重，别说再守三天，就是再守三个小时，都有困难。姜玉贞说："誓死抗战，无令不离斯土！"

他领着全旅官兵，凭着一股不怕死的劲儿，硬是完成了坚守十天的任务。

日军最后用毒气弹"炸"开了平原城的大门，姜玉贞最后一个撤出了平原城，可是被鬼子的炮弹炸昏，将军的头颅被鬼子砍掉！……

崔济哲先生曾经写过一篇《将军无头》的纪实文章，发表于2013年第1期的《上海文学》上，作者在文章中这样动情地写道：

将军无首，死不瞑目。将军壮志，以身殉国。那年姜玉贞将军年满四十三岁。

国民政府授予196旅荣誉称号，通令表彰姜玉贞将军，并追授他为陆军中将，以彰忠烈。

1938年3月12日，毛泽东在《在纪念孙总理逝世二十三周年及追悼抗敌阵亡将士大会上的演讲词》中说："我们真诚地追悼这些死者，表示永远纪念他们，从……姜玉贞诸将到每一个战士，无不给了全中国人以崇高伟大的模范。"

1939年农历七月十五，日军在原平建立了一座"中国无名战士慰灵塔"。碑文译文如下："为了永远悼念在原平战斗中战死的四千三百余名中国无名战士的灵魂，建设慰灵塔。民国二十八年中元节，柳下部队长大田熊太郎。"

魔鬼的赞誉也是赞誉。

将军无头，将军不朽！

忻口战役正式打响的日子是1937年10月13日，当时与卫立煌部中路官兵作战的是日军第五师团主力、第一师团一部、河边师团、酒井师团和铃木师团一部，还有伪蒙军一部。

日军第八师团一部、第十九师团一部、大泉混合队，独立第十五、第十六和第十七大队为左翼兵团；日军第三师团、第五师团和正冈联队为右翼兵团，三个兵团在飞机大炮的掩护下，气势汹汹地向忻口阵地杀了过来。

3. 联手，国共合作显威力

> 合军聚众，务在激气——《孙膑兵法》

忻口之战对于日军来讲，不取下此地，则无法攻取太原；忻口之战对于卫立煌来说，不保住这个险关要隘，山西则无存。在血与火、生与死面前，真没有第二条路可以选择。对于晋绥军，这是一场保家之战，对于国军，这是一场守土之战，对于八路军，这是一场卫国之战！

卫立煌部用了十天时间，在忻口匆忙中构筑了一座半永久的防御性工事。

虽然这些工事，修得非常粗糙，比如混凝土的工事中，没有来得及布设钢筋，用树木和石块垒砌起来的阵地，完全给人以一种毛坯的感觉，但正因为有了这些不好看但能用来杀敌的阵地，第十四集团军及晋绥军的将士们才得以在阵地上坚守下去。

日军进攻忻口，吸取了平型关的教训，再也不敢轻入。第一天和第二天，他们组织炮兵，调动飞机，对国军忻口阵地上的工事展开狂轰滥炸。果然，这些没有钢筋的水泥工事，用树木和石块垒砌的掩体，全都被日军的航弹和炸弹夷为平地。

13日，日军调集五千余兵力，试图采取中间突破的方法，向忻口中央阵地南怀化展开了猛攻。

曾经参加过南怀化战役的一位97岁的抗战老兵，这样叙说了他参战的经过。

十月我们到忻口的南怀华（南怀化）村，这是一个很大的村子，我们十九军的阵地在村子的东北，防线不到五公里，我们的左侧是广东省的第九军，军长是郝梦龄将军。忻口战役非常惨烈，白天日军不停的狂轰滥炸，晚上双方交战的炮火照亮了夜空，就像正月十五放的烟花，我们的部队根本就没有后方前方。白天敌军的飞机不停的轮番轰炸，一次有五十架，我们只有从太原过来四架飞机，四架飞机怎么能和人家的几百架飞机打，我们的一个飞行员的红皮鞋就从空中掉到我们的阵地上，飞机被打坏了，剩下的三架飞机退回太原。日本飞机在轰炸的同时，还给地面上的部队引导目标，飞机轰炸后就是坦克大炮，坦克后面就是士兵。有敌机轰炸的时候怎么办，我们没有飞机，没有高射炮，没有打飞机的武器。

没有办法，我们只好躺在地上，用一条毛巾盖到脸上，听天由命，没有打到你，算命大。飞机大炮不停地轰炸，士兵们昏头转向，从忻口战役撤退后的第十天，我们的耳朵还是聋的……

一个炮弹打中我们旅长的指挥所，他遍体鳞伤，警卫排把他送到太原治伤。这儿有一条铁路，火车上来时满载着士兵，下去时拉的都是伤员，半个钟头一趟。战场上牺牲的人，我们抬下山，放到山沟里面，山沟都填满了。从战场上抬往山沟的人有些还活着，但是有重伤，治不好，有些重伤兵对我们说：

"老乡，不要踩到我，我痛得不行。"他们不知道什么时候死，我心里特别难受，我抬死人的时候，想着什么时候我被抬到山沟里面……

敌机轰炸时，因为没有反制的武器，故此，国军的将士们就将毛巾蒙在脸上，用士兵的话讲，没有炸死，就算命大。这种恶劣的作战环境，确实是对这支部队指挥员的极大考验！

符昭骞，字孟腾，1901年7月14日生于广东文昌甘村上鲤塘。他曾经在云南讲武堂第十二期骑兵科学习，后来在陆军大学正则班第九期毕业。

1937年，符昭骞曾任第十四军少将参谋处长（后改任参谋长），参加忻口战役对日军作战。新中国建立后，曾被聘为北京市文史研究馆馆员，他写过一篇《忻口战役纪略》，收录在中国文史出版社出版的《晋绥抗战》一书中。作为当时曾经在一线参加过战斗的当事人，他记录下的文字，不仅复现了当时激烈的战斗场面，那充满硝烟和炮火的文字，也让忻口战役，有声有色地展现在我们面前：

至15日下午，忻口以西之南怀化和其东北之制高点1200高地遂陷敌手。郝梦龄一再派队反扑，终以敌军火力炽盛，无能为力。突入之敌分向两翼延伸，扩张战果，至黄昏已突破约四百米之缺口。此处形成中央突破，我阵地两翼受到很大威胁，形势岌岌可危。

阎锡山听说忻口被敌突破，一再严令卫立煌立即抽调部队反攻，并催已出发在途之晋绥军兼程火速北开，企图恢复原阵地。阎认为重赏之下必有勇夫，乃悬赏50万元，声称谁能将忻口1200高地夺回，就将此款给谁。

阎锡山急了，他是一个小算盘打得非常精的人，为人也非常悭吝，今日得知忻口的南怀化1200高地失守，他就下了重注——50万元重赏。

卫立煌为了夺回阵地，找来了第九军军长郝梦龄、晋绥军军长陈长捷，说道："忻口阵地不能丢，因为后面是成千上万的山西父老，现在我命令你们，一定要夺回南怀化1200高地！"

郝、陈二位军长神情庄重，举手敬礼，道："请卫长官放心，我们一定完成任务！"

第九军军长郝梦龄担任主攻南怀化高地的任务，在战斗打响之前，他对全体参战的官兵做战前动员，他说："此次战争，为民族存亡之战争，只有牺牲，如再退却，到黄河边，兵即无存，哪有长官？此谓我死国活，国活我死。"

郝梦龄在决战前夕他给妻子的信中说："此次抗战，乃民族、国家生存之最后关头，抱定牺牲决心，不成功便成仁。为争取最后胜利，使中华民族永存世界上……为军人者，为国家战亡，死可谓得其所矣！"

10月15日，为夺回南怀化阵地，卫立煌将设在忻县的指挥所，前移到战火纷飞的南怀化附近，亲自督战，命第九军将士对南怀化阵地发起了猛攻。激战到了深夜，阵地竟十三次易手。可见日军进攻之激烈，已达疯狂之顶点。

《忻口战役纪略》里这样写道：

16日凌晨2时，反击开始。在郝梦龄的指挥下，中国军队连克几个山头，到5时许，天色微明，郝梦龄急于赶到第5旅的前沿阵地指挥作战，官兵们告诉他，前面有一段路被敌人火力封锁十分危险，劝他写书面命令派人送去，郝军长说："瓦罐不离井口碎，大将难免阵前亡。"说罢毅然向前沿阵地奔去，在穿过离敌仅二百米的阵地时，不幸中弹壮烈牺牲，年仅39岁。同时牺牲的还有五十四师师长刘家祺，接着独立第五旅旅长郑连珍也阵亡殉国。

郝梦龄以身殉国，实现了他为国家为民族而战的夙愿。郝梦龄牺牲后，国民政府为他举行了国葬，追赠他为陆军上将，以示褒扬。1938年3月12日，毛泽东在延安追悼抗敌阵亡将士大会上称赞郝梦龄等是中国人民"崇高伟大的模范"，证明"中华民族绝不是一群绵羊，而是富于民族自尊心与人类正义心的伟大民族"。

郝梦龄的牺牲，令卫立煌悲痛异常。要知道，千军易得一将难求，特别是能克制日寇的勇将，当时真的是不多。有道是"抗兵相加，哀者胜矣"，卫立煌为了鼓舞士气，增强参加忻口阻击战的国军官兵向日军讨还血债的决心，他将郝梦龄将军牺牲的消息通报了全军。

《忻口战役纪略》里写下了郝梦龄战死后，卫立煌乃令陈长捷接任前敌总指挥，继续与日军作战的情况：

第九军撤往后方整理，由总部参谋长郭寄峤兼任第九军军长，以接替郝之遗缺。符昭骞调第九军任参谋长。

敌人既然占领了制高点（1200高地），我方阵地正侧两面均受其钳制，危害至大。敌人不时以飞机投下重磅炸弹，并俯冲扫射，复以重炮先行射击，随以野炮山炮向我猛烈集中射击。而我们既无飞机又无重炮，晋绥军仅有少数野炮山炮，但制造条件落后，瞄准须先行试射，经校正之后始能行效力射击。因此对敌目标尚未行效力射击之时，即招来敌人多数炮弹。敌人炮空联络又很密切，我炮位置易被发现。敌炮瞄准与发射都很迅速，我们打他两炮，他即回击百数十炮，我炮立遭歼灭。所以我炮不能轻于发射，仅用游击战法，瞅准时机，连发数弹，不计成效，立即转移至新的预备阵地……

在上述状况下，我们与敌撑持主要是待敌人接近我阵地前沿时，猛投以手榴弹。敌人在此场合，无不倒下，常在我阵地前尸横累累。此法屡试屡验。

在对峙中，我们有时于夜间派出小队进行阵前搜索，每每取回敌人遗留的轻机枪、步枪、望远镜、战刀等等；也在敌人尸体上摸回其日记本、铜佛及黄纸红印的佛像、红缎签子等避难迷信物品。

在忻口之战中，还有一件事值得一提。阎锡山作为一个地方军阀，他一开始对卫立煌的第十四集团军是隐藏实力的，可是面对日军众炮齐鸣、弹落如雨的武器优势，他在太原的第二战区长官部真的坐不住了。阎锡山传下一道命令，将藏在仓库中从不轻易示人的三百多门山炮和野炮，还有八万发炮弹，全都运到了忻口前线。

在忻口会战的20多天的时间里，晋绥军的炮兵一共发射了四万多发炮弹，日平均发射两千多发，对日军的进攻，进行了有效的打击和压制。

忻口以西之南怀化和其东北之制高点1200高地被卫立煌的手下官兵夺回，可是李默庵负责防守的左翼战场，亦遭到了日军的猛烈攻击。

在纪录片《我的抗战》中，抗日老兵王用中，当时是中央军第十四军八十三师战士，他在忻口西北大白水村阵地布防。他在此片中，面对记者的话筒说：

我们营连夜赶到忻口，并趁着夜色和山西老乡一起赶挖战壕，拂晓即面对日寇疯狂地进攻。日寇第一波进攻在二十多辆坦克的掩护下，集中兵力进行突破。我军战士利用阵地前的战车防御壕打退日寇的进攻，双方死伤都很严重。

日寇的进攻不分昼夜，往往是刚打退日寇的一波进攻，还没来得及整理武器弹药日寇下一波就上来了。如此惨烈的战斗，我军战士都抱定以死抗敌的决心，死也要死在阵地上。有他日本人就没咱们，有咱们就没日本人！

当时在忻口战役中负责阻击日军的十四集团军，装备不成，武器落伍，官兵素质与日军相比不高，可是他们却有一样超过了日军，那就是决心，一定要守住忻口的决心。

在《晋北忻口战役纪略》中，大白水阵地将要面临日军坦克的攻击，十四集团军将士的血肉之躯，如何战胜"钢铁怪兽"？

人的智慧是无穷的，特别是被逼到了绝路的国军十四集团军官兵，他们用火烧，用手榴弹去炸敌坦克的履带。总之一句话，一切可以用的克敌办法，都在大白水阵地得到了应用。因为他们知道"退后一步是家园"，十四集团军官兵的目的只有杀敌。

当敌军猛攻南怀化之同时，敌板垣师团以其主力牛岛旅团，于10月15日拂晓，集中坦克三十余辆、炮百余门，在其空军掩护之下，向我大白水东西阵地全线猛攻。大白水正面战斗更为激烈，村落以外之小据点工事及所有交通壕全部被敌炮及坦克所毁。我彭师、刘师奋勇迎击，双方伤亡均重。

当敌军将大白水外围工事及障碍物摧毁后，便由东、西、北三面团团将大白水严密包围。由于围墙坚固，敌坦克多次猛冲均不能进入。其中三辆乃从东关顺交通路突入大白水市街，经我彭师与之巷战，将其步兵击退。但其坦克非常猖狂，一直冲至二十八旅（旅长陈牧农）旅部，虽没有步兵跟进，仍以机枪及小炮来回射击，旅部守卫的战士均被打死。此时我方秩序颇形混乱，情况紧张至极，大家慌作一团。

符昭骞向李默庵建议，以汽油喷浇敌坦克，然后以手榴弹投掷，坦克着火，敌人必退。吴宗泰提议，以集中炮火和集束手榴弹打坦克。于是李转告陈牧农，陈立即照办。至黄昏时，将敌坦克一辆击毁，其余两辆看势头不对，掉头沿原来老路东窜冲出寨外。陈牧农打退坦克后，立即派兵加强工事封锁坦克进入口。至是，阵地乃转危为安。

当时忻口战役中，还有一处战斗进行得非常激烈的地方，即南怀化以南的红沟谷。由于六十一军军长陈长捷打得非常英勇，日军久攻不下，面对损兵折将的局面，日军竟开始使用火焰喷射器，而日军飞机在陈长捷阵地之上，投掷下了凝缩汽油弹。国军红沟谷阵地全都是炼狱一样的冲天大火！

第六十一军军长陈长捷，这样追忆忻口战役：

敌我于南怀化、红沟间高地，两度往复拉锯战，对阵相抗达半月之久。敌以久攻不下，兽性大发，竟以火焰放射器配合大口径迫击炮，抛射凝缩汽油弹，对我猛攻。我阵前阵后顿成火海，守兵被溅上凝缩汽油，除了倒地自行滚转外，无法加以救护；阵地存储的弹药亦每引起爆炸，损失极重。为了驱逐紧逼阵前之敌，我军乃决定向敌壕一侧亦行掘进坑道或窄壕，实行对壕互轰。士兵分为作业班、爆破班、战斗班三部，背负土囊、工具、药包等，潜出阵前，对敌壕与坑道加以横截爆毁，掀起一场又一场的地下战。敌军不得不放弃所占领的突击阵地，退回南怀化去。但我梁旅的王、宋两团阵地，亦曾被敌由掘进的坑道所爆炸，部分守兵被埋于地下。

我们策定的腹案是，前线王、张、宋三团以全力进攻南怀化东高地，以梁浩团在梁旅阵地后方掩护。军炮兵重新部署炮兵群，将重炮推进于红沟西北，集中全部火力于极其短暂时间内，出敌不意摧毁南怀化东高地敌的主阵地。这一腹案得到卫立煌的支持，他并决定于第六十一军发动攻势时，将要求左翼军和滹沱河东的高师配合行动，各牵制住当面之敌。

10月30日夜间，梁团进入突击准备位置，拟于次晨发动突击。不料团长梁浩于部署所部就突击位置时，被敌弹击伤右大腿，不能行动；又值敌滥射汽油弹，该团猝不及防，起了一阵紊乱。旅长梁春溥看到出了意外，乃急行制止前线各部的行动。于是一场积极的准备，终于引满未发，遂又成为敌我对阵相持的局势。

红沟血战，迄10月31日，计历两旬，将企图突贯忻口楔入红沟之敌，终于压迫后退，使之局限于南怀化东麓一点上，形成敌我势力相平衡的对峙状态。在红沟、南怀化间的山坡和谷地里，无以数计的敌我遗尸、遗械，迫于激战，弗克清理。

在忻口的卫立煌率领十四集团军和晋绥军的官兵正面阻击日军时，毛泽东于

10月6日，致电周恩来（尚在太原）、朱德和彭德怀，指示我八路军应在日寇之侧翼，须在后方打击和牵制敌人之有生力量，密切配合友军在忻口打响的战役。

首先，重点要说一下平型关战役。这场战斗发生在忻口战役之前，虽然只杀伤了一千多名日军，但却有着极大的意义，它昭示着日军也是可以战胜的！

接着，八路军总部从10月上旬开始，接连发出十几封电报，令一一五师在灵丘、平型关、大营镇相机侧击敌人；命一二〇师配合国民党独七旅对宁武南进之敌消灭之，以减轻忻口战役的压力；命徐海东旅一团的人马袭占团城口、大营镇，袭击汽车，破坏道路，袭扰牵制敌后方兵力，为忻口正面战场的胜利奠定基础。

再接着，10月16日，陈锡联率部进至滹沱河东南岸苏龙口一带，对敌阳明堡机场展开了袭击。此战，不仅炸毁敌机二十四架，而且展开了袭击，有效地打击了敌空中力量，削弱了忻口战场上空中压力。

最后，三五八旅副旅长李井泉部，曾在18日到21日两次伏击敌汽车运输队，毙伤敌军五百余人，击毁汽车数十辆，使日军粮、弹、油料供应断绝，攻势受挫，有力地支持了忻口抗战。

卫立煌面对八路军取得的战果，他在太原见到周恩来，用感谢的语气说："八路军将敌人的几条后路都截了，对我们忻口正面战争的部队帮助很大，在阳明堡烧了日本二十四架飞机，这是战争史上从来也没有过的事情，我代表忻口正面作战的将士，向八路军表示感谢！"

毛泽东在《抗日游击战争的战略问题》一文中说："太原北部忻口战役时，雁门关南北的游击战争破坏同蒲铁路、平型关汽车路、阳方口汽车路，所起的战役配合作用，是很大的。"

英国记者詹姆斯·贝特兰在《华北前线》一书中写道：忻口战役是华北抗战高潮的标志，是指示抗战前途的一个很有意义的吉兆！

4．团结，延安之行收获多

不闻不若闻之，闻之不若见之，见之不若知之，知之不若行之

——荀子《儒效》

卫立煌和"死忠"蒋介石的国民党将军不一样，因为他追随过孙中山先生。孙中山先生就有联俄联共的主张，他对共产党人是不排斥的。而卫立煌在太原见到周恩来，双方畅谈一阵后，为了表达国共合作的诚意，他还命令西安办事处的负责人购置了两卡车上万元的食品罐头等慰问品，送给了八路军……正因为有良好的开端，才会有以后双方在延安愉快的见面和合作。

忻口战役中，卫立煌的十四集团军和晋绥军因为武器装备的落后，在日军炮火的猛烈进攻中，面临着一场血与火、生与死的考验，可是这场战役对于日军，同样是一次巨大和沉重的挫折。

《伦敦日报》东京通讯社报道，日军在晋进展缓慢，大有拿破仑在俄国受困时之状。

《大公报》用更细致的文笔复现了日军进攻受挫后面临的巨大的困难：近日受支那军前后夹击，两翼包抄，日人死伤惨重……数次断粮后，且最后饼干、面包、烟草均感缺乏，士兵饿极时，也吃起晋地北红高粱、黑豆充饥，官兵相对哭泣！……

10月25日上午，卫立煌接到陈长捷的电话，电话的内容让他紧蹙的眉头为之一展，日方中路进攻的主力部队，正在大批焚尸，转移物资，已经出现了撤退的迹象……

有这样一句话，将并肩作战的道理讲得非常透彻。不怕狼一样的对手，就怕"猪"一样的队友。就在忻口战役是胜是负的关键时刻，一个让卫立煌震惊的消息传来，位于山西太原东侧三百里绵山山麓的娘子关失守，日军板垣征四郎率领的第五师团随后越关而过，长驱直入，直攻太原。

娘子关一失，如果太原到忻口的退路被日军攻占，卫立煌的军队就会变成一只孤军，除了血战到最后一个人，绝对没有第二条路可以走。

阎锡山得知娘子关失守，他急忙给卫立煌打来驰援太原的电话。卫立煌现在只能在忻口撤退，去解太原之围，否则太原一失，他的第十四集团军也将面临前后被夹击的危险。

卫立煌望着浸满十四集团军官兵鲜血的忻口阵地，他真的不甘心撤退。要知道，战斗进行到最激烈的时候，忻口阵地阵亡的国军一天竟高达11个团，让忻口变成了一台巨大的绞肉机，平均两个小时拼掉一个团的巨大牺牲，才让忻口阵地不失。卫立煌撤得真不甘心，因为忻口之役，本来是一场很有可能打胜的一战，却因为娘子关丢失，而打成了一场败仗。

忻口战役持续了21天，有力地阻击了日军的南进计划。在这次会战中，卫立煌的中央军、阎锡山的晋绥军与共产党领导的八路军密切配合，协同作战，以伤亡10万余人的代价，取得了歼灭日军3万的战绩。

卫立煌的部队撤退离开忻口战场时，日军并没有组织力量进行追歼，很显然，他们已经被打怕了。

娘子关失陷后，日军长驱直入，太原城已经陷入了一片混乱之中。日本人进攻忻口，奈何不了卫立煌的军队，他们为了宣泄和报复，竟在南怀化村屠杀了无辜群众五百多人。

日军乱杀无辜的消息传来，太原的老百姓不管穷富，大多加入了外逃的人潮之中，太原的城门几乎被挤爆。

阎锡山急忙召开军事会议，他甚至还提出了一个"依城野战"的应急措施。可是当时太原城周围的山地，大多已被日军占领，敌人的炮口直指太原城，孤立的太原，根本就没有打"依城野战"的兵力，更没有必要的取胜条件。

最后，阎锡山做出了一个决定，即派傅作义领兵"死"保太原。要知道，在军阀混战时期，傅作义曾经守卫涿州城，在东北军的强攻之下，竟坚持了两个月。阎锡山寄希望于守城的傅作义，能在太原也创造出一个抗敌的奇迹来！

阎锡山布置完任务后，和二战区副司令长官黄绍竑就匆匆离开了太原。《大公报》记者孟秋江记录了当时的情形：

阎百川先生这夜里离开太原，离开他经营20余年的太原了……11月5日天明后，在太原城里的人物，可以数得清，卫立煌、孙连仲、傅宜生、周恩来、彭雪枫五位将军，还有一个不负军政责任的新闻记者（孟秋江）。

一座孤城太原，放不下太多的兵力，卫立煌的军队在太原东的赵城和介休等地集结，其目的是与太原形成掎角之势，应对日军大兵压境的危局。

卫立煌觉得傅作义无法完成死守太原的任务，为了让晋绥军这只英勇善战

三　忻口会战，虎将一役寒敌胆

蒋介石与傅作义

的部队得以保存，他撤出太原城之前，以第二战区司令长官的名义，写了一份《相机撤退》的手令，交给了傅作义。

阎锡山给傅作义留下了几万军队守城，名义上能够指挥十几个旅，可是真正能调动的守城军队，不过是区区一万人而已。从11月6日日军兵临城下开始，经过三天的鏖战，全城只剩下两千多名士兵。11月9日，傅作义领着一千名士兵，突围撤出了太原。

娘子关一失，华北战局急转直下，太原陷落，阎锡山山西的"土皇帝"也做不成了。他不愿意也不想丢了自己的地盘，可是在接下来的近三个月的对日作战中，晋绥军损失了70%……而这时候的山西军务，都是由卫立煌在主持。为了待机与日军一战，卫立煌将十四集团军撤到了临汾，并开始修筑工事，积极备战。

日军占领太原后，急需修整。卫立煌的部队在积极备战的同时，也获得了一段喘息的时间。

1938年新年伊始，蒋介石为改变处处挨打的被动局面，在洛阳召开了第一战区和第二战区高级将领会议。

卫立煌乘坐火车赶往洛阳途中，竟巧遇了八路军总司令朱德。在忻口战役中，朱德指挥的八路军曾给第十四集团军以确切的支持。卫立煌和朱德巧遇，理应对八路军总司令表示一下谢忱。

卫立煌曾经在苏区剿共，他和朱德第一次见面还是略显尴尬。

1938年8月，朱德与第二战区副司令长官卫立煌在山西省垣曲

如果卫立煌不知道朱德的真实身份，从他一身灰色军装，腰上扎着一条旧皮带的简朴模样看，绝对会认为他就是一个老伙夫。

《黄石公三略·上略》云：军井未达，将不言渴；军幕未办，将不言倦；军灶未炊，将不言饥。冬不服裘，夏不操扇，雨不张盖。是谓将礼。

卫立煌最佩服朱德的一点就是，他一直保持着"将礼"，即能和士兵同甘共苦。

两个人互相仰慕，略一攀谈，真有相见恨晚的感觉。朱德以诚待人，绝口不提当初兵戎相见之事。朱德和卫立煌都出身农家，他们凭着自己的努力，在枪林弹雨中闯出了一番天地。

卫立煌受国军的固有的"军阀"风气的浸染，已经无法做到和士兵同甘共苦了。当他听朱德说在工作之余，还能和士兵一起劳动，他亦深感佩服。同时，他也明白了一个道理，红军武器装备处于劣势，甚至在吃不饱穿不暖的情况下，还能打胜仗，其原因是官兵同心同德，目标一致。

朱卫二人来到洛阳，参加了这次军事会议蒋介石在会议上提出了长期抗战,以空间换时间、以时间换胜利,最后将日军赶出中国的战略构想。他给第二战区布置的作战任务就是伺机夺取太原,让卫立煌调兵遣将,趁机扭转山西被动的战局。

日军占据太原后,山西抗战的形势是,卫立煌的第十四集团军加上阎锡山的晋绥军,两只军队的兵力与日军比起来,已经处于劣势,而且山西各大中心城市,都已经被日军占领,卫立煌想要逆境起兵,收复太原,何其难也。

卫立煌回到山西临汾后,为了尽快拿出破敌的办法,召开了高级将领会议。当时,朱德总司令(国共合作后,八路军被改编为十八集团军,朱德任总司令)也被邀请列席了会议。

卫立煌分析了形势,认为以香月清司为指挥官的十万侵略山西的日军,因为补充和给养等问题,他们急于寻找国军主力并与之决战,在敌强我弱的情况下,若想取得收复太原,消灭晋地日军,取得最后的胜利,必须反其道而行之,那就是避免与敌人决战,并以中条山区、太行山区等有利地形为依托,巧妙灵活地与敌周旋,将敌人拖累、拖垮最后再待机歼灭之。

很显然,卫立煌与朱德的交流起到了作用,八路军擅长的游击战法,终于被卫立煌接受了。当时第十八集团军的司令部位于洪洞县万安镇马牧村,与卫立煌第十四集团军的临汾司令部相距不过五十里路。1938年农历正月初一,他领着李默庵和郭寄峤等人到马牧村去给朱德拜年。

朱德知道卫立煌到来,不仅为他们召开了一个气氛热烈的欢迎会,而且在会后,由战地服务团表演了歌颂十四集团军忻口会战的文艺节目。看完了形式多样的文艺表演,卫立煌也是深有感触,十八路军虽然经常被欠军饷,武器装备调拨得也不及时,可是战士们知道为谁而战,即使面对强敌,也是英勇顽强,敢打敢冲,这和共产党人擅长的群众工作、政治宣传是绝对分不开的。

卫立煌在和朱德在谈话中,说出了自己的想法,希望朱德给他介绍几个这方面的人才。当时在十八集团军工作的赵荣生是安徽芜湖人氏,他的祖上是一位状元,他本人写过卫立煌访问八路军的情况,并发表在中共机关刊物《群众》之上。赵荣生被卫立煌要过来,成了自己的秘书。

接下来,卫立煌还参照八路军西北战地服务团的样子,建立了第二战区前敌总指挥部战地工作团,集中了北平流亡学生、陕北公学的毕业生,其中陈其五、朱经友、牧敏等人是其中的翘楚。

1938年2月中旬，日军为完成占领山西的任务，向卫立煌部防守的韩信岭发起了猛烈的攻击。卫立煌沉着应战，战斗一直持续到了26日。为了改变阵地防御战只能"挨打"的不利态势，卫立煌给阎锡山打电话，要求他的晋绥军趁着日军主力被黏在韩信岭的机会，应立刻发起太原收复战。

阎锡山在电话里兴奋地道："俊如，好，好，咱的东西又可回到手啦！"

可是阎锡山攻击太原的部队，由于保密工作没有做好，再加上敌机的侦察，晋绥军开始行动后，在韩信岭作战的日军第一零九师团得到消息，急忙撤军，开始回防太原。

晋绥军收复太原的计划虽然功亏一篑，卫立煌却趁着日军撤兵调防、阵型慌乱之机，指挥部队，放弃临汾，向中条山转移。他设在霍县的指挥部，也开始转移向晋绥山区。

日军指挥官香月清司费尽心力组织的一场针对卫立煌的战役，除了得到临汾一座空城，其他任何实质性的好处也没有捞到。香月清司对"卫胡子"真是恨之入骨，他趁着卫立煌的指挥部（卫立煌的指挥部与十四集团军是分开的）向大宁方向转移时，上面派飞机去轰炸，下面有石楼方向的日军在前面堵截。卫立煌凭一个警卫团的兵力，不足以让自己摆脱险境。这时，八路军的朱总司令伸出了援助之手，派第五团第二营参加了这次白儿岭阻击战。虽然此次战斗规模较小，但八路军的勇敢顽强，还是给卫立煌留下了深刻的印象。

卫立煌离开霍县，一路与敌周旋，一路寻找机会与十四集团军会合。两个月后，他率领警卫团来到了永和县。从永和县到中条山，有一条比较稳当的路可以走，那就是从晋西渡过黄河，然后假道陕北延安，从延安奔西安，接下来乘坐火车到河南的渑池县。这时，只要再渡过黄河，就到了中条山下的垣曲县，卫立煌就能找到自己的部队，组织力量，参与收复太原，将日军驱逐出山西的地盘了！

卫立煌选定的与十四集团军汇合的路线并无可挑剔之处，因为这条路线的途经之地，都在国军或者是友军的控制范围之内。为了稳重起见，卫立煌还将自己的行动路线电告了在汉口行营的蒋介石。卫立煌假道陕北延安，明着是借道与十四集团军汇合，其实他还有着一个更深的目的——到延安去拜访毛泽东。

1938年4月17日，卫立煌带领参谋长郭寄峤、副参谋长文朝藉等随行人员，乘坐卡车，直奔延安而去。

文史作家孟昭庚先生在《揭秘:1938年，卫立煌为何访问延安》一文中，为我们复现了卫立煌到延安，与毛泽东会面的一段珍贵的历史情节：

当车队行至离延安城二三十里处时，就到处可见用彩纸写的"加强国共合作""团结抗日""欢迎卫副司令长官"等标语。在延安城外，卫立煌一行人远远地看到欢迎的队伍排列在大路两旁。车队一至，欢迎的队伍即敲锣打鼓，呼喊口号。见到如此隆重的欢迎场面，卫立煌等人深受感动。

车队停下，卫立煌等人走下汽车，专来迎接的第十八集团军参谋长滕代远、陕北留守处主任萧劲光、交际处处长金城等人迎上前去，然后陪伴客人走向城中早已收拾一新的大教堂。

此时，毛泽东健步走出客厅迎上前去，和卫立煌等人一一亲切握手，以示欢迎。

寒暄过后，卫立煌由衷地称赞八路军："贵军对日本作战打得非常好，立煌很是敬佩。今天来到延安，有机会聆教，非常荣幸。"

毛泽东面带笑容，称赞卫立煌："卫将军是第一位到延安的战区长官，抗日坚决，和八路军友好合作，我们要沿着这样一条路继续走下去。"

毛泽东谈到国共合作的重要性，在谈反对投降主义的问题时说："目前国际和国内均有投降主义的活动，这是一种很大的危险，我们决心抗日的人对此不能忽视，必须把片面抗战转变为全面抗战。为了抗战，在政治上有许多地方需要改造，也有改造的可能。"说到这里，毛泽东话锋一转，对日军在山西的作战企图做了全面分析："目前在山西的抗战非常重要，如果不是我们大家都在山西拖住日军的尾巴，日军从风陵渡过黄河，

1938年4月毛主席在延安和卫立煌（左2）合影

夺取潼关,掐断陇海线,就能截断中国和苏联的国际路线,进一步压迫中国投降。我们判断,最近日军就要进占徐州。"

毛泽东的预测,卫立煌等人听了大有茅塞顿开之感。他对毛泽东更增敬佩之意了。

中国有句古话,叫作英雄惜英雄。元朝的时候,台州黄岩人方国珍在台州起兵反元,势如破竹的农民起义,让台州府的府台想出了一个办法,那就是请一代高人刘伯温帮忙,剿灭方国珍。

台州府府台用刘伯温,可是并不信任刘伯温,更谈不上给刘伯温兵权。刘伯温一怒归家,再也不问剿匪之事。朱元璋起兵反元,为了加强实力,不惜重金礼聘刘伯温出山。

可是刘伯温不知道朱元璋是否真心真意,他第一次拒绝了朱元璋。朱元璋不死心,第二次他换了一个请贤的方法,让手下总制,也就是刘伯温的好友孙炎,代替自己给"刘神仙"写了一封"求贤若渴"的书信。

刘伯温接信出山,在军营的门口,见到了迎接自己的朱元璋。两个人一番谈话,朱元璋的爱才、睿智、对时局明确的判断,还有争夺天下的强大雄心,无不让刘伯温觉得他是个可以追随的明君。刘伯温就献上了"时务十八策"以及"平定天下的大计"……

总之一句话,当年朱元璋和刘伯温的会面,今日毛泽东和卫立煌的见面,都取得了一加一大于二的效果。

毛泽东非常郑重地对卫立煌说:"八路军深入敌后,英勇杀敌,但也存在很多困难。一是弹药消耗大,没有子弹怎么打敌人?需要得到补充;二是医药卫生器材缺乏,还希望卫副司令长官帮助向主管部门催促一下;还有,现在已经要到五月,快到夏天了,夏服还没有影子,不知道什么缘故。"

卫立煌当即表示一定要帮助解决这些问题。

中午,毛泽东设宴招待卫立煌一行。

这次为了接待卫立煌,延安交际处把在延安城里所能找到的好饭好菜全部端了上来。别看卫立煌官居国民党战区副司令官,贵为陆军上将,山珍海味早已尝遍,但自从入晋以来,一直同日军苦战,饥一顿饱一顿、热一顿冷一顿,好久没有吃过一顿好饭菜了。更何况这段时间被困于晋西的一个弹丸之地,物资奇缺，已到了有什么吃什么的地步。没想到在延安能吃到如此丰盛的饭菜，卫立煌欣喜异常。当然，他也明白，这是特意为他开的盛宴，便连连向毛泽东表示谢意。

卫立煌事后才知道，毛泽东为请卫立煌吃饭，特批了50多元钱。那时延安的生活条件非常艰苦，事后，毛泽东还收到一封告延安"供给部"的匿名信，他看后批阅说：客人是我毛泽东请的，骂供给部毫无道理。

下午，在参观抗大后，卫立煌便去二十里铺看望在那里治伤的林彪。抗战初期，八路军一一五师师长林彪应算是他的下级。

国民党陆军二级上将卫立煌

中途，卫立煌停下车来，问："谁身上带着钱的？一共有多少？"

随行人员将所有口袋掏空才凑了600块钱。在国民党军队中，犒赏、送礼是常事。一个师长受伤，上级司令官至少要送1000元乃至数千元。因事出仓促，卫立煌没有作送礼的准备，掂掂这区区600块钱，觉得实在太寒碜，拿不出手，想了想，便决定不送了。

探视林彪之后，卫立煌一直觉得十分遗憾。后来在离开延安的路上，他还说："这次没给林彪送点礼，太不像话！"

当天晚上，延安各界举行盛大欢迎晚会，到会的各界代表达数百人之多。

当毛泽东陪同卫立煌步入会场时，全场起立鼓掌数分钟之久。

欢迎晚会由李富春主持。首先由毛泽东致欢迎词："热烈欢迎卫副司令长官光临指导。卫将军是坚持华北抗战的领导者，此次过延，希卫将军对边区工作多加指示。"

全场掌声雷动。

深受热烈气氛感染的卫立煌非常激动，索性抛开秘书替他准备的演讲词，作了一番热情洋溢的即兴讲话："此次奉命赴西安，系指挥黄河两岸部队，继续坚持抗战，直到最后胜利。这次抗战中已把我国的弱点完全暴露出来了。第一是不团结现象，因而受到了局部失利，但由于抗战继续坚持，我们的弱点逐渐消灭了。第二是缺乏组织，没有坚强的领导。今后要把全国人民组织起来，筑成一道万里长城，来打击日本强盗的进攻。"

最后，卫立煌赞扬了陕甘宁边区，认为边区各地的人民组织实为全国的模范，应该把边区好的做法发扬光大。

晚会上，延安鲁艺的师生表演了精彩的文艺节目。毛泽东和卫立煌并肩而坐，谈笑风生，十分融洽。

次日黎明，卫立煌等人离开延安。滕代远、萧劲光、金城等人受毛泽东的委托，将他们一行送到30里外，双方才依依不舍地告别。

1938年夏季，卫立煌率领队伍，准备对同浦铁路发动攻击。为了取得第一手的敌人布放的情报，他决定亲自去前线看一下。当他令人路过鬼绝崖时，发现山顶有两户人家，其中一户还贴着大红的喜字，卫立煌命手下去看一样，问一下日军的情况，可是却发现这两户人家，都被日军杀害了。看着地上尸体上的蛆虫和血水，卫立煌愤然赋诗一首，表达了对日军的切齿痛恨之情：

两度来登鬼绝崖，其难好比上天台。民在倒悬谁来救，处处地寒处处灾。

卫立煌怀着对日本侵略者的无比愤怒，指挥部队发动了一次针对同浦铁路的侯马和曲沃的战役，随后又根据八路军太行总部提供的情报，发动了一场东坞岭阻击战，其缴获的被服物资无数，甚至发动当地的村民一起参加搬运，都没有将战利品完全搬空。

1938年5月到12月，卫立煌部共针对敌同浦线发动袭击百余次。他们不仅炸毁敌人的铁路，而且烧毁了敌人的弹药库，更重要的是使敌人的同浦线中断了数月。晋南的日军连连受损，不由得恼羞成怒，不久之后，即发动了对卫立煌司令部所在地垣曲的大扫荡。卫立煌为保存实力，便率部转移到了中条山环绕的平陆县太宰村。

本来这种被日军撵着打的被动局面，已经让卫立煌大为光火，可是一场军队中的人事调动，更是让卫立煌气得拍了桌子。

卫立煌手下的十四军军长李默庵，系出黄埔，绝对是蒋介石的嫡系，将其安排在卫立煌的手下，任何人都知道，那是蒋介石在卫立煌身边"钉"下了一颗钉子。

蒋介石根据战局的发展，在集团军之下、军长之上，又增设了30多名军团长，李默庵就被任命为第三十三军军团长。李默庵一旦权力在手，随后就将手下各师的师长（卫立煌一手提拔起来的亲信）换成了自己的亲信。李默庵敢这样干，就是因为有蒋介石作后台。卫立煌面对被撤职师长的哭诉，讲出了这样一句话：他（蒋介石）把我逼急了，我就拉队伍投共产党去！

后来，卫立煌将"状纸"直接递到了蒋介石的"案头"。蒋介石一见卫立煌真的恼了，经过权衡，还是收回了成命，宁可让自己的嫡系李默庵吃亏，也未敢让"杂牌中的嫡系"卫立煌发火，原因只有一个：卫立煌是一员能打的"虎将"。

蒋介石在北伐时期指挥过的新一军的五个团长（后来都官封上将，号称五虎将）：刘峙、顾祝同、蒋鼎文、陈诚、卫立煌。那些跟随卫立煌的官兵都在暗地里抱怨，前四位将军都一人得道，手下都跟着升官了，唯独跟着卫将军最苦最累，年年拼命打硬仗，还打不出一点好处……当然最"冤"的就是卫立煌，每次打完胜仗，蒋介石都将他明升暗降地"晾"起来，一旦有了别人打不了的恶仗，卫立煌又被解冻启用。

根据卫立煌的秘书赵荣声（共产党员）回忆，当时国内抗日形势非常严峻，日军主力不仅占领了武汉，而且广州也陷落敌手，日军大肆炫耀武力的同时，还通过多种渠道，诱降重庆政府。在抗日前途一片黯淡的危急时刻，卫立煌抽了半宿的烟，然后找到赵荣声，说："我参加共产党好吗？怎么参加呢？"

卫立煌要参加共产党，这事儿太大，赵荣声一时间也是无法回答，他在《回忆卫立煌先生》一书中写道：

我到西安八路军办事处问一问林伯渠老先生吧！

卫立煌给赵荣声拿了一百块的路费，命他天一亮就走。赵荣声来到西安，见到了林伯渠，林伯渠问赵荣声，卫立煌真正的想法究竟是怎么样？

赵荣声分析了卫立煌想参加共产党的四种可能性：（原文略长，简单记述）其一，真心话，因为卫立煌说过，想要战胜日本救中国，恐怕只有学延安的办法，卫立煌追随孙中山先生，进步思想接触的多，加入共产党，有可能是水到渠成的事儿；其二，卫立煌对重庆政府失去信心，他要试探一下，自己想要继续抗日，能否走通延安这条路；其三，东拉一手，西拉一手，左右逢源；其四，防人之心不可无，卫立煌是不是在试探延安对他的态度？

当时林伯渠给出了这样的回答：回去告诉卫立煌，好好做一个革命的国民党员，做一个真正实行孙中山革命主张的国民党员，这样对于中国革命的贡献比参加共产党更大一些！

根据赵荣声回忆，后来朱德在当年的冬季经过垣曲，曾经和卫立煌密谈了两天，谈话内容不得而知，但邓小平和杨尚昆在1939年也曾在河南与卫立煌见过面，卫立煌同样问起过加入共产党的问题。估计，卫立煌和朱德密谈时，也应该有一个加入共产党的谈话内容……

不管怎么说，卫立煌通过与共产党高层的接触，还有到延安实地考察和学习的经历，他确实变成了一个头脑中充满抗日救国的思想，不肯和那些腐败的官吏同流合污的一位进步将军。

卫立煌提出入党意愿的时候，却非常不是时候。当时国共合作，局面一片"大好"，中共的底线是不挖国民党墙脚，不破坏团结抗日的大好局面。故此，卫立煌的入党要求，也只能是被无限期地搁置下去了！

卫立煌 全传
Biography of Wei Lihuang

四

抗战为王，升官发财非吾愿

位卑未敢忘忧国——陆游

　　武功会议结束后,蒋介石的任命就发到了卫立煌的案头,程潜卸任第一战区司令长官,被重新委任为辖北方第一、第二和第五战区的天水行营主任,天水行营虽然名头很大,可是只是一个转收公文的"牌位"机关。

　　卫立煌名正言顺地成为了第一战区的司令长官,同时兼任第二战区的副司令。为了抗日,国民政府军事委员会才划分了12个战区,第一战区不仅位置重要,而且战区的地盘也最大,发放军饷的人数也最多(共114万余人)。

1. 升迁，省主席兼司令官

志合者，不以山海为远；道乖者，不以咫尺为近——葛洪

卫立煌作为杂牌军中的嫡系，本没有得到蒋介石重用的机会，可是第一战区的副司令长官刘峙在抗日战争初期的表现乏善可陈，他在保定一战时，溃退数百里，被国人称之为"长跑将军"，正因为刘峙没有一件摆得上筷子的"战绩"，卫立煌的机会终于来了！

卫立煌借鉴八路军的经验，在自己的部队中，搞了一个由地下共产党员、流亡学生和进步青年组成的"第二战区前敌总指挥部战地工作团"。工作团排演进步戏，大搞抗日统一战线宣传，令第二战区的风气为之一变。

工作团被戴笠安插在卫立煌身边的特务，还有蒋委员长的耳目，给报告了上去。蒋介石怎么能容忍自己的队伍中出现共产党味道的"宣传机构"？为了除掉该"进步组织"，他不仅接二连三地给卫立煌打电话，而且还命令西安行营主任蒋鼎文对其彻查。

卫立煌没有办法，只得免除了刘毓珩工作团主任的职务，将其调回军部，有"共产党渗透"的第二战区，又退步回以前的状态。

1938年12月底，蒋介石在陕西武功县召开了一次重要的军事会议，参加会议的有第一、第二、第五、第八和晋察、苏鲁一共六个战区的长官和将领，卫立煌和郭寄峤等人位列出席，但却不见第十八集团军（八路军）的将领出席。果然，蒋介石又开始唱起了"攘外必先安内"的"陈词滥调"，而这次所谓重要会议的精神竟是——限制异党活动。

很显然，蒋介石将"限制异党活动"，凌驾到了"抗日救国"之上，卫立煌虽然心里意气难平，但他作为一个军人，也只有被动地服从命令了。

1939年1月，卫立煌的职务有了变化——随着抗日战争全面打响，国民政府军委会为了明确责任，统一号令，特将全国对日作战的战场，划分为十个大战区，还有敌后两个战区，即：冀察战区和苏鲁战区。

其中第一战区是指1937年卢沟桥事变爆发后，国民政府军事委员会为了应对日军侵华的实际情况，划分的对日作战区域，最初第一战区所辖的范围为河北北部及山东北部，以参谋总长程潜为司令，副司令长官即为刘峙。

卫立煌摄于1939年

刘峙有一句话，经常挂在嘴边，那就是：我是以校长（蒋介石）的意思办事，校长命令我干什么，我就干什么！刘峙因为能够忠实地执行蒋介石的命令，是蒋介石的心腹亲信，故此，才能得到第一战区副司令的位置。

日军发动了卢沟桥事变之后，刘峙率部由开封进驻保定，防守平汉路沿线。可是面对日军的进攻，刘峙却指挥失措，连战败北，最后率总部南逃，竟将华北大地拱手让给日寇，也为自己赢得了一个"长跑将军"的绰号。

面对全国上下口诛笔伐，要求将"长跑将军"治罪的呼声，蒋介石只得将刘峙免职，全国最大也是最重要的战区的司令长官人选，竟一下子空悬了起来。

卫立煌的官职和蒋介石的嫡系军官比起来，并不算显赫；卫立煌被宠信的程度，并没有蒋介石的心腹军官强大，可是有一点，却让蒋介石很多的嫡系黯然失色，那就是战绩。

忻口一战，歼敌三万，韩信岭一战，卫立煌竟把指挥的十几个师全都安全地带到了晋南，这样攻可杀敌、退可全师的战将不提拔，不光国人有想法，抗战的将士也有意见，甚至蒋介石都觉得"不是那么回事"了。

武功会议结束后，蒋介石的任命就发到了卫立煌的案头，程潜卸任第一战区司令长官，被重新委任为辖北方第一、第二和第五战区的天水行营主任，天水行营虽然名头很大，可是只是一个转收公文的"牌位"机关。

抗战爆发后，蒋介石任命卫立煌为第二战区副司令长官、二战区前敌总指挥，令其率军开赴山西

卫立煌名正言顺地成了第一战区的司令长官，同时兼任第二战区的副司令。为了抗日，国民政府军事委员会才划分了12个战区，第一战区不仅位置重要，而且战区的地盘也最大，发放军饷的人数也最多（共114万余人）。

如果罗列一下当时第一战区所辖的部队，就可以看出卫立煌肩膀上所担负的重量。

第二集团军：总司令孙连仲；第三集团军：总司令孙桐萱；第四集团军：总司令孙蔚如；第五集团军：总司令曾万钟；第十四集团军：总司令卫立煌兼（继任者为刘茂恩）；第十五集团军：总司令何柱国；第十八集团军：总司令朱德；第三十六集团军：总司令李佳钰；第三十九集团军：总司令石友三（石友三被正法后，由高树勋接替）；第三十四集团军：总司令胡宗南。

但有一点需要说明一下，虽然十八集团军归属卫立煌，但十八集团军是独立自主地在进行着抗战，他从来也没有干涉过。

卫立煌的第一战区长官部设在洛阳城西北五六里路的西工，是当年吴佩孚练兵所用的一座大军营，卫立煌曾经对自己的手下这样说：你看西工这么多营房，都是吴佩孚洛阳练兵、八方风雨会中州时候盖的，吴佩孚都有这么大的雄心（吴佩孚想用武力统一中国），我们打败了日本救中国，将来还怕做不出一番事业来吗？

当时卫立煌的长官部是一座营房中最为高大和宽敞的房间，警卫森严，检查严格，据说是当年吴大帅来洛阳的驻节之处。卫立煌的长官部内的组织机构和人员如下：1.参谋处，处长郭寄峤，副参谋长文朝藉，下设三个科：作战科、情报科和后勤科；2.军务处，军务处的处长为黄新铭，下设分管军械、兵役和人事的三个科；3.机要室，戴曾锡任机要室主任，负责秘密的文电的发送等；4.副官处，处长为蒋炎；5.军需处，处长为胡容之；6.军医处，处长为皖北人张环嵩；7.警卫处，警卫处的特务团的团长为卫旭东。

卫立煌荣任第一战区司令长官后，由于位高爵显，手握兵权，知道蒋介石会对他进行暗中监视，故此，亦变得慎言微行，曾经做过卫立煌秘书的赵荣声到西工来看他。根据赵的回忆，当时卫立煌的是这样招呼他的：

我跟着这个卫士进长官部，在参谋处以东的一个跨院，其中有几间铺有木制地板，墙上镶有木质护壁的精致的西式平房。这房间和卫立煌在山西简陋的住处，是完全不同了。我一进门，依旧看到了办公桌的玻璃板下面，放着的孙中山送给卫立煌的签名照片。

卫立煌见到我来了，首先向我解释解散工作团，确实有不得已的苦衷，其次，卫立煌告诉我安心供职，慢慢来，将来可做的事情很多。

两天之后，卫立煌又派人找我，说：你已经是第一战区司令长官机要室的秘书，即刻去戴曾锡主任那里报道。

很显然，现在人多口杂，长官部有很多人都非卫立煌的嫡系，而赵荣声又有共产党的嫌疑，如果将他留在卫立煌的身边，不用想也是招人闲话。

我临走，卫立煌叮嘱道：如果你有什么事，或者在外面听到了什么事，你可以到长官部找我，但你在外面一定要小心，在西工谁也不敢惹你，但你要是跑到城，出了什么事，我也是没有办法。

上一次工作团解散，赵荣声本想回延安，可是却被少奇同志给拦住了。因为八路军想要开展游击战争，建立地方政权，有很多都在卫立煌的防区之内，即使卫立煌不肯帮八路军的忙，但只要他对蒋介石"限共"、"剿共"等等的方针和命令拖延和敷衍执行，那对抗日敌后根据地的建立，都是相当有意义的。

故此，作为八路军的耳目，赵荣声只能留在了西工，继续对卫立煌施加影响，同时可以将卫的意见向八路军转达。

在抗战期间，各战区司令长官都有一个惯例，就是兼任该战区最大的一个省的主席。比如刘峙就曾经兼任河南省主席，而陈诚就兼任湖北省主席，顾祝同曾担任过江苏省主席。程潜将第一战区司令长官交给卫立煌之后，当时重庆的行政院竟委派河南省政府民政厅厅长方策暂代河南省主席。

暂代就是暂时代替，代替谁，当然是卫立煌。可是三个月过去，重庆方面也未发布任命卫立煌为河南省主席的消息。

要知道战区长官不能兼任省主席，这一是面子问题；二是光有军权没有政权，对于部队的筹粮备饷，也是极不方便的事儿。

不光卫立煌的部下为卫立煌在争取，当时的赵荣声还为卫立煌写了一本小册子《卫将军》，里面不仅罗列了卫立煌领兵打仗的方略，还重点描写了他抗日杀敌的功绩，并在社会上进行赠阅传播。可是舆论造出去了，卫立煌的河南省主席还是一点影子都没有。

这时候，决定卫立煌省主席位置的一个重要人物出现了，此人就是——朱韵珩。

1938年，忻口战役打响后，卫立煌意识到抗日战争必将是长期的持久的，而十四集团军的家属，包括自己的夫人朱韵珩，不应该留在战火纷飞的前线，第一是不安全，第二也牵扯前线作战将士的心态。当时，卫立煌的陆大同学严啸虎在成都任警备司令，卫立煌便包了两架飞机，将这些眷属，送到了成都大后方。

卫立煌荣升第一战区司令长官后，宋美龄的电话就打到了成都警备司令部，并邀约朱韵珩通电话。宋美龄和朱韵珩是"闺蜜"，这位民国的第一夫人首先在电话里向朱韵珩报喜，恭喜卫立煌成了一方诸侯。宋美龄在电话里继续说道："俊如现在已经不必到前线去指挥，你可以到洛阳和他团聚去了！"

其实卫立煌早在第一时间，就将自己升任第一战区司令长官的消息打电话告诉了朱韵珩，但同时也向妻子大吐苦水，那就是河南省主席的位置没有花落卫家。

朱韵珩本想给宋美龄打电话，为自己的丈夫争来河南省主席的位置。她这几日正琢磨着该如何措辞，没想到，宋美龄竟首先给她打来了祝贺电话。

朱韵珩在电话里，首先对宋美龄表示感谢，接着说道："俊如先让我不要

宋美龄

忙着过去,还是等他当上了省主席,我和孩子们再去洛阳吧!"

宋美龄是个聪明人,自然是闻弦歌而知雅意,她只是略一迟疑,便道:"你放心吧,俊如很快就会当上省主席,你现在就可以做去洛阳的准备了!"

果然,在蒋夫人的运作之下,国民政府任命卫立煌为河南省省主席的委任状,就发到了第一战区司令长官的案头。这一天,卫立煌的心中雀跃。这一月,卫立煌踌躇满志。这是卫立煌的人生最鼎盛之年。

天有不测风云。朱韵珩去洛阳与夫君团聚的计划,却始终没有成行,她在成都做体检的时候,却意外地发现子宫中生了一个良性肿瘤。洛阳虽然可以做这台切除肿瘤的手术,但那里毕竟是战区,而且在洛阳做手术,还得牵扯卫立煌的精力。

朱韵珩在未征得卫立煌的同意之下,就在成都教会开的"四圣祠医院"做了这台"小"手术,可是在手术过程中,朱韵珩竟休克在手术台上,虽经四天四夜抢救,但仍没能挽救朱夫人的性命。严啸虎将唁电发到卫立煌手中的时候,卫立煌立刻有一种天塌地陷的感觉,当即哭昏于地。

由于卫立煌身负第一战区司令官的重任,蒋介石一开始并没有批准他去成都吊唁的请求,后经过张治中说情,蒋介石才派了一架飞机,送卫立煌到成都去见亡妻最后一面。

成都的10月，依然天气炎热，朱韵珩的棺木已经被钉封起来，卫立煌开棺的要求不吉，遭到了拒绝。虽然他通宵地为朱韵珩守灵，可是从此之后，阴阳永隔，卫立煌只能带着孩子，继续走完自己的人生路了。

宋美龄曾亲赴成都，前来祭奠朱韵珩，随后还派飞机将卫立煌送回了洛阳。朱韵珩不仅是卫立煌举案齐眉的妻子，而且是他事业的臂助，朱夫人的去世，真是卫立煌的一大损失！

2．气节，处决军阀石友三

> 山锐则不高，水狭则不深——刘向《新序·节士》

面对日军侵略、国土沦丧的严苛局面，国内的军队和政党应该精诚团结，一致对外才是正路，可是蒋介石却奉行攘外必先安内的政策，令国共两党的军队摩擦不断。卫立煌手握军权，面对国共两只军队即将兄弟阋墙，兵戎相见，他该何去何从？

1939年到1940年之间，是国共两党之间的军队摩擦愈演愈烈，从剑拔弩张升级到刀兵相向的一个时期。最早在1939年11月11日，发生了竹沟惨案。

竹沟位于确山县城西30公里处，1926年中国共产党在这里就建立了基层组织。1938年6月，中共河南省委由开封迁到了竹沟。刘少奇成为主持中共中央中原局的书记。

竹沟可以说是中原地区的革命摇篮，被称为中原的"小延安"，自然，竹沟地区就成了民国政府的"眼中钉"。1939年10月，民国政府一份武力除掉"新四军竹沟留守处"的指令，发到了确山县县长的办公桌上。

当时宛属十三县的联防主任别廷芳为了立功，纠集确山、泌阳、信阳三县的民团共计一千八百多人，开始拟定进攻竹沟的计划。

当时中共驻守竹沟留守处共有六百多人，可是能战斗的战士只有两百多人，敌我力量相差悬殊。一场战斗进行了两天一夜后，竹沟失守，共有二百多名干部、战士、伤病员、家属及革命群众被反动民团杀害。

惨案发生后，中共中央和领导人先后发表演讲和通电，并在《新中华报》

《抗敌报》等媒体上撰文，共同谴责了国民党顽固派的罪恶行径。毛泽东严正地指出：对于那些敢于闹"平江惨案""确山惨案"的人，对于那些敢于打击进步军队、进步团体、进步人员的人，我们是决不能容忍的，是必定要还击的，是决不让步的。

卫立煌闻讯后，颇感震怒，他不仅撤掉了南阳专员朱玖莹的职务，而将负有责任的宛属十三县的联防主任别廷芳在洛阳关了起来。卫立煌本来要枪毙别廷芳，可是面对河南李汉珍（时任河南省工农银行经理，后来任河南省秘书一职）的死保，卫立煌才将其释放。别廷芳号称十三县的土皇帝，气焰非常嚣张，受此打击，回去不久即大口吐血，旋即丧命。

这就是卫立煌气死别廷芳的故事，从中也反映了卫立煌对中共支持的态度。

竹沟惨案发生的同时，山西的新军和山西省政府第三行署主任孙楚也闹起了摩擦……山西的新军是日寇侵略晋地的产物，面对日寇气势汹汹的攻势，山西地方国民党政权与共产党合作，在山西太原，建立了山西牺牲救国同盟会简称牺盟会。他们为了抗日救国，很快又成立了山西新军，这只新军的第一支部队名字就叫山西青年抗敌决死队。

这只新军的编制和八路军相同，不仅设有政委，而且共产党员在新军中积极活动，最后这只新军就成了中共的武装。

第八集团军总司令兼山西省政府第三行署主任孙楚，趁着决死三纵队政委离任之机，开始大肆抓捕共产党人，意欲瓦解这只抗日的武装。1939年12月，决死三纵队奋起自卫，他们配合八路军，重创了孙楚的独立第八旅，还有阎锡山新编第二师等部队。

孙楚之所以敢公然对决死三纵队下手，是因为阳城有一只卫立煌的部队第十四军，军长为陈铁。

孙楚算定，一旦自己率领独立第八旅开始闹事，孙铁一定会率领第十四军为自己撑腰，可是他的算盘打错了，卫立煌严令第十四军陈铁不许参与这次冲突事件。

卫立煌在国共合作期间始终认为，避免摩擦，团结抗日，才是救民族于水火、救国家于存亡的大道理。同时，这也是一个正直、有良心的军人，应该持有的正确态度。

1940年3月，第九十七军军长、冀察战区副总司令兼政治部主任朱怀冰，率领部队在武（安）涉（县）公路以南、漳河以北等地区，不顾抗日大局，悍然袭击八路军第一二九师先遣支队和青年纵队，蓄意制造了流血事件。

为了遏制国民党顽固派的反扑，也是为了敲山震虎，杜绝以后更大的摩擦发生，八路军总部首先争取到了鹿仲麟、孙殿英部中立。接着第一二九师集中13个团的兵力，发起消灭朱怀冰部的磁武涉林战役。

战役由1940年2月中旬发起，至3月11日结束，共毙伤俘顽军朱怀冰部及其他杂牌武装万余人。国民党顽固派所发起的第一次反共高潮，不仅被彻底打破，而且八路军还实际控制了武涉公路以南、西平罗、临淇以北等广大地区。

蒋介石一见晋地情况严重，急忙电令卫立煌，必须驱逐太行山以南的八路军。卫立煌不想打内战，可是劝谏蒋介石又没有结果，他为了平息事态，首先领着郭寄峤来到了晋城，找来了第十四军军长陈铁、第九十三军军长刘戡，还有第二十七军军长范汉杰。

这三个军长虽然都毕业于黄埔，可是却和蒋介石亲疏有别（范汉杰是蒋介石的嫡系）。卫立煌在会上说："委座有令，第十八集团军越过防区，我们要担负起为党国守土尽忠之责，你们回去后，立刻做好开战的准备！"

卫立煌在会后留下了陈铁，对他道出了实情。今日之所以召开军事动员会，目的只有一个，那就是表明态度，让范汉杰当传话筒，向蒋介石汇报卫立煌的态度，用以表示他磨刀霍霍、随时准备"开战"的决心。

其实，卫立煌暗中已经安排手下申凌霄去八路军驻地，请朱德来晋城与之会面。本来都是兄弟部队，完全可以坐下来商谈，何苦要干戈四起、兵戎相见？

为了保密起见，卫立煌当时住在晋城以西四十里的陈村，朱德住在晋城北面的小村，双方派代表互相传话，经过多轮的谈判，双方又互相报延安和重庆批准。终于达成如下协议：

第十八集团军和卫立煌的军队将以临（汾）屯（留）公路为界，这条公路以外的地方，则以长治、平顺和磁县的县域为界，朱德部将退出已经占领的林县、陵川、长治、壶关等河北北部等一大片土地。

蒋介石对卫立煌"重兵威慑，谈判争先"的结果相当满意，其实中共才是真正的赢家。国共未摩擦之前，中共只限于陕甘宁边区，如今即使退出了上述地区，边区的地盘还是扩大了不少，而且这些新争取来的边区根据地，物产和资源要比陕甘宁要丰富和充裕得多，此消彼长之下，中共才可以笑到最后。而且在谈判后，卫立煌还对十八集团军的弹药和装备，给予了一定量的补充。

晋城谈判成功后，卫立煌还邀请朱德到洛阳做客，不仅招待甚为殷切，而且卫立煌一有时间，便去找朱德促膝谈心，他对于中共联合抗日、救亡救国的政策也有了更深的了解。

接下来，卫立煌还做了几件实事：

其一，允许第十八集团军在洛阳等地设立办事处。

其二，释放在国共冲突中被俘的中共人员。

其三，处决了汉奸石友三。

石友三，字汉章，生于1891年，吉林省九台市放牛沟人。石友三幼年家境贫寒，18岁时从军，1912年成为冯玉祥部下，任其马夫、亲兵，后随冯逐渐升迁，成为其手下的十三太保之一。

1926年7月，广州的国民革命军开始北伐。不久，冯玉祥宣布脱离北洋军阀，参加国民革命。第二年，石友三奉冯玉祥之命，率领手下一个师的兵力，配合北伐军进攻河南。当时豫军的旧军阀不甘心失败，他们将司令部设在少林寺内，与石友三继续交战。

1928年3月15日，石友三部队攻占少林寺。次日，石友三命手下的士兵抬着煤油来到寺中，将少林寺这座千年古刹，尽付一炬。这是少林寺历史上被烧得最惨的一次，少林庙宇、史料、佛像和典籍尽遭浩劫。

1930年中原大战中，石友三叛变冯玉祥"归顺"南京国民政府。1931年石友三又宣布起兵，接受汪精卫"广州国民政府"的领导，南京国民政府随即与张学良对石友三进行夹击。石友三全军覆灭，他逃亡天津，寓居于日租界，并多次与日酋土肥原贤二秘密接洽。在日军的支持下，石友三在天津成立了特务组织"便衣队"，并与日军配合，在河北地区，多次组织了针对国民政府的武装暴动。石友三叛国投敌之举被南京政府知晓，于是，蒋介石对戴笠下达了"制裁石友三令"。

蒋介石下达"制裁令"后，军统局北平站站长陈恭澍雇用石友三的厨师，准备用毒药来干掉石友三。老奸巨猾的石友三没有上当，侥幸逃出。

1933年5月，中日签订《塘沽协定》。侥幸未死的石友三摇身一变，在日军的支持下，成了国民政府冀北地区的保安司令。1937年7月7日，抗日战争爆发，石友三部被编在宋哲元之下任一八一师师长。同年年底，石友三任69军军长，后任第十军团总司令。

1940年4月，反复无常的石友三觉得和装备精良的日军硬碰，无异于以卵击石，他就在开封与日军司令佐佐木签订互不侵犯协议，并准备择机正式向日军投降。

卫立煌掌握石友三心怀异志的情报后，当即给石友三发去了劝诫的电报："日寇包藏祸心，欲亡我国家，灭我种族，而勾结日寇者，必将遗臭万年。你和日伪往来，已满城风雨，希望你好自为之。听说你想当省主席，我愿极力向中央保荐！"

石友三急忙给卫立煌的复电，表示自己"决无通敌之事"，并说："愿追随钧座抗日到底，不敢二心！"

很显然，石友三的这份电报是敷衍之计，他一见自己通敌的计划泄露，当即加快了投敌的步子！

石友三名义上辖有六十九军和新八军，实际掌握的只有一个六十九军，新八军的指挥官是石友三的结义兄弟高树勋。石友三为了增加投敌的筹码，他一个劲地想拉高树勋也投降日本人，可是却遭到了高树勋的强烈反对。高树勋宁可战死，也不愿做汉奸。

石友三恼羞成怒、怀恨在心。他本想借着自己结婚的机会，杀掉前来喝喜酒的高树勋，可是高树勋却没有上当，石友三暗杀的计划落空了。

石友三准备投降日军的消息，很快被军统局掌握。蒋介石得到军统局的密报后，非常震怒，当即给第一战区司令卫立煌下令，命卫立煌在石友三投降日军之前，将其尽快处决。

卫立煌接到南京政府尽快除掉石友三的密令后，斟酌了半天，最后将执行任务的人选圈定为高树勋。

高树勋手拿卫立煌的密电，心里不由得一阵踌躇。他虽然早就想干掉石友三，可是若以他的名义，邀请石友三到新八军的防区议事，老奸巨猾的石友三绝对不肯过来。他忽然想起了鲁西行营主任孙良诚，孙良诚不仅和石友三有交情，而且和他的私交也不错。孙良诚当年在西北军，还是他和石友三的老上级。

高树勋找到孙良诚，说："孙主任，我想请您出面，调解一下我与石友三之间的误会！"

孙良诚不知是计，欣然同意。到了石友三的军营，动之以情、晓之以理，说动了石友三。石友三为了预防万一，命令手下最精锐的骑兵连跟随自己，一旦有个风吹草动，有骑兵连保护，也好立刻能骑马离开新八军的军部。

1940年12月1日上午，石友三带骑兵连与孙良诚一道来新八军军部。高树勋满面春风地站在军部的门口迎接二人。

孙良诚、石友三来到军部的客厅里，彼此客套了一番。客厅内宾主谈笑风生之时，石友三带来的一连骑兵，一枪未放就被高树勋的手枪团全部缴械。高树勋知道时机已到，于是借故脱身离开。突然，数名军人冲进客厅，直扑石友三，石友三刚想抽枪反抗，那些身高力大的军人就把石友三按在地上，然后用绳子将他捆了个结实，

孙良诚想要制止，可是那些军人不由分说，将"嗷嗷"乱叫的石友三架出了客厅。直到这时候，孙良诚才知道高树勋约石友三"和谈"的真正目的。

高树勋诱捕石友三后，把他关押在柳庄寨的一个四合院内。卫立煌听说石友三被捕，最终下定决心，秘密处决石友三，不能让反复无常的汉奸再出来干卖国求荣的坏事。他随后给高树勋发来了处决石友三的密电。

1940年12月3日深夜，关押石友三的土坯房中，油灯已经熄掉，石友三睡到半夜，一名高个黑衣人猛地将一个麻绳套丢到了石友三的脖子上，接着用绳套背着石友三直奔树林外跑了过去。

石友三双手抓着紧勒在脖子上的绳套，口中已经是说不出话来了。

高个子黑衣人大约跑了半里路，一直来到了波涛汹涌的黄河岸边，岸边上早已挖好了一个土坑，旁边站着几名凶悍的黑衣人。高个子黑衣人跑到土坑边，用力一甩，将背着的石友三"砰"的一声丢进了土坑。那几个黑衣人也不说话，抄起铁锹，铲起坑边的黄土就向坑底的石友三身上下雨一样地扬去。

石友三这时候才知道要活埋他的人一定是高树勋，他用两手奋力撕开了绳套，然后大叫道："高树勋，你不能杀结拜的大哥！……"

高树勋一直隐身在暗处，听到石友三的呼叫声，他走了出来，望着坑底的

石友三，鄙夷地说："卫司令说，你助纣为虐当汉奸，出卖我中华民族，我不杀你，天亦杀你！……"

高树勋一声令下，士兵们将坑边的黄土对着石友三扑面铲去。作恶多端、祸国殃民的大汉奸、火烧少林寺的凶手，终于在黄河岸边的土坑中，结束了自己罪恶的一生。

3．调职，明升暗降当主任

羌管悠悠霜满地，人不寐，将军白发征夫泪——范仲淹《渔家傲·秋思》

毛泽东在抗日战争中对"中央军中间派"的阐述：是指抗日战争时期，在一定时间内对反共不很积极，或者当反共顽固派向中国共产党领导的军队进攻的时候，采取中立态度的国民党内的某些派别和某些个人，中央军中的某些军官或个别部队。

很显然，卫立煌在当时的表现，就是一个"中央军中间派"。蒋介石对卫立煌这个中间派，总觉得非常碍眼，"制裁"的棍子很快就落在了他的身上。

1941年3月，卫立煌到重庆出席国民党五届八中全会，他和出席会议的一些大员被安排住在川军第八十八军军长范绍增的私宅范庄。

负责招待卫立煌的是行政院总务科科长孔令仪。孔令仪的父亲是孔祥熙、母亲是宋美龄的姐姐宋蔼龄。

孔令仪1915年12月出生，她到1941年已经26岁了，在十几岁就当妈妈的民国时代，很显然，她已经是一个"老姑娘"了。家族的显赫，身份的尊贵，让孔令仪择婿的眼睛生在了头顶之上，故此，孔令仪的婚事也就成了宋美龄的一个难题。

宋美龄为何对孔令仪的婚事如此关心？首先一点，孔令仪是她的外甥女。第二点，孔令仪是宋美龄最喜欢的外甥女，而且没有之一。宋美龄离开台北赴美后，孔令仪曾经对自己的这位三姨母宋美龄照顾了12年。

换句话来说，谁要是娶了这位"孔大小姐"，立马就会攀上宋美龄的关系，成为蒋介石嫡系中的嫡系，甚至你不想飞黄腾达都很难。

宋美龄一开始想将孔令仪嫁给"西北王"胡宗南，却遭到了胡宗南的拒绝，因为胡宗南的夫人叶霞娣正在美国留学。

孔令仪嫁给胡宗南不成，她借着卫立煌下榻范庄的机会，开始对卫将军频频示好。卫立煌侧面一打听，不由得暗自摇头，孔大小姐还是少招惹为妙。

孔大小姐平日里对穿戴极其讲究，化妆品一律是法国货，随便举一个例子，单说早餐，就必须要喝燕窝汤……

这样的老婆娶回家，岂能跟自己同甘苦、共患难？更让卫立煌犯"嘀咕"的是，这样的后娘能否善待自己的儿女？卫立煌对孔大小姐射来的丘比特之箭，假装不懂。很快，宋美龄准备亲自上阵当红娘了。

数日后，蒋介石在黄山官邸设宴，宴请卫立煌。宋美龄见到卫将军后，先是询问卫家孩子的情况，接着话锋一转，就问起了卫立煌将来的打算，是否有续弦的想法等等，如果有，她可以给卫立煌介绍一个。

卫立煌早就在心里你打定了腹案，便以自己的未婚妻尚在美国学习为由，婉转地回绝了与"孔大小姐"的亲事。

卫立煌驳别人的面子可以，但驳了民国第一夫人的面子，却让第一夫人"很生气，后果很严重"！

宋美龄为何会生气，道理很简单，她觉得卫立煌拿她"民国第一夫人"不当回事。随便举个例子，1932年，宋美龄给有妇之夫陈诚介绍了一个夫人——自己的干女儿谭祥。陈诚不惜和原配夫人离婚，迎娶了谭延闿的女儿谭祥，可以说是给了宋美龄十足的面子。

陈诚跟谭祥结婚后，不仅成了蒋介石的干女婿，而且还继承了老岳父谭延闿的巨大的政治遗产（谭延闿曾任两广督军，三次出任湖南督军、省长兼湘军总司令，授上将军衔、陆军大元帅，南京国民政府主席、行政院院长等职）。

陈诚后来飞黄腾达，超越同侪，实得夫人之助也。卫立煌作为统领一方的上将，哪能不懂这道理？胡宗南是蒋介石的头号宠将，拒绝了宋美龄这个红娘，倒也罢了，他是杂牌中的嫡系，中央军的中间派，一旦得罪了宋美龄，那结局必然是十分不妙的。

卫立煌回到洛阳，赶紧找海外的夫人，他先来了一个大撒网，那就是请求下属、朋友、社会名流，一定要给自己物色一个留学美国的女朋友。

卫立煌的努力真的没有白费，他手下有一个少将高参邵光明，毕业于美国的西点军校，夫人王亚全也是美国的留学生。王亚全在美国有一个"闺蜜"叫韩权华，已经二十七八岁了，至今小姑独处，她除了精研学业之外，对嫁人似乎不怎么上心，一旦被同学或者亲友问急了，她就会回答：非奇男子不嫁。

韩权华是一位天津的大家闺秀，其父是清末的后补道台，韩家也是天津的名门，韩权华的姐姐韩咏华嫁给了清华大学的校长梅贻琦。韩权华在天津读中学时，和邓颖超是同学。1922年考入北京大学中文系，是当时北大公认的"校花"。她一米七多的个子，不仅人长得亭亭玉立，而且漂亮的模样在北大引起了"轰动"，经常有老师和学生围观，被逼无奈，只得转学到女子师范大学，又引来了众多的追随者，她只得留洋去美国学习……

卫立煌统兵抗日，名传海外，可算是一奇男子。他的妻子新丧，韩权华择婿待嫁，他们俩不正是天生的一对吗？

经过邵光明和王亚全的撮合，两个人的婚事总算有了一点眉目。卫立煌见韩权华认同了自己，决定趁热打铁，又写了一封恳切的陈情信，附带着自己的戎装照给大洋彼岸的韩权华寄了过去。韩权华见卫立煌身份虽高，功名颇大，可是却没有一般国军将领的骄气；权力甚宏，相貌甚伟，亦没有一般纨绔子弟的俗气，便回了一封信，并附上了自己的照片。

两个人鸿雁传书，情愫日深。1941年，韩权华收到了卫立煌用毛笔写来的信，每个字都有核桃大小，字里行间情真意切，如果将其总结成一句话，就是"希望你回来帮助我！"

左起汪德昭、韩权华、李惠年、卫立煌

但卫立煌邀请韩权华回国完婚的请求，却被婉转地拒绝了。原因很简单，韩权华公费留学美国的华盛顿巴尔的摩城皮尔德音乐学校，七七事变后，国家的公费留学经费停发，她就开始自立，一边在华侨创办的中学任教，一边刻苦完成学业。她在任教学校的聘用期未满，暂时不能回国结婚。

好事多磨。1941年12月7日清晨，日本海军的航空母舰舰载飞机悍然偷袭了珍珠港，随着太平洋战争的爆发，韩权华归国更是变得遥遥无期，她就给卫立煌写了一封如另有佳偶，不需再等的信件，卫立煌则回信：俊如非朝秦暮楚之徒，无论你何年、何月、何日归来，永无异心，永无他志！……

卫立煌解决了"妻子留洋未归"的难题后，本以为自己勤于练兵，为抗日做准备，终能平静一段时日，可是树欲静而风不止，1941年3月，蒋介石电令卫立煌去重庆述职，并又一次举起了"制裁的大棒"。

在卫道然所著《卫立煌将军》一书中，作者通过父亲的回忆，展示了蒋介石在重庆见到卫立煌时的情景：

1941年3月中旬，蒋介石密电召卫去重庆述职，对卫在第一战区偏袒八路军很多责备之词……蒋介石这样说：你的战区部队派系很多，机构复杂，应当好好整顿一下，你可暂时将河南省主席一职让出，专心带兵，多打几个胜仗吧！

卫立煌要当河南省主席，不仅是面子的问题，更重要的是为了部队征粮征饷方便，蒋介石一句话，便收回了河南省主席，这让他以后如何保证部队的军需供应。

卫立煌当时正领兵与日军在第一战区对峙，因为他多年的经营，国军虽然战力较弱，但凭借着修建的碉堡和阵地等优势，还是让日寇在第一战区难以占到便宜，就在中日双方都想寻找对方破绽，然后起兵置对方于死地的情况下，卫立煌本应该速回防地，可是蒋介石不以第一战区的抗日大局为重，偏要让卫立煌在重庆多"休息"几日。

卫立煌心中火发，他说："部下滞留重庆也是无事可做，可否可请假到峨眉山一游，如果委座有差遣，部下定当星夜赶回，不敢耽误军国大事！"

卫立煌去峨眉山旅游被批准，其实蒋介石有一个"险恶"的用心，卫立煌被调离防地，他已经派亲信何应钦直奔洛阳，调查卫立煌"通共、容共"的罪证去了。

蒋介石和何应钦如果在背后搞小动作，应该不会被外人知道，可是他们竟要大张旗鼓地"整饬"卫立煌。

何应钦来到了洛阳后，为了打造声势，竟然抽调河防部队，搞了一次阅兵仪式，接着调各部的司令、军长和师长级别的高官，召开了盛大的宴会，何应钦这样"折腾"是有目的的，那就是造成一种卫立煌已经不成了，在华北是我说了算的声势，果然声势造出去后，何应钦就开始单独约见第一战区重要的将领，目的是请他们知无不言、言无不尽地讲卫立煌"通共、容共"的"罪证"。

第一战区是一个大摊子，毛病自然不会少，比如士兵清苦，军官走私，还有买卖壮丁的现象，但是寻找卫立煌本人的"劣迹"，好像有些鸡蛋里挑骨头。

何应钦要"整饬"卫立煌，第一战区变得人心惶惶，随着了解卫立煌的军队高官们云集洛阳，军队的中下层军官和士兵们猜忌纷纷，很多人都为卫立煌鸣不平，更有一些人觉得第一战区要变天了，就开始纷纷为自己寻找后路，总之一句话，官兵们心有旁骛，第一战区的防卫彻底松懈了下来。

日军情报系统的触角远比想象的要发达，他们的谍报人员将卫立煌被扣在重庆的消息，上报给了日军华北的指挥机关。卫立煌的离开，正是他们进攻的最佳契机。1941年5月7日夜，日军调重兵对防守薄弱的中条山地区，展开了猛攻。

卫立煌滞留重庆，现在何应钦是洛阳最高的长官，如何应对进攻中条山进攻的日军，责无旁贷地落到了何应钦的肩膀之上。

卫立煌坐镇洛阳时，他亲临中条山，率领部队在中条山的各个防守要点上，都构筑了坚固的工事。工事虽佳，但防守中条山的部队却是第三流的杂牌军，说得更明白一点，这些部队是在第一战区各个战场上被打散的部队，卫立煌将其集中在中条山地区，目的是对其休整训练，待其恢复了战力，再令其开赴前线，与日军作战。

面对地形甚佳、士兵甚差的情况，就要求中条山战斗的指挥官必然要有超一流的指挥能力，激发士兵不怕死的精神，利用一流的工事，顽强死守，巧妙周旋，才能抵挡住日军的猛攻！

何应钦并不知道中条山阵地的布防情况，也不知道军队的战斗力如何，更不知道第一战区的日军的作战规律。兵法有云，知己知彼，百战百胜；知己不知彼，一胜一负；不知己不知彼，每战必败。

当时河南曾经流传着这样一首歌：中条山高又高，卫长官指挥好，飞机轰不动，大炮打不倒。活动堡垒威力大，我们守得牢又牢，打得鬼子无处逃，无处逃。卫立煌曾经将中条山防线比喻成中国的"马其诺"防线，可就是这条卫立煌经营多年，自信完全有能力让日军"无法逾越"的防线，在何应钦的指挥下，一场败仗接着一场败仗。最后，中条山阵地就被这群凶如虎狼的敌人攻破了。

何应钦一见形势紧迫，急忙向重庆拍求救电报。蒋介石在电报中得知中条山失守，真是顿足后悔，噬脐莫及，但他将远在峨眉山的卫立煌调回重庆时，中条山战役都已经进行了六天时间。

蒋介石再也不查卫立煌"亲共、容共"的问题了，而是命他火速回洛阳，一定要将失去的中条山再夺回来。

何应钦一见卫立煌从重庆归来，为了推卸责任，他甚至连招呼都没打，便匆匆忙忙提着"整饬"卫立煌的材料回到了重庆。

中条山阵地丢失本是何应钦的责任，更是蒋介石的责任，但官大一级压死人，最后都变成了卫立煌的责任。卫立煌集结军队，对中条山阵地发起了八次猛攻，可是战斗的结果是，损兵折将，代价巨大，却一寸土地都没有收回来。

在战场上，有些情况是不可逆的，山势险峻的中条山阵地，再加上精锐的日军防守，卫立煌纵然生有三头六臂，他也是无力回天了。

面对蒋介石询问是否能收复中条山的电报，卫立煌为了给抗日战争保存更多的实力，他只是简短地回答了两个字"不能"。

中条山会战的结果真的没法看，那充满耻辱的战后总结这样写道：防守中条山的国军战死42000人，被俘35000人；日军仅仅战死673人，负伤2290人，日军参谋本部称"中条山会战"是：中国事变以来，取得的罕见战果。

蒋介石称：抗战以来最大的耻辱。

1941年6月22日，希特勒命令德军向苏联发动突然袭击，苏德战争全面爆发。日军为了配合东欧的战争形势，新上任的华北司令官冈村宁次决定进攻郑州。10月4日，郑州被日军攻占。卫立煌为了这块战略要地不失，他决定发起一场声势浩大的收复郑州的战役。

郑州古称中州，意思为天下之中，不仅卫立煌知道此城的重要，日军更是不肯放弃刚刚到手的城市，两军交战，战况异常激烈。13日拂晓，卫立煌手下的国军官兵，一鼓作气攻进了郑州城。日军一见形势危急，竟丧心病狂地释放出《日内瓦公约》严禁使用的毒气。

卫立煌为了让部队减少伤亡，急忙传令撤出了郑州城，待毒气散尽，卫部的士兵们全都用肥皂水浸润过的毛巾，遮挡住了口鼻，然后在枪炮齐鸣、喊杀连天声中，一鼓作气又杀进了郑州城！

郑州失而复得，卫立煌以郑州作为跳板，几次向日军出击，皆是斩获连连，也算是报了中条山丢失之仇。

1941年12月初，面对第一战区敌我对峙我方占据优的情况，蒋介石"收拾"卫立煌的算盘终于打响了。12月10日，蒋介石发表了《告全国同胞书》，接下来在12日，卫立煌接到了蒋介石的电报，命他到重庆参加国民党五届九中全会。

在这次会议上，蒋介石不谈卫立煌抗日的贡献，专谈他反共不利，还有丢失中条山等等的错误。卫道然先生在所著《卫立煌将军》中，披露了这次谈话的内容：

两人之间的谈话是在剑拔弩张的氛围中进行的，蒋介石为了斥责和整饬卫立煌，准备了四把撒手锏！

蒋介石（举起了第一把撒手锏）问：八路军三年中大大有了发展，编制如前，人数剧增，由四万发展到了四十万人。我多次让你注意，你没有认真对待。

卫立煌这样回答：八路军力量增加，有利于抗日，他们一部分在防区，一部分在敌后作战，虽归我指挥，但其力量的发展，我们无法限制。

蒋介石（见第一把撒手锏无功，他又举起了第二把）问：朱怀冰上告，他被八路军包围，发电向你求援，你四天不发兵救他。

卫立煌（兵来将挡，水来土掩）答：朱怀冰有三个武装很好的师，与八路军虽有冲突，但几天后也就自行停止，使日军来不及利用这个机会。我若发兵去救他，事态扩大，必被日军利用此机，那我军损失更大，后果不堪设想。朱怀冰身为军长，事先从未与我谈过他要去攻打八路军，临危之时才来电报，他是一个军，八路军只出现一个师的番号，从兵法上讲，没听过大的反被小的吃掉。

蒋介石（真没有想到，第二把撒手锏也打空，他就不信第三把撒手锏不能将卫立煌打得喘不过气来）问：你发一百万发子弹给八路军，数量这么大，事先怎么不请示？

卫立煌（早就知道蒋介石必然会跟自己在对待八路军的问题上纠缠，早就想好了应对政策）道：我军北伐以来，凡是对敌作战的部队，所用弹药全都实报实销，不用先向上级请示，八路军若无弹药，如何去打仗？他们归我指挥，我怎能下令让没有弹药的部队去打仗？八路军如果将弹药积存起来不去打日本，那我就要负责任。据各部汇报，他们打灵巧战术，又在敌后打游击，现在没有任何实据说他们只游不击。

（卫立煌的一番闪展腾挪，让蒋介石精心准备的三把撒手锏落空，卫立煌的一番辩解，先是占情，接着又占了理，现在叱责发难的蒋介石，反倒成了恶人）

蒋介石（有些恼羞成怒了，他祭起了自己的第四把撒手锏，他要拿卫立煌丢失中条山说事儿）道：中条山战役，曾万钟首先溃散，你责怪何总长，我要你承认错误，是为你着想，你在电话里和他争吵，你是他的直属，关系怎能闹成这样？

这时，侍从室的副官进来报告，蒋介石的另一个重要约会的时间已到，蒋介石只好离开，卫蒋交锋，暂时休战。

卫立煌离开了蒋介石的办公室，其实关于中条山的发难，他早就想好了说词：中条山战役爆发之时，他正在重庆，第七天他才回洛阳指挥，当时大局已定，责任全在卫立煌，如此武断的指责，谁也说不过去吧！

蒋介石在重要的约会后，没有再提中条山的战事儿，只是让卫立煌在重庆多住些日子，等过了新年再回洛阳不迟！

1942年除夕夜，蒋介石在家中设辞岁宴，请了十四位包括卫立煌在内的民国政要。可是卫立煌倔强的性子发作，他虽然签名准备赴宴，可是临时改变了主意，只是向侍从室主任贺耀祖打电话请了事假，说到国母宋庆龄处去赴宴。

蒋介石的家中宴会开始，十四位国府政要齐刷刷地到了十三位，独缺卫立煌一人。贺耀祖这才想起，卫立煌已经去宋庆龄处赴宴了。蒋介石笃信基督教，认为13是极为不吉利的数字，只有临时拉秘书李惟果前来凑数。蒋介石觉得卫立煌目中无人，竟在饭桌上对其责骂。

卫立煌得知消息后，知道解释无用，干脆就来了一个不动声色。很快，蒋介石再次召见卫立煌，一个制裁就落在了他的身上。按照一旦前线战事不紧，卫立煌就将被挂职或者赋闲起来的惯例，这一次卫立煌和西安行营主任蒋鼎文对调，卫立煌交出了第一战区的兵权，成了有职无权的西安行营主任。

卫立煌不参加蒋的宴会，竟被剥掉了军权，一场宴会竟要和不能儿戏的"军国大事"联系到一起！

更让卫立煌没有想到的是，参谋长郭寄峤离开了他。关于郭的离开，有三点原因，其一，郭入军队，主要的目的还是要抓军权，当参谋长只是权宜之计；其二，郭提出要卫立煌的一个儿子当养子，卫不同意，两个人产生了隔阂；其三，卫立煌同情共产党，而郭寄峤却并不认同卫立煌的做法。

千里搭长棚，没有不散的宴席。卫立煌卸任第一战区司令长官的职务离开河南时，洛阳民众数万人焚香夹道相送，这让卫立煌真的感动不已。

卫立煌对河南这片土地是有感情的，但感情不代表着可以永久扎根，作为一个军人，他的根在四方，一个不会逢迎、不会巴结的军人，他的根就好像浮萍，永远漂在水上。

卫立煌辞别了河南的乡绅父老，领着文朝籍参谋长一路来到了西安。虽然领受了行营主任的官衔，但日常的运作都由文朝籍在主持。卫立煌白天游山玩水，并与陕西省省主席熊斌、手握重兵的胡宗南称兄道弟，晚上则一边收听新闻广播，一边分析日军的调动情报，然后在地图上标注代表日军位置的箭头。

卫立煌每天研究日本陆军五十多个师团的动向，研究如何消灭他们。卫立煌的高参们常说，他这是"虎视扶桑"！

卫立煌是职业军人，能打仗，善打仗，甚至打仗已经成为他生命的一部分，虽被第三次被"冷冻雪藏"，虽然心情愤懑，神情懊恼，但他知道，面对越来越严苛的抗日环境，军人的职责绝不允许他长久地蛰伏下去。

有能力的人，总会有他的位置，是金子总会发光！

卫立煌 全传
Biography of Wei Lihuang

五
枕戈待旦，真正当大任之选

> 黄沙百战穿金甲，不破楼兰终不还——王昌龄《从军行》

最毒毒不过劫粮。在《三国演义》中，曹操北征乌巢，讨伐袁绍，他本是弱势，又兼之军粮告竭，眼看便有失败之虞，可是曹操谋士许攸献上了火烧袁绍军粮之计，最终反败为胜。曹操虽然获胜，可是"阴毒"的名声，让人想起来还是不寒而栗。

1941年12月7日，日本偷袭珍珠港，太平洋战争随后爆发。美国为了借助中国的力量，削弱和牵制日本在东南亚的军力，便开始利用滇缅公路为国民党政府运送军备物资。侵华日军为切断滇缅公路这条为国民政府输血的"生命线"，1942年春，日军向驻守仰光的英印军发起合围，企图拿下仰光，堵住滇缅公路出口。

民国政府为了保住滇缅公路这条生命线，曾组织远征军入缅作战，抗击日寇，守住滇缅公路，保证重庆政府这唯一一条获取国际军备物资的"生命线"的安全。

远征军司令的人选极其重要。卫立煌作为国军有名的虎将，绝对是这个重要位置最合适的人选。蒋介石是否会启用卫立煌？卫立煌面对强大的日军，他真的能逆势而起，飞身跃上自己军事生涯中胜利的巅峰？

五 枕戈待旦，真正当大任之选

1. 远征，卫将军获得起用

人才者，求之者愈出，置之则愈匮——魏源

蒋介石本来已经选定卫立煌为中国远征军司令，突然发生了一件事，让他的任命没有落到实处。蒋介石发了一笔遣散费给卫立煌，然后打发他回老家了。可是中国第一次远征缅甸的日军，却以惨败作为结束。面对史迪威"中国有没有能打的将军"的责问，蒋介石只得重新启用卫立煌！

1939年9月1日，第二次世界大战爆发，以德国、意大利、日本等轴心国为非正义一方，以中国、美国、俄国、法国和英国为正义的一方进行的第二次全球规模的战争。战场从欧洲到亚洲，从大西洋到太平洋，先后有61个国家和地区、20亿以上的人口被卷入了这场浩大而惨烈的战争。

日本政府对中国觊觎已久，日军借九一八事变之机，占领东北三省；1937年7月7日，日军悍然发动"卢沟桥事变"，又入侵华北，随着南京、武汉、长沙等地相继沦陷，中华民族已经到了生死存亡的紧要关头。

蒋介石政府1938年开始修建滇缅公路，即中国云南省到缅甸出海口的公路。该公路承担的任务主要是抢运南京政府在国外购买的军用物资，还有国际援助中国抗战的战略物资。

当时中日两国战争的形势是，自武汉会战以后，中日双方进入战争的相持阶段。当时，中国内陆930座城市相继沦陷，而广州、上海、青岛、大连、福州和厦门这些最重要的出海城市，也被日军占领，国际援华的物质，想通过海路，已经根本运不到中国内地。

日本军方认为，滇缅公路是中国与外部世界联系的唯一的运输通道，如果切断了此咽喉通路，中国的抗日烽火必将被扑灭。随即，日军三十三、五十五、五十六师团，王牌久留米师团（第十八师团）开赴缅甸，准备以武力断掉国际社会为中国施以援助的滇缅公路。

当时的缅甸为英属殖民地，驻扎缅甸的英军总数约为5万人，很显然，这些英军不是日军的对手。但最早的时候，英国首相丘吉尔并不同意中国远征军出兵缅甸，因为外来势力的进入，势必会影响英国殖民者在缅甸的利益，可是随着英军在日军的攻击下节节败退，丘吉尔在美国总统罗斯福的劝说下，只得答应了中国远征军赴缅作战的要求。

蒋介石作为中国战区的最高统帅，有统一指挥中国战区（中国、泰国、越南、缅甸）境内作战的联合国军队之职责。1941年12月23日，中英双方在重庆签署了《中英共同防御滇缅路协定》。中英军事同盟形成后，中国远征军正式组建，共计10万之众，可谓精英尽出，可是谁能担任中国远征军的统帅，这让蒋介石却连搔头皮，费尽思索。要知道千军易得一将难求，如果统帅选了一个庸将，中国远征军很可能会折戟国外，片甲无归，那岂不是让蒋介石既丢了面子，又输了里子？

蒋介石在踌躇，可是侵占马来亚后的日军已在频繁地调动，准备对缅甸用兵。面对咄咄逼人的紧张形势，美国人也急了。1942年3月4日，美国总统罗斯福派史迪威到达重庆，设立了美军办公机构。蒋介石面对美国人的催逼终于下了决心：让能打仗、会打仗的卫立煌挂甲出征，击退日寇，仗剑卫护中国与外部世界联系的唯一的运输通道——滇缅公路。

3月5日，蒋介石亲自给西安行营打电话问卫立煌，是否愿意率十万中国远征军出国门到缅甸，驱除日寇，保护滇缅公路的安全。

蒋介石知道事情重大，故此还是很"人性化"地让卫立煌考虑一天，明天同一时间，他会打电话再一次与之联系。

卫立煌放下电话，随后召集幕僚开始商议是否接下这项艰巨的任务。

幕僚们首先罗列了中国远征军所面临的难处：

其一，进攻缅甸的久留米师团（第十八师团）是日军的王牌师团，曾经参加过南京大屠杀，而中国远征军派出的三个军，杜聿明的第5军、甘丽初的第6军和由杂牌组成的张轸的第66军，绝非其敌手。

其二，中国远征军远赴国外作战，陌生的地形，得不到支持的民情，难以解决的给养，还有无法合作的英国"老爷兵"，全都让人觉得万分棘手。

其三，出国作战的中国远征军并没有卫立煌的嫡系部队，战争一旦打响，卫立煌是否能令出必行，完全控制部队，这绝对是未知数。

其四，重庆国民政府未必完全信得过卫立煌，如果他们处处掣肘设限，卫立煌想打胜仗，真的很难。

其五，卫立煌脾气执拗，属于敢打敢冲的猛将，这样的人，不可能低眉顺眼地与美国人（美国人负责提供中国远征军的武器）合作得很好。

这林林总总的条条款款，都阐述了一个道理，那就是卫立煌不应该接下中国远征军司令这块"烫手的山芋"，可是卫立煌只讲了一点，他的幕僚们就全都闭住了嘴巴。

养兵千日用兵一时，作为一个军人，在外敌入侵，民族危如累卵，国家存亡绝续的一刻，怎么能讨价还价，拈轻怕重地不敢挑起这副担子？卫国的军人，不是市侩的商人，如果那样，还要我们这些军人做什么？一个合格的军人死都不怕，难道还怕那些小小的困难吗？

3月6日蒋介石打电话给卫立煌，卫立煌非常爽快地同意了率军远征缅甸。蒋介石在电话中的语气，已经难抑兴奋，他说："好，俊如，明日我派飞机到西安，你交代一下行营主任的工作，即刻飞重庆待命！"

3月7日，卫立煌乘坐蒋介石派来的专机直飞重庆。几个月之前，卫立煌被明升暗降，当时几乎孤零零地离开重庆前往西安。如今从西安以远征军司令的身份回重庆，待遇完全不同，张治中、刘斐、贺耀祖等一大批党国要员前来机场迎接，远征军副司令杜聿明也赫然在列。

人情冷暖，世态炎凉，卫立煌来不及仔细体会，他和这些党国要员一一握手，互致问候后，便直接上了杜聿明的车。驱车前往蒋介石设在重庆南岸的黄山官邸的途中，卫立煌向杜聿明问起缅甸战场的战况。

杜聿明这样回答："钧座，缅甸的日军已经入侵仰光，原先驻缅英军答应派军车来接我远征军战士入缅，可是迟迟也未见动静，恐怕我们只能徒步行军入缅对敌了！"

卫立煌没想到，缅甸的战况比自己想像的还要严重，他皱着眉头道："看来，这是一场不好打的硬仗了！"

卫立煌坐车直奔黄山官邸，这一路上，确实知道了很多他不知道的情况，比如，美军派来的中国战区参谋长史迪威上将的傲慢，英国军队的不配合，缅甸地区人生地不熟、种种想不到的困难，总之一句话，这场仗不仅是一场硬仗，还是一场难仗，更是一场棘手的仗！

蒋介石的重庆黄山官邸，是一座名为"云岫"的中西结合式的三层楼房，是蒋介石侍从室为避开日军对重庆的大轰炸专为蒋在此地所建。

这座黄山官邸，位于奇峰幽谷之间，放眼望去，松柏如簇，山花满眼，风景极佳。卫立煌无心欣赏风景，他在"云岫"宽大的客厅中，见到了身穿长衫的蒋介石。

蒋介石先是例行公事地询问了一通卫立煌的情况，然后说道："俊如，这次你领兵去缅甸，是要和英美友军并肩作战，这场仗可一定要打好啊！"

卫立煌站起身来，道："请委座放心，部下身为军人，到了缅甸后，定当不遗余力地团结友军，消灭日寇，尽保家卫国之职，不辜负委座希望！"

蒋介石还是不放心，他叮嘱了卫立煌到了缅甸之后，一定要听从史迪威将军的指挥。卫立煌点头答应了蒋介石，但还是重点问了一句，到了缅甸战场，我们的作战方案和史迪威的战略意图如果相左，那该怎么办？

蒋介石答：你可以打电报请示我，由我最后做决定！

杜聿明最为担心的就是史迪威一个外国将军，他根本不了解中国军队，而在缅甸战场乱指挥。卫立煌三言两语，就解决了悬在他心中的大难题，这让他的脸上，亦露出了丝丝的喜色。他的心中同时也开了两扇小窗户，心底一片敞亮。卫立煌指挥时，只要不被外国将军指手画脚，缅甸的这场恶战，不见得很难打！

卫立煌在蒋介石处吃过接风宴后，回到招待所等消息，可是左等任命也不来，右等也没有出国作战的消息，卫立煌正在心焦的时候，原任淞沪警备司令的杨虎到招待所看他来了。

杨虎带来的一个坏消息，让卫立煌彻底明白了自己在重庆坐冷板凳的原因。戴笠前几日去了一趟西安，起因是八路军一个姓袁的叛变了，这个叛徒不仅用八十多位中共地下党员的鲜血，换来了一个军统局上校组长的位置，还向戴笠透漏了卫立煌和中共领导人多次会面，并和第十八集团军总司令朱德私交甚厚的秘密。

卫立煌私通"共产党"的消息被蒋介石知道后，蒋介石非常震怒，中国远征军总司令这么重要的位置,自然不能交给一个"亲共"分子。罗卓英顶替卫立煌,就成了中国远征军司令,副司令是杜聿明,而卫立煌却成了一个无关紧要的闲人。

卫立煌得知事情的真相后,他觉得住在重庆已经失去了意义,就给蒋介石写了一封长信,要其准假回成都侍候老母。

蒋介石正在为如何处置卫立煌而犯愁,因为查来查去,根本就找不到卫立煌参加八路的军衔。哪有少将叛变为上校的?通共的证据,顶多就是卫立煌受了共产党的"蛊惑",立场不坚定而已……蒋介石看到这封信,当即派贺耀祖去见卫立煌,并转达了自己同意卫立煌"休假"的请求,还送给他一笔巨款——特支费(遣散费)。

当时的民国政府发行的法币已然贬值,卫立煌派人在银行中取出了一麻袋法币之后,他给每个随从都抓了一大把,算是酬谢这些亲随多年鞍前马后的辛苦了!

卫立煌回到成都,开始在母亲身边尽孝。虽然是无官一身轻,可是每日仍然过得很充实,卫立煌不仅订阅了成都所有的报纸,还订阅了七八份刊登有政治和军事消息的杂志。经过成都的袍泽和旧部都来看他,人少就在家中小酌,人多就到了南门口的枕江楼喝酒。

经常和卫立煌谈论军事、政治和国际形势的人有赵荣声、杨寿南,还有从日本士官学校毕业的杨杰,另外一位就是副委员长冯玉祥。冯玉祥当时也是郁郁不得志,他经常当着卫立煌的面,满腹牢骚,大谈老蒋的"薄情寡义"等等的劣处,目的是一出心中的怨气。

蒋介石"遣散"卫立煌回家,可还是对他不放心,卫家的门外、卫立煌的身后,经常有特务的"鬼"影。

树欲静而风不止,如影相随的特务,扰乱了卫立煌的正常生活。通过重庆的故交,传来的缅甸中国远征军的战况,更是让卫立煌烦心不已。

当时中国远征军有三位最高指挥官。他们分别是:中方蒋介石、美方史迪威和英方亚历山大司令官。他们都想说了算,因为他们都有发号施令的本钱。

先看蒋介石,10万远征军为中国籍,属于缅甸抗战的中坚力量,蒋介石认为他理应是这支队伍的最高指挥者;中国远征军战士手中的武器都是美国"免费"支援的,美方的史迪威将军出了武器、弹药和辎重,属于这场战争的大股东,他也有理由成为缅甸战区的实际指挥官;中国出兵,美国出枪,但不要忘记,中国远征军是在英国人的地盘战斗(缅甸当时是英国的殖民地),英方的亚历山大不可能没有一定的指挥权。

最后的结果是,蒋介石消极地想"守",史迪威积极地想"攻",还有急着抽身想"逃"往印度(印度当时也是英国的殖民地)的亚历山大,造成了中国远征军作战指挥权的掣肘和拧巴的状态。没有一个统一的、目标一致的指挥系统,中国远征军想要取得入缅作战的胜利,简直比登天还难。总之一句话,令出多门、指挥紊乱在缅甸的战场上轮番上演。

中国远征军第一次赴缅作战失败的经过大体上是这样的:

1942年3月8日,日军占领仰光后,中国远征军第五军第二百师戴安澜师长,率领中国远征军唯一一支摩托化步兵师,赶到同古。

蒋介石为了打好同古保卫战,曾经坐飞机从昆明飞抵腊戍,亲自部署第五军入缅的作战计划,并在一天之内三次召见戴安澜,面授作战机宜。戴安澜为了打好出兵缅甸的第一战,他亲领士兵,构筑工事,调配火力,展开了同古保卫战。

中国远征军二百师全体官兵经过12个昼夜的苦战,最终以牺牲八百人的代价,歼灭日军四千多人,俘敌四百多人,但是最后,面对蜂拥而至的日军,戴安澜还是率领部队,撤出了同古城,中国远征军首战失利。

1942年5月18日,戴安澜在郎科地区指挥突围战斗中负重伤,26日下午5时40分在缅北茅邦村,以身殉国,时年38岁。

同古会战的失利,让身为中国战区总司令的蒋介石觉得颜面尽失。为了挽回颓势,并让美国盟友看到自己抗日的"决心",便决定策划一场更大的曼德勒会战。

曼德勒会战的计划是以曼德勒为依托,集中中国方面三个整军(第五、第六和第六十六军)英国方面五个整师,共计二十五万人的优势兵力与日军决战。这个详细、稳健而且胜利把握很大的计划,得到了以史迪威和亚历山大为首的缅甸盟军统帅部的同意。

曼德勒会战的计划订得很好,但却太主观了,也太死板了,属于"剃头挑子一头热"的计划。卫立煌在国内收听广播,标注地图,掌握日军动向时,就曾经跟杨杰这样说:日军第十八师团,是南进的主力,其作战作风诡异灵活,不按常理出牌，如果我军一味地坚持你攻我守的陈规打法，必定吃亏，几次吃亏后，就会酿成一泻千里的不可收拾的败局。

卫立煌跟日军交战多年，对日军的狡诈深有体会，他的担心并不是多余的。事实上，日军果然没有急匆匆地攻打曼德勒。日方进攻缅甸的第十五集团军司令官饭田祥二郎，针对中国远征军同古会战失败后，急于在曼德勒打一场阵地战的心理，他随后制定了一整套的作战方针和计划：

第一，第十八师团和第五十五师团沿仰曼铁路（仰光—曼德勒）进攻曼德勒，此路军为主攻部队，目的是要迅速攻取曼德勒。

第二，在曼德勒会战前，以一个兵团在仁安羌、马跬附近进行作战，尽力歼灭该地之敌，为尔后参加会战清除障碍。

第三，日方西路军由第三十三师团沿伊洛瓦底江进抵普罗美、仁安羌，包抄曼德勒的左翼，东路由第五十六师团经莫契（毛奇）、乐可（罗衣考）、东枝（棠吉）、雷列姆（来林）直插腊戍，切断中国远征军的回国退路。

日军这三招，全都有讲究。第一招是猛招，准备和中国远征军、英缅军在曼德勒展开大会战。第二招是巧招，仁安羌是缅甸的第一大油田，石油是现代工业的血液，谁抢占了油田，就等于扼住了对方的脖子。第三招是狠招，日方西路军一旦迂回穿插占领了腊戍，就等于切断了中国远征军的归国之路。

这三招的第一招，即进攻曼德勒是在明处进行的，第二招抢占仁安羌是在半明半暗中进行的，而第三招绝对是在暗中悄悄进行的。但不管明的还是暗的，却招招要命，甚至可以这样说：曼德勒大会战还没有打响，中国远征军就被日军包围，处在了"水深火热"的困境当中。

中国远征军的司令官罗卓英将军是陈诚土木系的核心人物，更是陈诚的嫡系，他之所以被委此重任，除了陈诚的推荐，还有一个卫立煌比不了的重要原因，就是脾气好，他能够和史迪威将军和亚历山大司令和平相处。

陈诚人称"袖珍总裁"，而罗卓英则被称为"袖珍智囊"，罗卓英擅长的是"政治智慧"，而绝非"军事智慧"。军队远离祖国作战，处处需要大勇敢、大智慧、大胸怀和大无畏的精神，很显然，罗卓英并不是一个合格的主帅。

曼德勒会战最后因为各种原因流产，一番剑拔弩张的部署，最后放了一个尴尬的哑炮。为了避免日军的包围圈形成后，会造成中国远征军全军覆没的危险，蒋介石踌躇再三，只得下令——撤退。

第一次缅战以失败而告终，中国远征军除了撤退，实在没有第二条路可走。当时，关于撤退的路线，新三十八师师长孙立人和远征军的副司令长官杜聿明产生了争执。

杜聿明作为远征军的副司令，他的意见是，中国远征军应遵从重庆政府军政部的命令，必须撤回国内。而孙立人的意见是，取道印度，在印度就近练兵，保存火种，积蓄力量，为第二次缅战创造有利条件。

其实，梁园虽好非久恋之乡，印度条件再优，也没有"回家"对中国远征军的官兵们有吸引力。孙立人也知道，违抗蒋介石的命令会有什么后果，但现实的情况是，日军第五十六师团已经占领了腊戍，中国远征军的退路已完全被切断。杜聿明为了归国，他率领精锐的新五军，开始翻越野人山。可残酷的事实是，新五军两万人进山，大多葬身于恐怖的原始森林，仅两千多人出山生还。

梁家佑曾在三十八师当过翻译官，根据他的回忆，那些趾高气扬、取得了第一次缅甸胜利的日本兵说，他们看到的总是"印度人的手（举手投降）、英国人的屁股（逃生）和中国人的尸首"。

孙立人虽然只是一个师长，但他带兵打赢了仁安羌之战，故此，获得了空前的国际声誉，他说的话，也有一定的分量。孙立人和杜聿明道不同，不相为谋，他领兵撤往印度，最后保存了新三十八师完整建制。

中国远征军第一次出师不利，而华北战场上亦是连连失败。

1942年夏秋两季，河南发生了历史上罕见的大旱灾，饥荒遍及全省110个县。河南省受灾的三千万民众，有三百万人饿死，另有三百万人西出潼关做流民，沿途饿死、病死及从火车上跌下而死者无数。

汤恩伯在中原拥兵六十万，为了养军，他不顾灾荒的肆虐，仍然对中原的老百姓横征暴敛，搞得百姓们将汤恩伯归结到"水旱蝗汤"中原四害之中。

蒋介石用汤恩伯，也怕汤部会出现尾大不掉"诸侯"割据等不利的局面。他将蒋鼎文派到中原，成为第一战区司令长官，其目的就是要对汤恩伯进行监督和辖制。

蒋鼎文当上第一战区司令长官后，便将自己的司令官邸安置在洛阳，与驻兵叶县的汤恩伯隔着300余里，并经常以总司令的名义，隔空对副司令汤恩伯指手画脚，发号施令。汤恩伯手握兵权，对自己这位"婆婆"蒋鼎文，基本上是阳奉阴违，最后两个人斗得天昏地暗，竟闹到了不能见面的程度。

汤蒋失和，导致第一战区整个战力下降，卫立煌苦心经营的第一战区，基本上成了一个千疮百孔的"破烂"摊子。当时汤恩伯还有一个"雄伟"的后续战略设想，一旦日军突破黄河天堑，面对精锐日军的装甲部队的猛烈进攻，他就实施了一项"千里邙沟"的计划。

"千里邙沟"说明白一点，就是挖一条以叶县为中心，西起郑州，东至开封，再向南到周家口附近为止的深沟，用于阻挡日军的坦克。

1944年4月18日，豫中会战正式打响，随着黄河天险被日军突破，汤恩伯自称的东方马其诺防线千里邙沟成了阻挡日军的"重要利器"。可是，日军的坦克和装甲车一旦遇到绕不过去的邙沟，便直接找一台坦克开到沟中，然后在坦克的上面铺设钢板，而后面的坦克和部队就可以沿着钢板，快速通过邙沟。很显然，汤恩伯心中的马其诺防线不过是一个不切实际的"心理安慰"工程罢了！

第一战区参加豫中会战的军队，在汤恩伯、蒋鼎文等人的指挥下，节节败退。1944年4月18日到5月25日的37天之中，接连损兵折将20多万，丢失中原城市38座，一场豫中会战的大惨败，震惊了国人的神经，媒体一片哗然。

蒋介石更是如坐针毡，面对舆论媒体的指责、国际友人的攻评、国大代表们换将的呼喊，蒋介石这才想起了卫立煌。

如果卫立煌任第一次中国远征军的司令，缅甸战场上不敢说对日作战一定获胜，但至少也不会这么快就落败吧？

假使将第一战区交给卫立煌经营，即使豫中会战打不赢，也不会败得这样惨吧？

巴顿将军有一句关于指挥官与军队关系的名言：根据我的经验，所有非常成功的指挥官都是戏的主角，必须这样来对待他们。有些军官需要督促，另一些需要有人提供建议，但没有几个人应当受到限制。

蒋介石凭着个人的喜好，将这两场战争的主角都选错了，而不合格的主角将这两场"重头戏"全都给演砸了！

缅甸失陷后，为了解决滇缅公路中断、国际救援物资无法通过滇缅公路运输的难题，中美两国首先合作开辟了"驼峰航线"。航线全长500英里，西起印度阿萨姆邦，向东横跨喜马拉雅山脉、高黎贡山、横断山等山脉，终点为中国昆明机场。

"驼峰航线"能暂缓中国抗日战场军备物资的极度匮乏的难题，但却无法解决中国抗日战场上巨大的军用物资消耗的需要。故此，经史迪威提出的第二次缅战的作战计划，引起了蒋介石的极大兴趣。

史迪威面见蒋介石时雄心勃勃地交上了自己拟定的作战计划。他要在兰姆伽训练中心，建成用美械装备武装起来的，代号为"X"的十万驻印军；而重庆政府要在美国的配合下，于昆明建立起代号为"Y"的三十个师的滇西远征军，而武器由他负责提供。"X"和"Y"部队两路夹攻，相信定能迅速收复缅甸，歼灭日军，重新打通滇缅公路。

史迪威的作战计划，让蒋介石看到了打通滇缅公路的曙光。但是在滇西组建三十个师的远征军，这可是大事，蒋介石决定派自己心腹爱将陈诚完成这个雄伟的计划。

1943年2月1日，重庆军委会正式任命陈诚为滇西远征军司令长官。3月28日，第二次滇西远征军司令部在楚雄正式成立。经过半年的操持，到1943年8月，滇西远征军的五个军编练和装备基本完成。

可是这支滇西远征军成立后，每日只是按部就班地进行训练，如何渡过怒江，东征缅甸，与中国驻印军一道，对盘踞在缅甸的日军双拳齐下，进行夹击，陈诚是一点后续计划都没有。

军情急如火，滇缅公路不能畅通，海外援华的物质就运不到国内来，那些滇西远征军的将领们每天除了千篇一律的训练长期无所事事。时间一长，他们就对长官陈诚牢骚满腹，到后来黄埔系的军官们也开始抵制毫无作为的陈诚。

当时负责云南军政事务的是龙云，龙云号称云南王，可以说整个云南都是他个人势力的范围，如果不是为了缅甸抗日大局的需要，他绝对不会同意五个军的滇西远征军在楚雄成立。如今滇西远征军成立，他们手持美械装备，可是却一点也没有对盘踞在怒江对岸的日军发起攻击的迹象。

这让龙云心中起疑，莫非陈诚是想突然向自己发难，趁机吞并云南吗？当时发生在云南的一起陈诚"遇刺"案，就更能说明了陈龙二人之间"互相猜忌和提防"的微妙关系。

龙云有三子，最不听话的就是三子龙绳斌。这位三公子一不能文，二不能武，吃喝玩乐却是样样精通，人称混世魔王。他干的最著名的两件事，一件事是明着干的，与混世魔女孔二小姐孔令伟在南京的北碚的中央公园展开了一场枪战。暗中干的一件事就是开枪"刺杀"陈诚。

龙三公子开枪"刺杀"陈诚的经过并不曲折：陈诚荣任滇西远征军司令官，一共在云南住了八个月。1943年6月，陈诚领着司机和卫士，乘坐奥斯丁小汽车前往安宁温泉，去疗养和小住一段时间。

汽车行至一段坡路，后面驶来龙三公子的美式吉普车。这位三公子嫌陈诚的小汽车挡路，掏枪就将奥斯丁的轮胎打瘪。当陈诚一身戎装，气呼呼地走下了轿车，龙三公子看着他领章上三颗亮闪闪的金星，一下子愣住了，因为在云南，领章上挂着三颗星的只有两个人，一个龙云，另一个就是陈诚！

龙三公子很牛，但陈诚是惹不起的，他急忙跳上吉普车，命司机开车急逃。

几天后，南京的"军委会"给龙云打来电话，问询陈诚大白天在安宁县温泉遇刺，凶手是否抓住。龙云一听情况，不敢怠慢，急忙去查，"凶手"龙三公子很快被抓到，可是接下来怎么处理，就成了一个需要打上引号的大难题。

龙云认为，陈诚只是远来的"和尚"，他不能将自己这个本地的"主持"如何，便采取了拖的办法，以缉拿凶手需要时日来支吾搪塞。陈诚虽然有蒋介石和重庆政府作后台，但他借地组建滇西远征军，也确实不敢得罪龙云。可以说，双方都处在"麻竿打狼，两头害怕"的状态。过了一段时间，这件"刺杀"案也就不了了之了！

陈诚没事可以去泡温泉，可以用"刺杀"案对龙云旁敲侧击，可是有一个人却不干了，此人就是负责给滇西远征军发放美式枪械的史迪威。

枪发了，粮给了，滇西远征军却没有渡过怒江去打日军，这事儿放在谁身上谁都急。

史迪威担任中国战区参谋长，可以说位高权重。他气冲冲来到重庆，亲自去见蒋介石，并毫不客气地问道："蒋先生，您的手下难道就没有一位能打的将军吗？"

史迪威的问题，不能说像是刀子一样刺痛了蒋介石的心，但还是让他不镇定，说："能打胜仗的将军怎么没有，还有很多！"

史迪威一脸的不信任，问："谁？"

"卫俊如！"蒋介石冲口讲出了这三个字，他害怕史迪威不信，接着道："如果起用他当滇西远征军司令长官，相信一定能扭转被动，并取得缅战的胜利！"

史迪威早就听到过卫立煌的名字，对于常胜将军当滇西远征军的主帅，他当即点头表示同意。

关键时刻，还得用卫立煌。蒋介石也想明白了，卫立煌在华北的时候，跟中共走得很近，可是缅甸没有共产党吧，就让卫立煌去缅甸领兵抗日去！

1943年6月，蒋介石将电话就打到了卫立煌的家里，说："俊如，你愿不愿意当滇西远征军司令长官，率军到缅甸，打通滇缅公路？"

卫立煌手握电话，他答应得很痛快："凡是抗日之事，立煌作为一个军人，绝对不敢推辞！"

蒋介石也没想到卫立煌答应得这样痛快，他还以为被自己谪贬为民的卫将军，一定会和自己讲条件，借着自己有求于人的机会，不管金钱、名誉还是地位，狠狠地让蒋某人大出一次"血"。可是卫立煌以国家民族为先，以抗日大局为重，并没有提任何"非分"的要求，便答应领兵挂帅，出征缅甸，与猖獗的日寇，一决雌雄！

2. 接任，中国远征军司令

血战乾坤赤，氛迷日月黄——杜甫《送灵州李判官》

卫立煌离开成都，直奔重庆之前，他去跟老娘告别。卫娘瞧着鬓边霜染的儿子，问："俊如，凭什么险仗、恶仗都让你打，你不去不成吗？"

卫立煌说道："娘，儿是一名职业军人，在国家危难之际，哪能讲条件！"

誓扫匈奴不顾身——古人尚能如此，今人如果不能超过古人，那岂不是愧为堂堂的七尺男儿了！

中国远征军司令官卫立煌

卫立煌告别了成都,告别了家人还有朋友,赶到了国民政府的陪都重庆。

卫立煌来到重庆后,蒋介石这次一改"温吞水"的姿态,马上召见卫立煌。上一次中国远征军司令的官衔,在卫立煌的头顶飘了半天,也没有最终落下来,这次蒋介石前后没说上五句话,便直接委任卫立煌为滇西远征军总司令。

有道是风水轮流转,蒋介石在史迪威面前用卫立煌赚回了一点面子,他如果再要"领袖"态度,一旦惹恼了卫立煌,这位脾气老大的卫将军,真要是眼睛一瞪,转身便走,会让他连下台阶的机会都没有了。

卫立煌接受任命后,蒋介石随后提出了两点要求:第一,要快,上战场如救火,一分一刻都耽误不了;第二,部署人员由卫立煌自己调配,重庆的军政部门不做干预。蒋介石的潜台词只有一句,我给你最大的权力,这一战必须打胜,不然国民政府在国人面前,在洋人面前,在国际社会上实在没有面子了!

卫立煌脱去了穿了两年的长衫,著上了久违的军装。四十六岁的卫立煌一身戎装地上了飞机,在重庆政府达官显贵的声声欢送中,直飞云南昆明而去。

滇西远征军在楚雄成立,兵营借的是云南王龙云的地盘,卫立煌要率领滇西远征军东渡怒江,对断我滇缅公路的日军发起攻击,没有龙云的支持,绝对是不成的。卫立煌乘坐的飞机来到昆明飞机场,借着在昆明下飞机、转乘汽车去楚雄的机会,卫立煌决定先到昆明行营去拜会云南省主席龙云。

卫立煌和龙云虽然互相闻名,但两个人却是第一次见面。卫立煌见到龙云,抢先一步握住龙云的一双大手,先是寒暄几句,说:"我只是个职业军人,对政治不感兴趣,滇西远征军想要出国作战,绝对离不开志公(龙云的字为志舟)的支持!"

龙云是一位非常富有爱国心的将领,而且年长卫立煌十岁。他对陈诚有意见,是因为他不想抗日,只想觊觎云南的地盘,如今陈诚生病去职,滇西远征军司令的位子由卫立煌接任,他虽然没有和卫立煌共过事,但卫将军屡次因为耿介去职,不肯和蒋介石同流合污,一心抗日救国的林林总总,他件件都是知道的。

卫立煌来云南,只有一个目的,那就是剑指怒江东岸,与日寇决一死战。这位充满正义感的将军,即使蒋介石给他下命令,领兵吞并云南打内战,他都不可能执行。龙云对卫立煌还是放心的,他一拍胸脯道:"俊如兄,只要你领兵打鬼子，地方上的事我将全力支持，特别是军需粮秣，我定会足量供应！"

英雄惜英雄，好汉爱好汉，卫立煌和龙云一番开诚布公的谈话，很快让云南地方军和滇西远征军之间的矛盾和猜忌，化解于无形。而他们两个人因为抗日的目标一致，故此，两个人经过肝胆相照的一番谈话，最后又成了无话不说的好友。

卫立煌在统帅滇西远征军赴缅甸抗日期间，龙云在后勤保障给予卫立煌全力的支持。

卫立煌没有了后顾之忧，说干就干，开始了紧锣密鼓的整军备战。

滇西远征军经过卫立煌重新调整，其部队配置及各部长官如下：

卫立煌为滇西远征军司令长官，副司令为黄琪翔，萧毅肃为参谋长。

宋希濂为第十一集团军总司令，第二、第六、第七十一军和第二百师的长官分别为：王凌云、黄杰、钟彬和高吉人。

第二十集团军辖第五十三、第五十四军，霍揆彰为第二十集团军总司令，第五十三、第五十四军的军长分别是：周福成和阚汉骞。

第八军直属远征军司令长官部。何绍周任第八军军长，李弥任第八军副军长兼荣誉第一师师长。

卫立煌新官上任，当时滇西远征军的军官们都处在一种惶惶的状态之中。陈诚就是兼并杂牌军的"名将"，他不管走到哪里，都要带上自己的班底，甚至连蒋介石的嫡系部队，他兼并起来眼睛都不眨一下。

这些军官除宋希濂等少数几个曾在卫立煌手下为将，略知卫立煌的脾气秉性，其他军官对卫立煌不了解，他们怕被卫立煌清洗和兼并，很多军官都将一颗心提到了嗓子眼儿。

卫立煌为打消顾虑，召开了一次军官大会，说："卫某此来楚雄，只带了少量的随从，这些旧部将被安排在司令部中，我可以向诸位做个保证，绝不向军队中安排一个人，也不过问军队中的财务。但有一点，那就是战争胜败由我负责，但凡不听号令，畏缩不前，作战不力者，杀无赦！"

滇西远征军的军官见卫立煌如此高风亮节，当即起立鼓掌，一个个表示完全拥护卫立煌。跟着这样一心只想打胜仗的司令，不仅心里有底，而且也有光明的前途。

中下级军官的军心稳定之后，卫立煌又开始稳定滇西远征军高级军官的军

心。这些军官中,又有三个军官可以分别被称为何应钦势力的代表、陈诚势力的代表,还有卫立煌"势力"的代表:

萧毅肃就是滇西远征军中何应钦势力的代表。何应钦早年曾经在日本就读陆军士官学校,他不仅和蒋介石是校友,而且他手下掌握着一批黄埔籍的国军高官。

中国远征军第一次入缅甸作战时,萧毅肃曾任参谋团参谋长,远征军兵败后,因为何应钦力挺,萧毅肃就成了滇西远征军的参谋长。

陈诚和何应钦是老对头,可是前者任远征军司令时,也未敢动萧毅肃。萧毅肃听说卫立煌第一个召见他,心里虽有些忐忑却并不慌乱。

萧毅肃一见卫立煌,立刻先捧卫立煌,接着贬陈诚,用他的话说:陈诚是常败将军,而卫立煌是常胜将军,跟着卫立煌,一定能收复滇缅公路,将日本人赶进印度洋。

卫立煌并没有让萧毅肃对自己继续吹捧下去,他先比较了中日两个旅制师的武器多寡,然后道:"从武器装备上讲,日军是优于我军的,陈辞修之败原因很多,岂可因一个常败将军的绰号,就将其战功全部抹杀!"

萧毅肃碰了一个软钉子,立刻说不出话来了,卫将军道:"第一次远征军缅甸作战失败,不知道你作为参谋长是否已经写好了总结!"

萧毅肃这样回答:"缅战失败原因很多,但最主要的原因是史迪威乱指挥,亚历山大不配合,罗卓英胆小怕事……"

卫立煌叮问了一句:"参谋团该负什么责任?"

萧毅肃被卫立煌呛声后,再也不敢轻易乱讲话了。卫立煌说:我并不想追究谁的责任,但血的经验不吸取,第二次缅战将重蹈覆辙。

萧毅肃作为参谋长,无法影响战局的发

卫立煌视察飞行员

展，为了高层军官的团结，卫立煌也没有动他的位置。缅战打响之后，萧毅肃因身体原因请假去昆明治病，卫立煌眼不见心不烦，双方倒也落了一个相安无事。

第二十集团军军司令名叫霍揆彰，霍揆彰是陈诚的人，他和卫立煌一见面，便开始汇报自己所辖部队的情况。当然，他麾下的五十四军绝无问题，有问题的是第五十三军。五十三军不仅士气低落，而且各级军官都不负责任，霍揆彰的意思很明白，他要给五十三军来一个大换血。

卫立煌听霍揆彰讲完话，不由得暗暗摇头，霍司令果真是陈诚的嫡系，他将陈诚改编杂牌军的手段和套路，全都学来了。

五十三军绝对不是杂牌军，他是东北军的主力师之一，随着张学良被囚禁，三十万东北军也被蒋介石的嫡系部队给改编殆尽。卫立煌的心中很同情张学良，他并不想看着五十三军被霍揆彰一口吃掉，为了西安事变后，曾经带来的国共团结抗日的大好局面，他也要为东北军保留一颗种子。

卫立煌想了想说："大敌当前，稳定压倒一切，如果你强行给五十三军换将，一旦激起兵变，恐怕不好吧，我看还是保持原建制为佳！"

霍揆彰知道卫立煌治军严厉，眼睛里不揉沙子，今日收编不成，反被批评一通，他只好立正敬礼，转身擦去冷汗，回第二十集团军军司令喝酒压惊去了！

卫立煌要见的第三个滇西远征军高官是宋希濂。宋希濂可是卫立煌的老部下，一九三二年李济深、蔡廷锴等人在福州组建"人民政府"，并发表反蒋宣言，当时宋希濂任第三十六师师长，在第五路军总指挥卫立煌率领下，对蔡廷锴的第十九路军进行了围剿……

宋希濂一见卫立煌，当即敬礼高呼："钧座，听说您来接任滇西远征军司令，卑职兴奋得好几天都没有睡好觉！"

卫立煌笑道："荫国老弟，我们终于又能并肩作战了，想想都让人兴奋莫名啊！"

卫立煌和宋希濂诉说了契阔，卫将军还不失时机地夸奖了宋希濂一通。宋希濂确实在云南有值得称道的战绩，他领三十八师官兵开赴怒江时候，正赶上日军坐船要强渡怒江，不是宋希濂将其打回对岸，卫立煌面对的形势，绝对比现在还要严峻。

宋希濂也没有想到，卫立煌虽被蒋介石"撤职为民"，但他对怒江一战，竟知道得这样清楚。

卫立煌在表扬了宋希濂之后，他又不失时机地点拨了他几句，宋希濂仗着自己是蒋介石黄埔军队中的嫡系，故此，有时候不听上级的调遣，而是将电话直接打到蒋介石的办公室，然后按照蒋介石的指挥棒在战场上闪转腾挪，攻杀战守，脱离应有的指挥系统之外，这会让上级指挥官感到很为难。

卫立煌讲出了自己的要求后，宋希濂当即表示一定会服从命令听指挥，在战场上不会让卫立煌操心。

随后，宋希濂开始向卫立煌汇报军队中比较重要的情况，其中瘴气的问题，引起了卫立煌的格外关注。

瘴气古而有之，《岭外代答》说："南方凡病，皆谓之瘴"，瘴气，壮医按发病季节分为青草瘴、黄梅瘴、新禾瘴、黄茅瘴等；按症状表现及性质又分为冷瘴、热瘴、哑瘴等等。

远在汉代，诸葛亮七擒孟获之时，无法破解瘴气，可是遇到了孟获的哥哥孟节，按照他的指点，士兵们往嘴里含一片当地植物的叶子，则瘴气不侵，最后彻底打败了孟获，取得征讨南蛮的胜利。

到了近代，有医家指出，所谓的瘴气，就是树林中腐烂的树叶和动物的尸体散发出的带菌毒气。按照宋希濂的统计，他的部队中，如果以一个连为单位（编制150人左右），可是却有十七八个战士，因为患瘴气，而无辜地献出了生命。

卫立煌告诉宋希濂，他这几天集中处理一下遗留问题，然后会下部队一次，争取找到破解瘴气的方法。

卫立煌是个实干主义者，为能在横渡怒江入缅作战时，迅速掌握一线敌情，同时能让命令快速传达到部队，他决定离开楚雄，将前敌指挥所设在距离怒江七十公里的保山县马王屯。

卫立煌将离开楚雄的事情交代了一下，带着副官李赣骥和三名卫士，上了一辆美式吉普车，卫立煌亲自开车，轰足油门，沿着崎岖不平的道路，直向滇西远征军司令部的新驻地马王屯飞驰而去。

楚雄滇西远征军司令部的主任副官名叫梅约翰，他一听卫司令要去马王屯，急忙命人备车，当司机准备好了小轿车，荷枪实弹的警卫团上了几辆卡车，等在小轿车身后待命，卫立煌乘坐的吉普车早就没有影子了。

梅约翰坐在小轿车上一路追赶，终于在距离楚雄30里的一处山边，看到了卫立煌驾驶的那辆吉普正歪倒在了沟里。原来卫立煌一边开车，一边想着如何渡过怒江的事儿，一个急转弯，他刹车踩得慢了一点，飞驰的吉普车就一头冲进了河沟里。

卫立煌的意思是让警卫团将吉普车从沟里推上来，他继续开车去马王屯，可是却遭到了梅约翰的强烈反对。现在正处在两军交战之前的关键时期，一旦中方远征军的司令官受伤，这仗没法打不说，他们也没法向重庆军政部交代。

卫立煌没办法，只得留下了几个卫士推车，他自己上了小轿车，警卫团跟随着，直奔马王屯而去。

卫立煌在马王屯建立前敌指挥部之后，第一次见到史迪威将军。史迪威毕业于美国的西点军校，参加过第一次世界大战，是一位充满牛仔精神（冒险精神）的将军，性格傲慢，不好相处。

在《史迪威日记》中，史迪威回顾了他第一次见到卫立煌的情形：

俞大维来此，（史迪威）问，你保证8月拿出12000支步枪，12月再拿出5000支的进展如何？

他扭动了一下，辩解说：没有原料。胡说。

见何应钦（头天答应好的）5万人变成了2.5万受过训的和2.5万新兵……再去见林蔚，同样的情形，至于（部队的）食物十分困难，解决办法是以给军队一笔固定资金（向农民）征收。

坏消息：陈诚病得比所想还要重许多，将有一个人来接替他（来指挥远征军）很可能是卫立煌，远征军需要有一个推动者……果真是卫立煌。商震带他来报到，他非常恭敬……我对卫讲了我的期望，他保证马上开始干起来，他匆匆而来，连自己的参谋人员都没带！……

卫立煌雷厉风行的工作态度，与某些国军高级将领裹足不前的作风绝然不同，卫司令不仅让史迪威觉得可信，更觉得他就是个打胜仗的军人。两个人经过接触，彼此也培养出了一种信任的感觉。有一次卫立煌和史迪威到怒江江边观看地形，选择合适的渡江之地，两个人在谈话中，史迪威得知卫立煌喜欢汽车，他回去后，命令手下，一口气给卫立煌送过来了20多辆吉普车，供他查看地形、指挥部队、行军作战时使用。

滇西远征军一开始用得武器都很杂，有中正式步枪，有缴获日军的三八大盖，甚至还有一些老套筒，部队集结组建成功后，史迪威为这支远征军更换了很多的美式装备。

历史学者江紫辰的论文《1944年反攻滇西的中国远征军是如何组建和装备的？》，翔实考证了有关细节。

（滇西远征军）训练分别在训练中心和部队中进行（由美国教官执教）。在昆明设立步兵、炮兵、通讯兵、交通兵训练中心，军官在训练中心上课，受训期满后回原来所在部队担任教官。每种课程的训练期为6个星期，每期每一兵种训练干部150～450人。第一期有步兵班450人，炮兵班300人，通讯和军医各150人。各军、师分别派遣一批美军教官协助组织和指导训练

照计划共有11个军（31个师）参加训练，每个师的兵员由8400人增加到10300人。预计按新编制组成24个新式攻击师，2个旧式攻击师、6个调整师，兵员总计412600人。

中国远征军装备美式武器情况，可以参考中国远征军第11集团军总司令宋希濂中将的回忆："当时接收美械装备的国民党军队共12个军，即第二、第五、第六、第八、第十三、第十八、第五十三、第五十四、第七十一、第七十三、第七十四、第九十四军。每个军成立1个榴弹炮营，配备105毫米榴弹炮12门；每个师成立1个山炮营，配备75毫米山炮12门；每个步兵团成立1个战防炮连，配备37毫米战防炮4门；每个步兵营成立1个迫击炮排，配备82迫击炮2门，1个火箭排，配备火箭筒2具；每个步兵营的重机枪连配备重机枪6挺；每个步兵连配轻机枪9挺，汤姆森式手提机枪18支，60迫击炮6门（每个排2门）和火焰喷射器1具。每个军、师都有1所设备完善的野战医院，从军、师到营、连，都有完整的通讯设备。这些美械装备的部队与原来的装备比较起来完善得多，尤其是火力大大增强了。"

按照这个说法，12个军共有美式60毫米迫击炮5832门、美式37毫米战防炮432门、美式75毫米山炮432门、美式105毫米榴弹炮144门。其中中国远征军（Y部队）第2军、第6军、第71军、第53军、第54军及第8军共16个师应该装备美式37毫米战车防御炮192门、美式75毫米山炮192门、105毫米榴弹炮72门。

江紫辰为了确保收集上来的资料真实，他还专门购买了《保山地区史志文辑：抗日战争专辑》（共四卷），在这份资料上记载：

当时除了第二军有炮兵团外，其余军只有一个山炮营，师级并没有山野炮营。同时步枪、轻机枪、82毫米迫击炮以国产为主，并装备美式重机枪和少量的美式60毫米迫击炮、火箭筒、火焰喷射器。

也就是说，所谓的中国远征军（Y部队）是清一色美式装备的说法是不可靠的。按照原始档案资料记载，负责反攻滇西的中国远征军仅有24门美式75毫米山炮。步枪、轻机枪、迫击炮均为国造，野战炮和榴弹炮都是之前仅存的苏式、德式火炮。

真正能称之为美械军的，也只有中国驻印军的新编第一军（新30师、新38师）、新编第六军（新22师、14师、50师）这两个军。

《史迪威日记》中，史迪威找俞大维问及枪械制造是否能足量供应的问题，这份资料也回答了。很显然，史迪威手中的美式装备并非是要多少有多少，他掌握的美式装备的分配权，绝对是有亲疏远近的，也就是说，首先必须满足中国驻印军的供应，接下来才是装备滇西远征军。

但不管怎么说，滇西远征军在武器装备上，也感觉有一种"上天"的感觉。以前，新兵训练，发几颗子弹是有数的，打完之后，还必须将子弹壳交回，让军工厂用空子弹壳再生产子弹，交到战士手中进行重复使用。

自从史迪威提供枪支弹药以来，士兵们去训练打靶，会找两个身强体壮的士兵掮着一个大抬筐，筐中放着的全是子弹，子弹不仅足量供应，而且打完还不用去捡子弹壳。

史迪威并不是一个慈善家，他武装滇西远征军的目的，是想获取这支军队的指挥权。在谈话中，卫立煌非常"有礼貌"地告诉他："史迪威先生，很遗憾地告诉您，您的要求不仅我不会同意，南京的军事委员会也不会同意，即使我和重庆的军委会同意，滇西远征军的全体官兵也不会同意！"

美国已经很多年没有打仗了，不像中国的官兵对日作战，积累了大量实战的经验，而且美国（富裕国家）的战略战术，也不适合中国（相对贫困）本地的抗日战争。随便举一个士兵吃饭的例子，中国驻印军的伙食非常丰厚，部队中的美国顾问和军官们，甚至还给战士做出了一个规定，那就是每天必须要喝多少牛奶，吃多少牛肉和鸡蛋。要知道中国的士兵是不喝牛奶的，只要让他们吃饱了馒头和米饭，他们就能打胜仗。

中美指挥官比起来，还是中国指挥官更了解自己的士兵。如果中国的军队，让美国人指挥，不仅难打胜仗不说，是否能做到令行禁止，令出必行都很难说！

史迪威虽然背后有美国政府，还有强大的美国军火制造业撑腰，但他还是比较明事理的，特别是跟一心想打胜仗的卫立煌交流，他觉得更没有障碍。

史迪威见卫立煌态度坚决，滇西远征军的指挥权无法得到，他就换了一个话题，大谈民国军队中一些军官的腐败以及蒋政府的无能。

卫立煌说道："史迪威将军，蒋委员长不是万能的上帝，只要他是人，就有这样那样的缺点。我们同为军人，应该知道，如果外部环境不能变化，我们干的事情就是如何让一支军队从内部强壮起来，打退敌人，取得胜利。这才是一个军人至高的光荣！"

史迪威面对卫立煌恭敬的态度，心里虽然有火，却发不出来，最后还是理解了卫立煌，说道："卫司令，我暂时回印度，一旦驻印军发起攻击，你们滇西远征军一定要配合行动！"

卫立煌的心中，早就憋着一股劲儿，那就是尽早地对盘踞在怒江对岸的日军发起猛烈的进攻，他要用子弹开路，用炮火说话，让侵略者付出生命和鲜血的代价。

卫立煌送走了史迪威，他决定驱车到一线阵地去看一看，瘴气不除，士兵们就有畏难的情绪，战争一旦打响，瘴气是会让士兵的战斗力打折扣的。

卫立煌坐上了美式吉普车，在警卫的保护之下，直奔怒江，并沿着江防工事，一路查到了打口寨。

打口寨阵地归七十一军的一个连防守，该连的阵地位于惠通桥的上游，不仅山路崎岖，而且地形复杂。卫立煌来到了打口寨阵地，竟将防守阵地的连长吓了一大跳，要知道上一任滇西远征军司令主持工作的时候，打口寨连一个营长级的军官都没来过。卫司令上任不久，就来到了打口寨，怎不让这连长感觉到震惊？

卫立煌来到时，正赶上战士们在吃饭，偌大的饭桌上面连一道菜都没有，有的只有盐水泡饭。卫立煌也不客气，抓起饭碗就和官兵们吃了一顿盐水泡饭，然后叮嘱随从参谋，让他回去找军需部门，必须要保证打口寨的官兵每天吃上一顿青菜。

卫立煌吃完饭，就开始和防守打口寨的连长聊起了"瘴气"。这位连长告诉卫立煌，瘴气实在是可怕，很多地方的老百姓都是日出而作，日落而歇，可是本地的百姓们为了躲避可怕的瘴气，一般都是9点钟以后下地，下午日头老高，就急忙回家。生怕中了瘴气，全家一起奔赴鬼门关。

防守打口寨的一个连，因为患瘴气而死亡的士兵，已经有二十左右。卫立煌问道："连里的战士一旦得了瘴气，病症是一个什么的情况？"

这位连长说："中瘴的士兵发病时先冷后热，接着就是呕吐昏迷，因为没有对症的药品，故此病人会很快地死去！"

卫立煌离开了打口寨，并没有直接回马王屯司令部，而是直奔保山西南方向60华里的一座野战医院。这座医院的院长是一位美国人，军衔是少校，医院的大夫和病人都称他为梅吉尔。

梅吉尔听卫立煌讲明瘴气的可怕，他说："卫将军，您的意思是否让我出面，成立一个医疗小组，专门攻克瘴气这道医学的难关？"

卫立煌颔首道："只要你能将瘴气治好，那就是大功一件！"

梅吉尔为破解瘴气难题，随后收治了几名身患瘴气的战士。这位勇于探索的医生，经过显微镜等现代化的医疗仪器的帮助，在这几名战士的血液中，全都找到了疟原虫的活体。

并没有什么瘴气，在云南地区，中午温度很热，没有蚊虫活动，而早晚凉爽的时候就是蚊虫出来觅食的最佳时间。蚊子集体出动，远远望去，就好像黑色的瘴气在活动，凡是被这种带有虐原虫病毒的蚊子叮咬过的人，通过血液传染，皆会患上不同程度的疟疾。

卫立煌对梅吉尔问道："治疗疟疾最好用什么药？"

梅吉尔告诉卫立煌，只要口服大剂量的奎宁，就能消灭疟疾！

卫立煌命令军需部门购进大量奎宁，并将奎宁发放到了连级部队，并做出了一项严格的规定，每日早操时分，各个部队的连长，必须将奎宁送到战士手中，并要亲眼看着战士们服下去。如果战士因为没有按时吃药，而患上了疟疾，则直接算连长的责任。

困扰云南部队多年的瘴气，竟在卫立煌的关心之下化解于无形了。萧毅肃一开始对卫立煌不满，但这件事发生后，他也是连连感叹，说："卫将军爱兵如子，我辈不如啊！"

3．怒江，大战将一触即发

饮马渡秋水，水寒风似刀——王昌龄《塞下曲》

细数卫立煌在抗日战争中的成绩，饮恨为多，雀跃为少，特别是忻口战败，一直让他耿耿于怀。作为职业军人，特别是卫立煌这样具有荣辱感的将军，他真的需要一场翻身战来证明自己。为了打赢这场东渡怒江、入缅抗日之战，卫立煌秣马厉兵扎扎实实做足了准备工作。

中日两军在怒江对峙的形成起因，来自第一次远征军入缅作战失败，当时溃退的中国远征军、逃难的难民，还有撤下来的各种物质沿着滇缅公路，一直拥堵到位于怒江之上的惠通桥（铁索桥）。

日军五十六师团为了占领惠通桥，调用装甲车开路，一百多辆汽车组成了快速纵队。这些汽车载着日军，3日攻占畹町、芒市，4日占领龙陵，5日攻到了惠通桥的西岸。

日军五十六师团又被称为"龙兵团"，其任务就是渡过怒江，占领昆明，最后夺取重庆。可是他们的美梦刚刚做到了一半，国军第二十四营营长张祖武面临危难，他领着手下，当机立断"轰隆"一声，用炸药炸了惠通桥。

首先冲过惠通桥的几百名日军被国军消灭，逃回的日军也就有几十人，为了粉碎日军搭桥强渡的念头，飞虎队随后开始了对怒江对岸日军的大轰炸。经过三天不间断的轰炸，不仅日军的弹药被毁，军车被炸，人员也受到了很大的伤亡，可以这样说，所谓的"龙兵团"在短时间内，真的没有渡江的能力了。

时间不长，日军的一部援兵赶到，他们和日军五十六师团兵合一处，开始利用船只，分兵几路强渡怒江。

国军七十一军三十六师、八十八师及预二师相继赶到，经过激战，终于将渡过江的日军全部消灭。随后，这两个师在怒江东西两岸，各自摆开了"一字长蛇阵"，国军在东岸的防线北起栗柴坝，南至三江口，全长共有五百里。

怒江对峙从1942年5月开始正式形成，可是双方都不想就这样继续"顶牛"下去。1942年5月10日，国军预二师渡过怒江，他们与腾冲抗日政府一道，并得到了敌占区广大抗日军民的支持，这支在敌后成建制中国军队，采取灵活机动的战术，不断地袭扰和伏击敌人。

预二师副师长洪行，为了更有效地打击敌人，还组成了杀黑队，专门在夜间"割鬼子汉奸脑壳"，给日军造成了极大的心理震慑。

1943年10月中旬，一股日军借着夜色的掩护，偷偷从第八十七师防区，摸到了怒江东岸，并深入到江东十余里的施甸地区，还占据了一个险要的山峰阵地。

卫立煌得到情报，急忙调集兵力，展开了一场"关门打狗"之战，滇西的远征军迅速包围了这一个大队的日军，在美十四航空队的空中支援下，这只胆大妄为的日军便被消灭了。

日军多次派兵渗透和突袭到怒江东岸阵地，可是每一次都没有捞到什么好处。后来，他们也学乖了，更多是动用飞机对保山地区进行轰炸和袭扰。一次，日军竟派出八架飞机对保山我滇西远征军防守的重要目标进行定点轰炸。

八架飞机刚刚闯入云南上空，卫立煌就从江防部队那里得到了日机入侵的情报，他将电话打到了美十四航空队的驻地。性能先进的美军战机迅速升空，8架笨拙的日军轰炸机接二连三地被击落，跳伞的日军飞行员，被地面上愤怒的民众用锹镐打死。这一场全歼敌机的漂亮空战，让日军很长一段时间未敢再派飞机飞临滇西远征军的阵地和军营。

这场空战仅仅进行了十多分钟。保山的民众皆不顾危险，涌上街头，仰头观看。看着曾经不可一世的日军飞机机尾拖着黑烟，一架架无头苍蝇似的坠地。欢呼声、鞭炮声，成了保山最主流的声音。歼灭日军8架轰炸机，并不能改变战争的胜负态势，但这一胜利对于鼓舞保山军民抗日必胜的信心和决心意义非凡。

"反攻"两个字说起来很轻巧，但到具体操作上来，卫立煌事无巨细，谨慎又谨慎。为了确保滇西远征军横渡怒江成功，他做了以下的准备工作：

第一，鼓舞士气。卫立煌通过训练、讲话，还有日军小股部队被全歼，日军的飞机被击毁的事实，告诉官兵们一个信息，只要不怕牺牲，入缅作战则必胜。

第二，精选渡江地点。由于惠通桥被炸，虽然桥上尚余铁链，但日军在对岸虎视眈眈的情况下，修复此桥当渡江工具，显然是不可能，即使侥幸成功，也必然会付出太大的伤亡。

卫立煌和滇西远征军的其他指挥官都明白，横渡怒江只有一个办法，那就是准备船只，万舸齐发，才能确保渡江成功。

怒江是中国西南地区的大河之一，全长3240公里，可是一条河流却有三个名字，它发源于青藏高原的唐古拉山南麓的吉热拍格，位于藏区的上游河流被称为那曲河，位于云南等地的中段河流被称为怒江，而进入印度后，又改称为萨尔温江。

怒江远看似一条小河，近观却发现位于山高谷深处的河床，宽有一二百米，水流湍急，行舟困难，想要在日军枪炮口下横渡，必须有非凡的智慧和勇气。

在《北史·列传》四十九卷中，关于水军作战的记载是，欲待孝宽军半渡而击之。

为了防止日军对渡江的滇西远征军"半渡而击"，渡江之地，一定要选好，滇西远征军东岸调兵不仅要隐蔽，而且渡江要迅速，最好以迅雷不及掩耳之势，打日军一个措手不及。为了保证渡江的成功，不能将所有的鸡蛋都放在同一个篮子里，卫立煌决定，要多地选择，实施多路渡江。

为了保证渡江战役的成功，卫立煌不顾危险，亲自带领长官部的主管处长和美军联络官等，驱车来到怒江的江边，寻找最为合适的渡江地点。

这些渡江之地以栗柴坝为坐标，北至猛古渡、水井渡、康郎渡、双虹桥和龙潭渡，栗柴坝往南，一直到三江口。十多个横渡怒江的地点被选中后，经过集思广益，最后七个渡江的合适地点被遴选出来。相信这些渡江之地，一旦万舸齐发，即使有几只船渡江中被敌人的炮火拦截，更多的地方也能突破敌人的江防阵地。只要一两只渡江部队在敌人占领的西岸展开，并构筑牢固的支撑点，后续部队渡江就会迅猛而至，最后取得横渡怒江战役的胜利。

为了确保万无一失，卫立煌还亲自手拿望远镜，到这七个渡江之地去观察敌情。双虹桥原来是怒江上的一座双孔铁索桥，随着战争的爆发，此桥被毁，已经不能走人，但滇西远征军在这里渡过江去，便可直接沿着江对岸的道路，对日军展开进攻。而栗柴坝之所以被选为第一渡江之地，其原因是这里河面较宽，水流较缓，自古以来就是怒江重要的渡口之一。

卫立煌担心日军在栗柴坝对岸派设重兵，架设火炮，会对驾船渡江的勇士们不利，便手拿望远镜，沿着江东岸，一路伏身在掩体里，对选定的渡江地点进行观察。随着太阳的升起，卫立煌在望远镜中，忽然看到了栗柴坝对岸山岭的丛林里，频闪着一个刺目的亮点。

很显然，亮点是太阳照在金属或者玻璃器物上，而产生的反光。以卫立煌排兵布阵的经验判断，有反光点的地方，就是一个非常合适的日军炮兵阵地，不仅可以俯瞰整个栗柴坝，让炮火没有死角，而且能在阵地暴露后，迅速让炮兵撤退。

卫立煌指示栗柴坝江防部队的炮兵，横渡怒江战役打响后，一定要集中所有炮火，对闪光点的位置进行炮火覆盖。事实证明，卫立煌的判断是正确的。当我滇西远征军勇士横渡怒江开始的前几日，我栗柴坝炮兵阵地，就对神秘的闪光点处，进行了地毯式的炮击。

经渡江的远征军战士证实，被我炮兵摧毁的正是日军的重炮阵地，如果该阵地不被摧毁，那么渡江的勇士们，处境可就非常危险了。

第三，准备渡江船只，训练渡江的工兵。

滇西远征军渡江必须要有合适的渡江工具。渡江工具中，首先考虑的是渡船，可是渡船毕竟不多，而且有经验的操船的船夫也严重缺乏。

卫立煌指示司令部成立了怒江工程处，任命长官处交通指挥官傅克为处长，负责督促各个渡江连队的长官，让他们就地取材，砍伐竹木，制成能装载一个排的大木船，砍来毛竹，做成可以载一个班战士的大竹排。

除了渡船和竹排，第三样渡江的工具就是美军支援的帆布船。这种帆布船由十几个充气的尼龙气囊组成，上面放一块长一点八、宽一点一米的胶合板，这种船轻便灵活，但缺点是那块巨大的胶合板到岸后，需要专人看管。但不管怎样，这种一次能渡一个班士兵的"外国"帆布船，也深受渡江官兵的喜爱。

最关键的700艘竹筏被准备妥当后，卫立煌还指示傅克，下一步将工作重点，转移到渡江技术的培训上面。

水路作战，不比陆地，渡江技术培训处的工作就是找来有经验的船工，让他们教会工兵们如何划船，如何在船上隐身，士兵落水后如何进行救援，如何在行进的船上开枪射击，并快速登岸，对敌人展开攻击等等。

傅克将军由于工作出色，卫立煌让他继续兼任远征军工兵集训处的处长。该处的训练地点在漾濞江，集训处每次集训一个工兵营，每期的集训时间为一周，一共举行了四期的培训，外加其他作战师团的工兵营，一共训练了四千多人。这些工兵操船渡江，在船上射击还有抢滩登陆等实战演练，基本已经能够胜任这次渡江作战，并担任"水手"和"船长"的工作了。

第四，谨慎选择进攻路线。

滇西远征军渡江是为了消灭怒江西岸的日军，官兵们一旦渡江成功，随后沿着哪条路线进军，进攻的方向，如何消灭所面对的敌人，这都需要卫立煌的长官部，制订出具体的行动计划、行动方案。

给卫立煌当过秘书的赵荣声在《回忆卫立煌先生》一书中，详细记叙了卫立煌在订制行动方案前，所做的技术性和科学性的努力和工作：

（卫立煌）反攻以前，还考虑了许多技术问题。例如他对将要进攻的几条路线，每一条都事先做了选择和研究；和将要担任主攻任务的指挥官，根据敌情缜密地进行了商讨。其中有一条由怒江岸边某处通往腾冲的山路，在军用地图上找不到。卫立煌和美国联络官窦恩准将说：听说美国的军用地图是用飞机照相制成的，中国的军用地图在多年前绘制，后来没有复查过，不很精确，有些东西日军地图上也不一定有。现在从怒江到腾冲这一段需要用飞机照相，请你们帮帮忙。

窦恩准将即派美军飞机在这一带飞行照相，两个星期后，地图即制成。在这种根据照片制成的地图上，隐隐约约可以看到山间好像有条路。卫立煌马上派遣参谋去询问当地父老和少数民族老人，他们都说三辈子以来，没有人走过这条路，但是在古老传说中好像先前有条老路。少数民族没有文字记录，许多事情都是靠传说和歌谣传诸后代，既然传说中讲到这个，这里就有一条路的可能性。再看地图上的这条路，所通过的地方，并无阻隔不能通行的绝地，如果用工兵去加以修复，可以通行，当然也有很多险阻，要费点事。

卫立煌选定了这条路以后，即叫美军飞机不要派飞机老在那一带飞行，以免引起日军注意。过了一些时候，到了反攻开始之日，中国军队有一部分由这一条日军完全料不到的山路以抄日军的背后，日军不知中国兵从何处来，惊慌失措，吃了很大的败仗。

蒋纬国在《抗日御侮》第九卷（171~172页）披露了重庆军委会当年给卫立煌下达的军事命令：

（1）以策应驻印军攻击密支那之目的，着以第五十四军为第一线，第三十六师于栗柴坝、双虹间地区，超越防守部队，渡江攻击当面之敌，向固东街，江苴街之线进击，相机攻占腾冲；

（2）各部队作战准备限4月底以前完成，待命开始攻击；

（3）怒江防守部队（第十一集团军），除第一线各师派一营以上之兵力，加强怒江右（西）岸游击，其余仍负原任务；

（4）着第八军赴祥云、云南驿地区集结，限6月5日到达，归卫长官指挥，长官部速拟渡江计划呈报。

卫立煌接到重庆军委会下达的命令后，即刻召集参谋长会议，拟定了具体的渡江作战计划：

（1）远征军为策应驻印军攻击密支那，打通中印公路（滇缅公路的替代公路），以第二十军为攻击军，由栗柴坝、双虹桥渡江，以腾冲为攻击目标。

（2）第二十一军为防守军，负责怒江左岸防守之责。另以该集团军之新编第三十九师、第八十八师、第七十六师、新编第三十三师备派加强团渡江攻击，策应第二十集团军之作战；

（3）攻击准备限4月底以前完成，攻击开始时间，另命之。

第五，统一思想，让高级指挥官们坚定此战必胜的信心。

1944年春，欧洲战场发生了巨大的变化，苏联红军已经开始反攻，德国纳粹军队开始节节败退。美国的B52战略远程轰炸机无须从中国起飞，便可直飞日本本土进行轰炸。

罗斯福答应给蒋介石的六十个师的美械装备，只给了一半，剩下的就变得遥遥无期了。如果这时候，日军在美国的胁迫下投降，那么蒋介石费劲两年心力，组织的滇西大反攻，就会变成竹篮打水一场空。

蒋政府想要在国际上彰显自己"大国"的地位，就一定要干大事儿，而滇西远征军反攻缅甸的日军,就是看得见、摸得着的大事儿。

蒋介石也担心滇西远征军横渡怒江之战能否完全取胜,在下达攻击命令之前,他将电话直接打到了卫立煌的马王屯前线指挥部。

蒋介石在电话里问:"你是否准备好了渡江作战、完胜日军的计划?"

卫立煌回答道:"请委员长批准我们的作战方案,到目前为止,没有出现新的情况,胜利是可以想见的!"

蒋介石因为第一次远征军入缅作战失败,他对滇西远征军第二次反攻缅甸疑虑重重,便对连连保证可以完胜日军的卫立煌,一连抛出了三个问题:

盟军对滇西远征军入缅作战究竟是什么态度?

滇西远征军在发动攻击时,盘踞在密支那的日军前来增援,卫立煌能否应付这种局面?

如果滇西远征军渡不过怒江,而日军趁机反渡过来,如此严重的后果卫立煌是否考虑过?

卫立煌最后在电话里这样说:"请委座放心,您说的情况,我都考虑好了,只要下了命令,滇西远征军渡江作战,一定会胜利的!"

蒋介石也知道卫立煌行事稳重,是一个不轻诺、诺必果的"靠谱"将军,他得到保证后,道:"此战干系重大,需牢记不战则已,战则必胜,荣誉集你一身,你要有勇担责任的准备……这场战争可以进行了!"

都说战争是为政治服务的,滇西远征军能否入缅作战,何时反击切断滇缅公路的日军,这需要蒋介石根据国际形势做判断,然后发布作战的命令……卫立煌久等渡江作战的命令,早已经心焦如焚,今日入缅作战的命令在手,怎不让他激动莫名,心潮澎湃?

卫立煌放下电话,他平和了一下雀跃的心情,随即对参谋长道:"明日一早,召开师级以上全体高级军官的作战会议!"

在方知今先生著《卫立煌》一书中,作者通过采访卫立煌之子卫道然,取得了很多第一手资料。方先生曾用详尽的笔墨,为我们复现了大战前夕,卫立煌"运筹帷幄之中,决胜千里之外"的智慧,"激昂而陈词,热血已沸腾"的慷慨,还有"纵有强敌于前,我视之如草芥"的英勇。

卫立煌召集师以上将领开会宣布:

委座电谕：中国远征军（滇西）可以开始反攻！

自从入缅远征军（第一次远征军）1942年5月退回滇西，我军与日隔怒江对峙两年之久。在此期间，我第十一集团军曾派第三十六师，预备第二师一部渡江袭扰日寇，至今预二师还有一部在对岸设立据点。但是对我反攻强度怒江天险，起不了多大作用。

据情报，在对峙两年中，日寇曾强逼我民工在松山、高黎贡山筑起永久工事。尤其是高黎贡山，巍峨险峻，绵延千里，横亘于前，是进入腾冲咽喉之地，反攻第一仗，当是拿下高黎贡山，这是一场恶战！

现在我军有了美械装备，有步炮空联合作战优势。但是，决不能掉以轻心，要对未来作战的残酷性有足够的思想准备。

说到这里，卫立煌起立，严肃地宣布：

我决定，1944年5月11日黄昏开始强度怒江；以第二十集团军为主攻部队，第五十四军首先渡江。

诸位将领起立听命。

卫立煌制订的这份作战计划非常详细，与会将领无不佩服他的认真精神。国军队伍中，一贯作风是"服从命令是军人的天职"的"大家长"制度，但是卫立煌唯恐自己亲拟的计划有疏漏和缺憾，他竟邀请与会的将领就计划中渡江的次序，作战部队的相互配合，还有渡江成功后，各部队的攻击目标等等是否有不完美的地方进行讨论。

在国军的战前会上，根本就没有质疑长官命令这一说，有的只是毫无条件地执行，卫立煌今日将战前动员会，开成了八路军的民主会，确实有些别开生面，甚至可以说非常另类。

参加战前会的师以上军官还真是第一次面临这种情况，他们因为没有准备而面面相觑，一时间谁也说不出话来了。

第二十集团军副总司令兼第五十四军军长方天不仅读过黄埔，还在陆军大学镀过金，参加过东征，可以说是一个老资格。他见众人不发言，决定来一个投石问路，试探一下长官部关于这次横渡怒江入缅作战的决心。

方知今先生在《卫立煌》一书中，回顾了方天惹恼卫立煌以及卫将军当众昭示决心、分兵派将的过程：

1944年，卫立煌（前排左3）在滇缅战场

（方天说道）诚如钧座所言，我们与日寇对峙两年之久，日寇一直在加强防御工事，其坚固可想而知，反攻是有困难的，倘若强渡时遇到强大阻击，势必退回。即使强渡成功，也有被压迫退回的可能。因此，我要请教工兵处长，假如攻击不利，大军要撤回江东，你能不能保证把部队都运送回来。

这个问题一提出，让时任滇西远征军的工兵处正副处长的真有些难于回答。横渡怒江，需要一船船地往日军占领的怒江对岸运送官兵，如果兵败，也需要一船船地往回运，但这问题就出来了，攻击的时候渡江，部队可以遵守纪律，可以按照规定的次序和频率运送兵源，一旦横渡怒江的任务失败，众多的溃兵集中在江岸上，根本没有任何纪律而言，想要完成撤退的任务，其难度可想而知。

这个确实存在的问题，该如何回答。

如果将方天提出的问题，放在战斗计划中讨论，根本就是一个无法回答的问题。五十四军作为滇西远征军最精锐的部队，被卫立煌放在"刀尖"的位置在使用，他也没有想到，方天借着征询意见的时候发难——中日两军交战，不仅关系国家民族的存亡绝续，更关系到滇西远征军的声誉荣誉，当任突击任务的长官不谈克敌，却先要谈失败，这原本就是"是可忍孰不可忍"的事情。

卫立煌气得拍案而起，惊得开会的将领们都站了起来，卫立煌激动地说："昔日韩信为取胜，尚且知道背水一战，项羽为破敌，亦知破釜沉舟，在座的诸位的操守和决心，难道就不如古人吗！"

卫立煌接下来，就开始给大家分析横渡怒江，入缅作战中日两只军队的优劣之处。

（1）日军单兵素质确实比中国士兵的素质高，但防守怒江对岸地区的日军，只有区区五万之众，而滇西远征军却有16万将士，3个中国士兵打一个日寇，就是用血埋人堆，也能将嚣张的日寇消灭干净。

（2）日军在怒江对岸的阵地，还有松山、高黎贡山经营多年，地堡、暗道和工事一定多如牛毛，坚固异常，但再坚固的工事，也没有炮弹坚固吧，再多的堡垒，也没有美军空军的航弹多吧，更何况滇西远征军官兵收复失地，打通滇缅公路的决心，如怒江江水一样汹涌奔流，绝对不可阻挡。日军占据地利是有一些优势，但在国军强大的炮火之下，在攻无不克的远征军的抗日激情面前，绝对没有成为"拦路虎"的理由。

（3）此次作战，由中国驻印军和滇西远征军两路迎头并进，对内缺给养，外无救兵的日寇形成合击之势，再兼之滇西远征军从武器上，已经对日军形成了压倒性的优势，故此，未言战而先言败，绝对是片面的畏敌怯战，甚至是别有用心的！

卫立煌讲完这些话，方天也觉得自己未战之前，先言败退实属不当，他本想解释几句，但一张脸涨得通红，却又不知道从何处开口。

卫立煌只觉得胸口的一股怒气难平，他临出会议室之前，这样说道：横渡怒江的战役开始，他要省出自己嘴边的一口米，供滇西远征军战士的保山的父老到怒江观战，我看哪个人厚脸皮泗渡回来，见这些殷殷期盼我们打胜仗的父老乡亲！

卫立煌发脾气是有多方面原因的，比如，滇西远征军长时间养兵练兵不战，饱受着国内舆论畏敌怯战的种种非议；比如，滇西远征军是临战拼凑起来的部队，并不是卫立煌训练出来的"子弟兵"，使用起来，磕磕绊绊，并非得心应手；再比如，滇西远征军中，各方势力纠结，让他真有一种"按下葫芦起来瓢"应顾不暇的感觉。

这次卫立煌在会议室中临战发火，作为参谋长的萧毅肃本应充当"救火员"，但他却一语不发，只是默坐一边。很显然，他是要看卫立煌的"笑话"。

卫立煌久经战火考验，在军界起落沉浮，大江大浪见过太多，他怒气冲冲地出了会议室，到外面凉风一吹，当即清醒了不少。片刻后，他一脸平静地又回来，对那些竖立在办公室中，不知道是应该离开，还是要留下继续开会的将领们，说："各位长官的决心，事关此战的输赢胜败，卫某因为激动，故此失态了，请诸位原谅！"

卫立煌重新召开了这次军事会议，他在复开的会议上，并没有重复前面的车轱辘话，而是郑重地做出了保证：如果五十四军渡江作战不顺，我卫立煌将率领第二梯队，渡江亲自去指挥战斗！

卫立煌作为滇西远征军的最高司令官，他为了取胜，竟做好了亲临一线、随时拼杀的准备，这种承诺，让方天真的是无话可说了！

卫立煌鼓舞士气后，统一了师以上指挥官的思想，他最后下达了这样一道命令：以上各渡江攻击之部队，必须在5月10之前，做好战斗准备，如果逾期未完成准备，到时无法执行战斗任务者，格杀勿论，决不宽恕！

卫立煌传下的是一道死命令，这道命令清楚明白地画出了此战的底线，进击者是英雄，不一定是死；而后退着，绝对是败类，等待他的铁定是军法处的无情子弹。

总之一句话，滇西远征军没有后退的路！

卫立煌 全传
Biography of Wei Lihuang

六

入缅作战，远征军扬威海外

战争似乎就意味着血和铁——昆体良

从来也没有好的战争，也没有坏的和平。战争就意味着鲜血、杀戮和死亡。日军入侵缅甸，目的是想切断滇缅公路，而滇西远征军为了畅通这条国际援华的大动脉，只能奋起千钧巨棒，将穷凶极恶的日寇，全都打落尘埃，让侵略者品尝一下可耻的失败滋味。

做事情都有这样一个规律，一开始千难万险，但只要挺过了开始阶段，往后越干越顺利；另外一种情况是，开局非常顺利，可是越干却越觉着困难。

这次滇西远征军横渡怒江，入缅作战就是属于第二种情况。远征军渡江时，基本没有受到过什么抵抗，可是兵力一旦展开，向高黎贡山、松山等战略要地发起进攻时，却发现想要打赢这场战争，实在是太难了。

日军在松山等地区，修建了异常坚固和复杂的地上和地下工事。他们依仗着这些工事，在和滇西远征军作战时，以疯狂的武士道作为精神支柱，他们"龟"一样坚韧忍耐，"鬼"一般血腥凶悍，"魔"似的疯狂顽抗，使远征军官兵付出了极大的伤亡代价。

卫立煌面对松山这块硬骨头，决定要一点点地啃，他就不信日军有三头六臂。再说，日军就是有"满血复活"的本事，他也要"壮志饥餐胡虏肉，笑谈渴饮匈奴血"，杀出一个胜利的新天地来！

六 入缅作战，远征军扬威海外

1．强渡，怒江一战惊敌胆

五月泸渡，深入不毛，并日而食——诸葛亮《出师表》

横渡怒江，原本就是九死一生的任务，卫立煌觉得此战必将是一场惨绝人寰的恶战。滇西远征军迎着日军的炮火，想要强渡怒江成功，必定要付出巨大的代价。令卫立煌想不到的是，日军好像在怒江并没有设防，滇西远征军的勇士们很快就渡江成功，这道未遇抵抗的难题，卫立煌不久之后就想明白了。

怒江对岸有五万名日军。其主力部队是渡边正夫的第五十六师团。而第二师团和第二十三师团虽然都不是整编，但也是不可轻视的力量。

侵略缅甸的日军序列中，最能打的日军是盘踞在密支那的第十八师团，如果中国驻扎印军不能适时解决密支那的日军，那么滇西渡江之战打响，密支那的日军就会起兵增援，而滇西远征军就会陷入两路日军的合围之中。由此可见，两路远征军的一起行动，真的是很重要。

日军第二师团原在关东军序列，冈村宁次大将当过该师的师团长，这支部队曾经参加过诺门罕会战，是一支善战的队伍；而第三十三师团曾被卫立煌在中条山打败过，师团长为樱井省三中将，属于这三支部队中最不能打的师团。

而第五十六师团才是滇西远征军最难啃的硬骨头。该师团和著名的日军第十八师团都来自九州北部的久米留地区，大多是穷苦的矿工子弟，他们视当兵为唯一的出路，故此，一上战场，凶悍异常。

第五十六师团论战斗力不及第十八师团，但日军第十八师团，也有一个地方比不过第五十六师团，那就是丛林作战。第五十六师团号称丛林战之王，该师团由坦克、装甲车、炮队、汽车、摩托车和步兵团组成，其行军神速，火力强大，是滇西远征军的心腹大患。

日军当时在滇西占据的战略要地是腾冲、松山、龙陵和芒市等地区，当然更大一部分的日军，则散布在高黎贡山脉的崇山峻岭之间，正在虎视眈眈地等着滇西远征军。

这一战谁胜谁负，滇西远征军的总司令不知道，侵略缅甸的日军最高司令河边正三也不晓得。

1944年5月11日黄昏，群山环绕中的怒江黑得特别早，就在这能见度下降、怒江面上开始飘起夜雾的一刻，卫立煌拿起了指挥所的电话，向早已经集结在怒江岸边，蓄势以待的滇西远征军下达了渡江作战的命令。

怒江之怒，是愤怒之怒，更是怒吼之怒。这条江水穿山越谷，是一条奔腾汹涌的大江，在正常的情况下，怒江宽约100米，流速为每秒两米上下。一旦下雨，怒江的江面宽度就会猛涨一倍，流速可达每秒4米。现在已经进入到了5月，怒江开始涨水，故此，如果不抓紧时间强渡，一旦进入到真正的雨季，那就只有望水兴叹，徒呼奈何了。

卫立煌最担心的渡江部队渡到一半，会遭到日军的"半渡而击之"。可是令他没有想到的是，渡江作战非常诡异的一幕发生了……

5月11日，滇西远征军的七只"尖刀"部队，分别沿着各自横渡的地点开始渡江，其中最重要的两路是：一九八师、预备第二师为第二十集团军的右翼攻击部队，开始从栗柴渡江（他们渡江后的攻击目标是马鞍山、冷水沟、北斋公房一线）；而三十六师为第二十集团军的左翼进攻渡江部队，从双虹桥渡口过江（他们渡江后的攻击目标是大塘子、南斋公房）。

二十集团军的所有山炮、野炮和榴弹炮，全都集结在渡口东岸的密林中，一旦渡江部队受到了日军的攻击，则万炮齐鸣，立刻给敌人以毁灭性的打击。

5月11日18时，大部队开始渡江，几百条木船，竹排和橡皮艇，上面坐满了等待渡江的官兵。渡江不能船行直线，而是要走"之"字形的强渡路线。因为怒江的水流太急，会将走直线的船只冲得严重偏离航道。

随着前线指挥官的一声令下，工兵们一起奋力划船，他们逆着水流，直向上游划去，划至江心，再借着水流的力量，将船头折返向敌军盘踞的对岸渡口。

天色未黑，滇西远征军在日军的眼皮子底下渡江，其危险的程度无异于虎口拔牙。渡江的部队已经在船头上架好了机关枪,黑洞洞的枪口瞄准了对岸,随时准备干掉任何一股阻挡远征军渡江的敌人。

可是,江面上除了奔腾的江水咆哮,根本就没有响起激烈的枪炮声。大军很顺利地渡过怒江,只有一个名叫邓超的上士班长不慎落水,被横在江上的绳索缠住不幸遇难。远征军渡江没费一枪一弹平安登岸,完成了事先预定的战略目标。

卫立煌当时就在栗柴坝东岸的临时指挥所中,镇定地指挥着这次渡江行动。他在东岸密林中,早已经埋伏好了众多的炮兵和机枪射手,只要对岸的日军开火,火力点暴露,滇西远征军的炮兵和机枪射手,就将以密如连珠的炮弹,疾风骤雨般的子弹,射向对岸,并将对岸的日军干净彻底地消灭。

直到大部队渡江成功,日军开火的事儿也没有出现。卫立煌心里不由得感到纳闷,日军为何放弃"半渡而击"这样一个绝好的机会?

原因很简单,卫立煌发出渡江作战命令的电文,竟然被日军截获并破译了。

日军截获电文后,已经明确知道滇西远征军渡江之地,他们一是害怕,滇西远征军强大的炮兵火力,会给暴露在河西岸的日军造成极大的杀伤;二是日军有仰仗,因为他们在高黎贡等山脉中,构筑了大量可以杀伤滇西远征军的工事。

中国远征军总司令卫立煌从桥上越过怒江天险

卫立煌的心中纳闷过后，随后升起了一种不祥的预感——未来的战场，应该比预料的更惨烈。

渡江部队的先头部队兵分两路，一路直奔惠通桥和双虹桥。他们利用事先准备好的木板，将这两座桥梁重新架设修复，新编三十九师的一个团，还有第三十六师的大部队，在这两座桥上，顺利地跨过了怒江。

第二十集团军顺利渡过怒江后，右翼第五十军一九八师分出一个团的兵力攻占了桥头、马面关等地，该师主力则开始围攻北斋公房的日军。日军守卫北斋公房的日军是第一四八纵队，虽然负隅顽抗，可是最后亦被消灭。

第二十集团军左翼三十六师由双虹桥渡过怒江后，一举攻下了日军占据的唐习山阵地。5月13日，日军大举反攻，复夺了失去的唐习山阵地，随着第五十三师全部渡江，第一一六师与三十六师兵合一处，将唐习山阵地又夺了回来。

第一三零师攻击马蹄山大塘子高地时，却遭到了占据有利地形的日军的拼死抵抗，虽然激战了七八日，可是并没有拿下这座易守难攻的高地。

第一一六师师长赵镇藩命三四七团的战车营切断了敌人的补给后路，又酣战两日，大塘子高地的日军弹尽粮绝，马蹄山的所有高地都被滇西远征军收复。

第十一集团军新编三十九师的一个加强团，他们在11日渡江成功后，随后便对盘踞在通往腾冲的关隘红木树的日军发起了进攻，经过一番激烈的战斗，红木树据点内的日军就被滇西远征军的加强团消灭了。

第七十六师、八十八师的两个加强团选择的横渡怒江的渡口在三江口，他们合兵围攻平戛，平戛的守敌大部分被消灭，只有一小股敌人突破了重围，逃到了芒市。

随后跨过怒江的部队，与渡江成功的部队兵合一处，开始向高黎贡山脉运动。盘踞在马蹄山、大塘子、大坪子和唐习山堡垒和工事里的日军，就好像蹲踞在山洞中的野兽，他们磨牙吮血，野兽般终于等到了"送"到口边的远征军。他们扣下枪机，随后从这些火力点上，喷出了一道道罪恶的火舌。

密集的子弹，雨点一般倾斜下来，渡江成功的滇西远征军战士，被子弹压在山沟中，根本无法抬头。渡江成功的远征军指挥官们，一个个气得拳头擂地，眼睛通红。他们抄起无线电呼叫还在怒江东岸的炮兵，随着冰雹一样的炮弹倾泻在敌人的堡垒群中，很多坚固的工事和碉堡，都在浓烟和烈火中飞上了天。

炸毁日军的工事，美军援助滇西远征军的火炮起到了很大的作用，但是战争打得是武器，打得更是人。勇敢顽强的滇西远征军战士在这场血与火的战争中，确实起到了中流砥柱的作用。

乐体全，1923年农历二月初十生。16岁时，被抓壮丁，不久之后，成为滇西远征军的战士，曾参加过攻占高黎贡山系平卡山的战斗。乐体全后来回顾参加这场战斗经过时说：

1943年春夏之交，我被编入远征军运输十八团。属于辎重部队，但是单独编制，营长刘云峰，连长卓俊成。部队是在泸州就编好了的。从泸州坐车出发，第一站到毕节，第二站昆明、下关，后来去了平浪。平浪是云南一个很出名的地方。还去了威宁，晚上住在威宁。后来就一直走路了，去了蒙化、弥渡、祥云，我们走的滚龙江，就是怒江，那时候还参观了诸葛亮收复南蛮后立的一个庙子，那里有一个柱头，还经过了梁王山、哑泉碑。那时候就都是走路了，每天都在大山里。

我们部队的任务是负责运送武器弹药和军粮，主要是炮弹和步枪子弹。从祥云开始，我们就开始接受任务运输物资。我们基本上天天都有任务，没有任务时就守仓库。运输直接运到前线指挥部（也是在山里面）。整个运输团完全靠人力背，每人最多背60斤。由于吃的不好死了不少人。

在运输团里，我是事务长。负责全团衣食住行。每个月有两三天都会缺粮。缺粮时战士们只能靠吃当地出产一种叫霸王鞭的植物来充饥。当地老乡告诉我们，霸王鞭的浆液有毒，他们教我们把皮削掉，放在溪沟中冲掉浆液才拿回煮着吃。条件非常艰苦。

部队好像是在1944年开始攻打怒江对面一个叫平卡的地方，也是一座大山上。上面有日本派重兵把守的三个石洞，是日本人的仓库。被服，武器弹药，副食品等都在里面。渡江使用的是美国支援的橡皮艇，江水湍急，一浪高过一浪，加上对面日本人的机枪扫射（渡江七个登陆地点，有几个小渡江登陆点，因为滇西远征军没有在东岸安排威慑敌人的炮兵，或者安排的少，反倒受到了日军的阻击）。先是第二军的硬上，死了很多人，死得惨。后来部队用飞机和重炮轰炸掩护部队渡江。渡江之后，到了山洞，就是敌人的仓库，但是不知道里面还有没有敌军驻守，想了一些办法想把敌人逼出来。我们用两百多斤辣椒点燃了，往里面放烟子，想把他们逼出来，结果没有人出来；又组织敢死队，一个洞子选十个，三个洞子就是三十个，当时有一百八十多人报名，选中的一人一百块钢洋捆在身上。他们一人一把二号马刀，一挺冲锋枪和四颗手榴弹。结果进去后发现日本人早就跑了。原来那个洞子后面是通的。但是他们留下好多东西，有武器、被服、香烟、罐头等待，我们就发东西。当时怕日本人在这些米和罐头里面放毒，还先叫狗来吃，狗没死，我们才吃的。

徐行是抓壮丁当的兵。开始的时候，也有过当逃兵的念头，可是部队在西康镇守二郎山时，他们开始接受正规军事训练，每天"三操两讲"，教员中有黄埔军校毕业的，很有水平。教员讲了英国人如何霸占香港，日本鬼子如何残害中国百姓，他们听后纷纷打消了当逃兵的念头。

多年后，徐行面对记者回忆起自己参加横渡怒江，向盘踞在高黎贡山上的日军发起进攻的往事时说：

5月份是怒江的雨季，我们来到江边才发现水流在谷底咆哮，怒江真的"发怒"了。徐行说，鬼子估计也考虑到中国军队会在此刻西渡怒江，翻越高黎贡山，进而收复腾冲、松山、龙陵等地，便提前夺走了沿江所有船只。后来，盟军运来一些橡皮艇，中国军队又赶制了大批木筏作为渡江工具。

5月11日黄昏，几十架盟军飞机飞过怒江，朝高黎贡山日军阵地投掷了大批炸弹，并使用机载机枪进行扫射。军机返航后，山上没有任何动静。这时，长官下达了渡江命令，左翼的三十六师、右翼的一九八师官兵乘坐橡皮艇和木船快速渡过怒江，开始向高黎贡山发起进攻……起初，战事进行得很顺利，渡江部队占领了怒江西岸的一些区域。然而，当小股先头部队刚到山腰，众多鬼子突然从掩体里钻出来，向中国军队发起反攻，抗日将士死的死，伤的伤，有的掉进怒江被激流冲走。迫不得已，部队暂时停止渡江。此后，盟军十几架轰炸机再次对日军阵地狂轰滥炸，上级又给即将渡江的部队配发了火焰喷射器。经过一番激战，几个小时后，第二十集团军终于顺利渡过怒江。

第二十集团军渡过怒江后兵分两路，以第五十三军为主力部队于5月14日开始攻击驻守大尖山和鸡心山的日军，第五十四军进攻高黎贡山的另一制高点———北斋公房。日军在北斋公房建有坚固的工事，还在北斋公房下方位置的灰坡、冷水沟等据点布置重兵，这完全出乎盟军指挥官意料之外。

战斗打响后，第五十四军一九八师和预备二师向北斋公房的日军发起猛攻。战斗打得十分惨烈，在第一波攻击中，一九八师五九四团团长就牺牲了，部队被迫后撤。"为减少损失，五十四军军长命令预备二师在正面监视、吸引敌人，一九八师经两侧绕过北斋公房，于16日攻占北斋公房背后的马面关与桥头两地，切断了日军的补给线。"徐行说，当时日军居高临下，加之天降大雨，预备二师仗打得十分艰苦，许多战士为国捐躯。幸亏一九八师于21日再次对北斋公房据点的日军发起攻击。最终，两个师合力将该据点攻克。此战，鬼子被歼灭300多人，包括一名大队长。

高黎贡山是一座海拔3000多米、南北长135千米的大山，其位置在怒江以西、滇缅公路和松山以北，它就好像一只穷凶极恶、摇头摆尾的老虎，横在了滇西远征军前进的路上。日军经过两年的经营，在山上面构筑了异常坚固的工事。

1944年4月下旬，中国军队拉开了滇西大反攻序幕。随着渡江战役的成功，这也标志滇西远征军取得了第一阶段的胜利。

蒋介石随后给美国总统罗斯福发报，报喜的同时也报了忧，并阐述了美国需要对滇西远征军"帮一把"的心愿：

中国远征军已于昨日强渡萨尔温江（怒江的缅甸称呼）完毕，现在向敌军猛烈进攻中，中国甚愿竭尽绵薄，能策应盟军在印缅之战有所裨益，以不负阁下之殷望，唯中国本是贫习之国，加以今日七年之长抗战，甚艰难困苦，甚于其他盟邦，必为阁下所深悉，而且中国战场，一方面在其战场中心河南平原作战，正大规模发展之时；另一方面又欲在萨尔温江作战同时进行，以中国疲惫之身，而当此两面作战之重任，其艰危之状，更倍于往昔，望阁下体谅此苦情是荷。蒋中正。元。机渝。

美国联络官窦恩将军得到美国总统的"应助远征军尽快歼灭滇西日军"的电令训示，驱车来到卫立煌的前敌指挥部。

卫立煌向窦恩介绍了滇西远征军渡过怒江后，中国驻印军已经发动了密支那之战，在节节胜利的情况之下，日军已经首尾不能相顾。根据新的形势，滇西远征军部队无须再担心日寇来自密支那的援军。故此，战前制定的作战计划显得过于保守，攻击部队必须改变下一步的作战部署：

以二十集团军配属第二师为右翼军团，负责进攻腾冲；以第十一集团军（欠缺预二师）为右翼军团，负责进攻龙陵、芒市。从而更主动、更迅速地打击日军，收复失地，打通滇缅公路，争取尽快与驻印军会师。

窦恩将军对卫立煌新的作战方案甚为赞赏，并同意为进攻部队出动飞机，空投给养的要求。

蒋介石随后批准了卫立煌新的作战计划，但还不放心，在给卫立煌打电话时问："什么时候能完成新战斗的准备工作？"

卫立煌准确地回答："5月底可以完成！"

滇西远征军渡过怒江的部队，已经和日军防守高黎贡山的先头部队交火，亦取得了一定的战绩，但日军的主力未出现，卫立煌这把"铁锤"，是否能砸开日军主力的"硬核桃"，还无法确定。为此，蒋介石不无担心地问："此战改变部署，干系重大，谁能负责？"

卫立煌临敌之际，两路进攻，已如箭在弦上，道："我来负责！"

蒋介石等的就是卫立煌的这句话，有了卫立煌的保证，对于这场滇西远征军入缅歼敌之战，他总算能放下了心来！

卫立煌调整了战斗的部署后，滇西远征军集中优势兵力，向日寇发起了更猛烈的进攻。

卫道然先生写的《卫立煌将军》一书中，通过卫立煌先生当年的讲述，为我们演示了这场战役的过程：

（龙陵古称"勐弄"，该县东临怒江、西临龙江，中间有高黎贡山南脉绵亘，故在清初的时候，取龙江之"龙"、高黎贡山南脉之"陵"将其改为"龙陵"。明朝倾半国之力曾经"三征麓川"，当年的大战就发生在这里。）

龙陵依山靠江，地势险要，历来是兵家必争之地。6月8日，滇西远征军新编第三十三师和八十七师进入攻击龙陵的位置后，却发现日军全部他去。第十一集团军总司令下令进入龙陵，并向蒋介石报捷。

蒋用电话问卫，宋希濂收复龙陵是否属实？卫说，到目前为止，尚未接到宋的电话或者电报，指挥部一直注视着这支军队。

随后，卫以各种方式主动与宋联系，两小时后，宋希濂来电话，说：敌军由芒市反扑，战斗激烈，他处境恶劣，随时有受重创的危险，请求指示。

日军不仅单兵素质超强，而且整体的作战能力也是宋希濂手下的军队所不及。宋希濂进攻龙陵，而日军一枪不发，弃城而去，只留下了一座空城给了滇西远征军，中国有句古话——事出反常必有诈，很显然，日军是在使用"空城计"。

日军撤出龙陵，让宋希濂兵不血刃地取得了这座空城，占领军必定骄傲异常，接下来日军趁着宋希濂手下的兵将立足未稳，便转而攻之，必定会给滇西远征军指战员以很大的杀伤。

宋希濂守不住龙陵后，一定会领兵撤退，这时候日军全力而攻之，甚至能收到全歼宋希濂一部的作战效果。

卫早在找宋之时，便已考虑好解救宋的办法了。他要宋沉着，命令部队突围，撤至龙陵东北高地，用火力阻击追击的敌军。

当时任滇西远征军第八十八师少将副师长的熊新民，曾经领兵参加了这次龙陵之战，他在回忆文章中写道：

天黑得很，又在下大雨，我现在就是在老东坡阵地上。前线从城内回来的传令兵都说占领了，到处搜索都没遇到抵抗。他们还带回许多战利品，牛肉罐头、饼干，我都吃过了。电话还未架通，看来是占领了。

好消息等不及进一步证实，前线的第一个捷报传到了重庆。国民政府军委会发言人随即向新闻界宣布了龙陵大捷的消息。中国后方各大报纸纷纷刊载，同盟国的新闻媒体也予以热切报道。亚洲战场中国远征军初战告捷的消息传向全世界。

远征军官兵太想赢了，后方的人们太需要一场振奋人心的胜利了。

短暂的沉默之后，日本方面发布通告，宣称龙陵仍然在日军控制之下。

远征军七十一军某部士兵王德五对那场遭遇战有着深切的记忆。"我们营打掉了日本人的仓库，里面尽是好多的军大衣和军靴、干粮和罐头。一些弟兄以为龙陵就此拿下，于是扛起这些战利品就想占为己有。不料，不大会儿遍山的日本人又反攻过来，我们敌打不过，不仅退出城来，而且死伤大半弟兄。军大衣、军靴扔得到处都是。"

总之一句话,第一次进攻龙陵失败了!

2. 恶战,一路杀敌洒热血

一年三百六十日,多是横戈马上行——戚继光《马上作》

第二次反攻缅北之战,终于打响。滇西远征军司令卫立煌深知兵家的名言——头阵胜,阵阵胜。横渡怒江,并未遇到日军太多的阻击,而且部队展开后,也取得了一定的战果,正当重庆政府和滇西前线的官兵都有些被胜利冲昏头脑的时候,卫立煌却是清醒的。他知道,这场对中日两只军队,都必须取胜、不能失败的战斗,绝对是一场苦战、恶战和血战!

而他这个指挥官,想要稳占先机,胜利在手,必须要沉着、冷静和执着!

重庆政府确实需要一场胜利来充门面,当他们得知攻占龙陵的捷报,不仅在报纸上大肆炒作,还立刻对盟军通报了这一消息,可是随后失败就像鬼魂一样,飘然而至,让蒋介石在同盟国首脑的追问下颜面尽失。

卫立煌深深知道,想要替重庆政府找回脸面,唯有一个办法,那就是尽快

卫立煌在滇西前线,率领中国远征军光复国土并攻入缅甸

地解决掉那里的守敌，然后攻占战略要地龙陵。

龙陵为何如此重要，只要打开军事地图就会明白。早在太平洋战争爆发之前，滇缅公路由于路窄车多，运输量巨大，故此，经常塞车，重庆政府为了改变这种"肠梗塞"的难题，只得改用分段运输的办法，来解决转运国际援助物质的迫切需求。

当时，从缅甸腊戍转运而来的物资，首站就到山城龙陵，小小的龙陵城，竟一跃而成为重要的物流集散地。重庆政府为了保证龙陵的安全，曾在这座县城的外围，修建了大量坚固的碉堡，还有四通八达的交通壕。

日军占领龙陵之后，在这些防御工事的基础之上，又修建了大量的永久性碉堡和工事，这让"巴掌"大的龙陵县城，变成了一座真正的"要塞"。

再从战略的位置上看，占领滇西的日军有两个重要的据点，就是腾冲和龙陵，这两个点互为犄角，可以互为支撑，成为日军严防死守的核心，卫立煌认为，只要迅速攻取龙陵，敲掉日军的上述两个支撑点中的一个，腾冲的日军就将成为任人宰割的"瓮中之鳖"。

滇缅抗战史专家戈叔亚曾多次到滇西远征军的抗战前线，并采访过很多参加过第二次滇缅战役的老兵。他根据第一手资料，写过题为《龙陵战役》的文章，在这篇文章中作者详细地记叙了此次作战的经过：

一战龙陵，远征军得而复失。

宋希濂攻敌迅猛，作风严谨，当他用望远镜看到城内飘扬着"青天白日旗"，感到大功告成，居然越级向他的"老校长"蒋介石发出了"龙陵县已被攻陷"的请功电文。

不料"后院起火"，驻守滇西的日军第五十六师团不惜血本，从腾冲、芒市等几个据点抽调了四五千精锐，在腾龙桥和放马桥撕开裂口，像井喷般涌入龙陵……夺回龙陵的日军马不停蹄沿滇缅公路攻击败退的远征军，试图解救困兽犹斗的松山日军，气焰之嚣张可见一斑。全赖远征军将士用命，像钉子一样死死扣在阵地上不退半步，这才让日军拥有了"全盘皆输"的命运。

二战龙陵，弹药匮乏无功而返。

7月13日，远征军再次集结五个师三万余人，向龙陵城发起第二轮攻势。士兵们向数次易手的城外几个山头决死突击。新二十八师在城东一座不高的山峰老董坡一个洼地遭受日军暗堡射击,瞬间倒下400余人。据该师卫生队苏队长回忆,在一个小时之内,抬下来的重伤员高达五百零九人,这还不算牺牲和轻伤的。各师的团营连多数战至最后一人,后续部队踏着战友的尸体再次夺回了失守的高地。

就在已经杀红眼的中国人准备居高临下拿下龙陵城时,打光了的弹药却得不到补充!大批运往龙陵前线的粮秣弹药只好由人走山路,背肩肩扛,这样杯水车薪无济于事;本来非常有效的美国飞机的空投,又遇到了大雨和浓雾……

当时任七十一军运输团少尉军需官的万国章晚年曾回忆说:

供应断绝后,开始我们每天还能有一个饼子充饥,两三天后,就连干粮也没有了。大雨日夜不停地下着……很多伤员经雨一淋,伤口马上感染,即使他们痛得喊天咒地,我们也没有一点办法,只能含着泪眼睁睁地看着他们慢慢死去。在供应断绝的那段时间里,战场的悲惨凄苦在这里真是表现得淋漓尽致。这种情景,让远征军的最高层指挥人员很忧心,如果暴雨持续下十天半个月,全线的崩溃将不可避免!

滇西远征军老兵付心德回忆二战龙陵的情景时说:

次日早晨,敌军以八九十名兵力反攻,(烟台人,连长)高介军率全连所剩无几的官兵与敌拼杀三四个小时。敌势虽猛,仍未得逞。后来敌又增援,高介军率仅存的五六名战士与敌战斗,与冲上来的日军展开肉搏厮杀……当他赶到勐岭坡时,只见"尸横遍地,血肉狼藉,士兵相拥撕咬而死的就有80多对。高介军已经牺牲了,嘴里咬着一个日本兵的耳朵!"

请求弹药支持的电报像雪片一样发往司令部而无结果,在高地上对龙陵县城一览无遗的士兵望洋兴叹,只好从成百上千战友用鲜血和死斗换来的前沿阵地上撤退……

第二次龙陵战役无功而返。滇西战场因为龙陵难于攻陷而陷入胶着。

第二次攻占龙陵的远征军战士恼火,战役的指挥官更恼火,但最恼火的就是卫立煌。打仗就是打后援，因为弹药供应不上，竟让一场可以取胜之战打成了失败之战。

两个月之后，黄埔一期毕业的黄杰接替了宋希濂之职，成为第十一集团军的总司令。卫立煌给他的任务就是想尽一切办法，尽快攻下龙陵，让第十一集团军打一场"翻身之仗"。

在熊新民关于领兵攻打龙陵的回忆文章中，这样写道：

当时黄杰的作战思路是：第十一集团军攻取龙陵的思路是三面包围。北面由第八十七师实施攻击，东面和南面由第八十八师负责。龙陵西面则门户大开不设防，目的是赶在日军主力回援龙陵之前，将日军向西面的芒市一线挤压驱赶，孤立死守在北面腾冲和东面松山战场上的日军，然后向东包抄，各个击破，打通滇缅路的运输补给线。

然而对于日军第五十六师团来说，龙陵向西，一马平川，无险可守。龙陵一失，满盘皆输。因此，日军只能顽固坚守……

自6月下旬以来，不断有来自北面和西面的小股日军增援龙陵，依仗大量的物资储备，龙陵城日军有恃无恐，负隅顽抗。滇西战事一时陷入僵局。

7月中旬，远征军七十一军集结五个师约三万兵力，从东、北、南三面向龙陵县城一带的日军据点发起第二次围攻。

日军迅速增派第五十六师团、第二师团主力一万五千多人增援龙陵，向远征军发动疯狂反扑。

日军反扑攻势如此凶猛，是远征军指挥部始料未及的。总司令卫立煌意识到，日军战略部署或许出现重大转变。以往日军的增援大多是小股部队，多至三四千，少的只有几百。而突然出现的一万多日军是怎么来的呢？多年的军旅生涯，造就了他敏感的直觉，日军肯定是在耍花招。卫立煌立即约请盟军空军指挥官谈话，请他们密切注意沿滇缅公路日军的动态。

美军侦察机近几天拍回的照片，引起了他的注意。芒市南面沿路多了许多奇怪的"小树丛"，每天拍回的照片上，"树丛"的位置都有变化，有的消失了。

卫立煌将军立即命令情报部门，彻查这些"会移动"的树丛究竟是怎么一回事。游击队侦察报告最终证实，这些"树丛"是日军的军车和帐篷。所有车辆都盖有绿色防空网，有的新漆成丛林伪装色图案。

紧接着，远征军长官部从缅甸地下抵抗组织获得情报。日军第33军纠集近4个师团兵力，正在向中国军队西面的芒市、龙陵集结。

日军作战部署确有重大改变。

1944年7月，迫于形势，日军修订了代号为"断"的反攻作战计划。当时，日军在缅甸北部的胡康河谷之役失败，密支那也将失守。

为了继续阻断滇缅公路的交通，日军第三十三军司令官本多政材决定：在缅北方面，对中国驻印军由攻势转变为守势。第三十三军主力东移集结滇西，遏制中国远征军的大规模反攻。这样也可以达到阻止修复中印交通线、断绝中国外援的目的。

具体计划是，龙陵守备队死守阵地。第三十三军主力和第二师团秘密集结，昼伏夜行，跃进至龙陵西南面的芒市，增援龙陵的第五十六师团，以期速战速决，消灭围攻的中国远征军主力，再前出至怒江一线，救出松山和腾冲守备队的同时，继续切断滇缅公路交通线。

缅北方面则加强守备，防止中国驻印军和滇西远征军会师。等待怒江部队取胜之后，迅速转移主力向缅北战场，对驻印军发动攻势，救出密支那及八莫守备队。

由于"断"作战事关滇西、缅北作战全局，日军三十三军司令部推进至芒市。待集结完毕，准备在9月、10月间发动总攻。

卫立煌得知日军这充满野心的计划，随即部署第三次攻击龙陵。10月底，中国远征军各部开始向龙陵守敌发起总攻。

第三次攻打龙陵时准备得比较充分，在炮兵火力和美国P38战斗轰炸机轰炸后，滇西远征军的几个师的部队一齐围上来。经过激烈的巷战，终于把日本人压缩在一个小面积内。

（由于苦战，龙陵日军在心理上已经接近崩溃）一名日本兵目睹了自己的长官因溃败的绝望而完全失去理智。"铃木少尉觉得老呆在工事里真是窝囊又闷热，他发疯似的冲出去。刚走出去，一颗炮弹飞了过来，半边脸就被炸飞了，连叫都没叫一声就送了命。"

11月1日，远征军各攻击部队向中央合围，在300门大炮和美国空军协同下，一鼓作气攻占了日军在城中的核心据点。

此时，由于龙陵等县城被攻克，日军预定的"断"作战计划已经失去意义。据说，日本三十三军司令官本多政材流着眼泪，抱着满盘皆输的遗憾，下令终止作战。

1944年11月3日凌晨，中国远征军收复龙陵。

黄杰陪同总司令卫立煌亲临惨烈的前线。黄杰用文字记录了战场上的惨景，令人不忍卒读：

我曾于12月29日陪同卫长官与美军魏德迈将军前往视察。日军纵深阵地，与坚固之堡垒，尽为我炮兵、空军摧毁。茂密之森林，仅剩有焦黄之枯枝，散挂着战死者肢腿残骸。凄凉战地，人魄动而心惊。

号称"龙兵团"的日军精锐五十六师团，此次极具戏剧性地在龙陵折戟沉沙。龙陵战役结束后不久，日陆军本部随即将五十六师团的番号取消。

龙陵战役结束后，第十一集团军总司令黄杰将军回忆："此役我曾经过三次攻略，敌亦曾经过两次增援反攻，为全战役中时间最长、兵力最多、战斗最惨烈之会战。计敌共死伤10620员名，我军共死伤28384员名，约为1∶2.7。"

《史记》载，位于滇缅边境的腾冲古城被称为"乘象国"，司马迁按照当时的时代认知，将其命名为"滇越"。"极边第一城"腾冲地理位置非常重要，在元、明、清三朝八百多年间，始终被视为兵家重地，这里不仅有八关、九隘、七十七碉，腾冲要塞还被称为"三宣门户，八关锁钥"。

腾冲是东界高黎贡山、西制高良工山、南起龙陵、北迄片马的"崇山峻岭之间的区域"，历年来绝少兵祸。

可是随着日军入侵，被徐霞客称其为"迤西所无"的安宁县城，却遭受了一场最严重的兵燹。

霍揆彰将军是一位广有争议的将军，他因闻一多、李公朴血案而去过职。在滇西远征军准备赴缅作战之前，还想将手下的东北军进行改编，而被卫立煌批评了一通。在横渡怒江战役打响后，霍揆彰任第二十集团军总司令，下辖第五十三、第五十四军，这两军的军长分别是：周福成和方天。

卫道然著《卫立煌将军传》中，披露了当年第二十集团军的攻敌计划、行动路线：强度怒江，接替一九八师的桥头、马面关防线。随后，第五十四军主力攻克北斋公房，第五十三军占领了江苴街和瓦甸。随着腾冲守敌的外围阵地都被第20集团军攻克。6月底，该军抵腾冲城郊区，准备攻坚。卫道然详细描述了腾冲县城的守备情况，以及卫立煌排兵布阵，并制定出准备一鼓作气攻下腾冲的作战计划：

由北斋公房南下的第五十四军预备二师，也按照计划抵腾冲郊外的西北地区。围攻腾冲的条件基本完成。腾冲是三国时代诸葛亮七擒七纵那位孟获酋长的京城。诸葛亮所以这样善待孟获，一再地捉住了又放，放了又捉，是因为只有这样服了孟获酋长，其他的小酋长才好办。这位孟获酋长的辖地都是沃土，并非不毛之地，他的京城都是用如磐的巨石垒成，坚固异常，即使用现代的炮火，也不容易打破。城内街道整齐，商店林立，一般房屋，也都结实高大，尤其是孔庙、城隍庙一带，建筑更是坚固，难怪日军将司令部设于此处。在那位孟获酋长1600多年前就留下的牢固城墙的基础上，（日军）先后用两年时间，用现代化方法把它营建得自认为牢不可破。若不是当时战事紧急，卫立煌真会带一些工兵专家去研究一下，为何一千七百多年前的建筑，竟然那么好，致使诸葛亮要捉放孟获七次而不嫌烦。

腾冲守军为擅长丛林战的第五十六师团主力，弹药储备充足，兵力约七千人，中国远征军要夺回这座古城，确实不易。

当年诸葛亮从孟获手中拿下这座城，用了多种多样的军事手段和方法。远征军拿下它，则更是要用勇敢的精神去战胜日军的现代化工事。卫立煌和他的手下作了多次研究，怎么才能使我军更多地掌握有利条件？

腾冲县城方圆不过3平方公里，是一个不大的小县城，由于龙陵还有江防等战事吃紧，再加上腾冲周围有四个小山需要死守，故此，城里的日军守军只是148联队（约三千人），该联队长为藏重康美。藏重康美为日本山口县人，毕业于陆军士官学校第26期步兵科，是一位很有作战经验的指挥官。

藏重康美知道孤城难守的道理，他在腾冲城外宝峰山、飞凤山和来凤山等高地上，修筑碉堡，深挖工事，并将重炮推到了山顶之上的掩体里。这些高地不仅组成了强大的交叉火力网，而且还可以对腾冲城的守军进行火力支援。

卫立煌对第二十集团军报上来的军情及时做出了批示：欲取腾冲，先取此城外的四个高地。

孟子就曾经说过，天时不如地利。如果滇西远征军的官兵们，不理腾冲城外的四个高地，只知道狂攻腾冲城，那么架设在这些高地上的火炮，必然会给攻城部队造成很大的杀伤。

一旦攻下了这些高地，远征军将自己的火炮架设在山顶之上，不仅可以用火力覆盖腾冲城，也可以在心理上，给日军造成强大的压力。

霍揆彰接到命令后，随即调整了战略部署：以五十三军为左翼，攻取飞凤山；以五十四军为右翼，攻取宝峰山。这两座高地很快便被拿下。两军合兵，攻取来凤山，却遇到了意想不到的情况，这座高出腾冲城150余米的高地不仅久攻不下，而且伤亡的官兵已近千人。

霍揆彰也觉得不可思议，亲临来凤山阵地第一线，经过抵近观察，他才明白该阵地的厉害、攻山的官兵伤亡惨重的原因。

来凤山虽然山体并不雄伟，但却是腾冲第一"高"山，藏重康美作战经验丰富，自然知道此山在腾冲之战的重要性。故此，他在来凤山上依山势，修筑了四层钢筋混凝土的防御工事，而且这些工事有暗道直通腾冲县城。虽然死守来凤山的日军只有区区四百人，可是城里的援兵，却能源源不断地补充过来，是一处"援兵不断"的邪恶阵地。

来凤山地堡林立，射击孔预留刁钻，是造成远征军战士伤亡巨大的一个原因。另外一个原因是，攻取来凤山的指挥官战术呆板，只知道硬拼，使得远征军战士迎着敌人的机枪猛冲，勇气感人，结果是出现了众多无谓牺牲。

霍揆彰找来指挥五十四军的军长方天，问道："方军长，你的部队中装配有不少美式火炮，为何不用？"

方天回答："报告霍司令，敌军在碉堡上堆砌了十几层的原木，炮弹打上去，根本就没有任何效果，故此，卑职想节省些炮弹，等到攻打腾冲城时再使用！"

霍揆彰听到方天的回答，心中不由得火冒三丈。卫立煌和他谈话时，曾经讲过用美制的火炮，攻打日寇碉堡的方法……日寇碉堡有很多都用坚固的钢筋混凝土制成，为了防止炮弹直接命中，碉堡的上面基本上都是一层圆木，一层土袋子，两三米厚的保护层就好像是一个"乌龟壳"，确实能让美军的火炮失去效果。

卫立煌告诉霍揆彰，美军的火炮有一软一硬两个杀伤的效果，硬的杀伤效果就是爆炸飞散出的弹片和石块，软的杀伤就是巨大的声波。集中火炮，在同一时间里，对来凤山的山顶进行一番密集的狂轰滥炸，叠加在一起的巨大爆炸声，就有震杀敌军的强大威力。

方天被换下，五十四军军长由该军副军长阙汉骞接任。7月24日，先是五十多架美军轰炸机对来凤山的日军阵地进行地毯式轰炸，巨大的航空炸弹将来凤山阵地翻了一个个后，山下几百门美制的火炮随后开始一起怒吼，成千上万的炮弹，冰雹一样落在来凤山松软的土地上。日军的堡垒即使没有被击毁，也被山土掩埋，碉堡工事里的日军没有被炮弹炸死，也大多被巨大的爆炸声震得七窍流血而亡。

7月28日，来凤山阵地终于被滇西远征军的官兵们占领了。卫立煌得到腾冲外围日军阵地全部被肃清的消息，连声说好。随后，便传下了进攻腾冲，肃清城内日军的命令。

霍揆彰曾经撰写《第二十集团军腾冲会战概要》，对攻占腾冲的过程有言简意赅的描述，作者这样写道：

复于次日晨，将腾城东南两城门外繁华市区之敌全部肃清，残敌退据城内，四门紧闭，深沟高垒，企图困斗。我当将该城四面包围，唯该城之墙概为坚石砌成，高而且厚，兼有大盈江及饮马水河环绕东西北面，形势天然有险可凭，况城墙上端堡垒环列，其距离不过十公尺，而城之四角有坚厚堡垒侧防，欲求接近，良非易事。经月围困，攀登乏术，乃不时以空军猛烈轰炸，陆续炸成缺口十余处。我各部队即以利用轰炸成果，冒敌浓密火网先后登城，对城上之敌堡垒，以对壕作业逐次攻击。至未号始将东南三面城墙上之敌大部肃清，于马晨开始向城内之敌攻击。

霍揆彰关于美军用重磅航空炸弹在腾冲城墙上炸出十多个缺口这段往事，只是一笔带过，写得很简单。事实上，炸城的行动当年让美军飞行员们很费了一番心思。

日军为了防止腾冲城内混进潜伏的远征军，将城内的所有百姓都赶了出去。面对满城的日寇，远征军的火炮再无顾忌，每日往城里倾泻的炮弹多达三千多枚。

城里的日军被炸得哭爹喊娘,可是有一样,美军的现代化炮弹,却奈何不了古老的腾冲城墙。

腾冲城墙全都是由光滑、坚固且富有弹性的火山岩建造,这种石头有个特性,就是被炮弹和航弹直接命中后,石头的弹性,会将炮弹或者航弹弹出几十米,爆炸的余波根本奈何不了坚固的城墙。

美军轰炸机面对腾冲千年的古城墙,也感觉有些束手无策了。卫立煌得知情况,拨通了美军联络官窦恩将军的电话,他在电话里这样说:"办法一定会比困难多,相信飞虎队的勇士们,一定能想出很好的解决办法!"

窦恩随后又将电话打给了美十四航空队的负责人,命令他一定要想出办法,炸开腾冲城。

美十四航空队经过集思广益,真的拿出了一个解决的办法,那就是在重磅的航空炸弹前面,焊上"尖溜溜"的钢筋,这些钢筋就好像刺刀一样,航弹由天而落,因为速度和重力的关系,钢筋会穿豆腐一样"扑哧"一声,扎进腾冲城墙的火山岩里面,这样毫无间隙、绝对近距离的爆炸,让这种"上了刺刀的炸弹"成了炸毁腾冲城墙的不二利器。面对被炸出了几个大豁口的城墙,远征军将士们顶着硝烟,借着云梯的帮助,怒吼一声,杀进了腾冲城!

霍揆彰在《第二十集团军腾冲会战概要》中,对远征军将士杀进腾冲后的军事行动这样写道:

我预二师、一九八师、三十六师、一一六师各部主力奋勇直前。由南面城墙下城,突入市区,激烈巷战于焉展开,唯城内人烟稠密,房屋连椽,大部坚实难破;且顽敌家家设防,街巷堡垒星罗棋布。尺寸必争,处处激战,我敌肉搏,山川震眩,声动江河,势如雷电,尸填街巷,血满城沿,嗣以各部损耗惨重,而各级预备队既早用罄,又无援兵以济急难,不得已将原在南甸、腾龙桥阻敌增援之一三零师调入腾城,用增实力苦战若干昼夜,所赖将士忠勇克敌致果,业于九月十四日将困守腾城之敌全部歼灭,青白之旗乃复飘扬,边陲重镇,同声庆幸。

综合自怒江强渡起至克复腾冲止,所历大小战役40余次,共生俘敌军官4员,士兵60余名,营妓18名。毙敌少将指挥官及藏重大佐联队长以下军官100余员,士兵6000余名。虏获野山炮7门,步兵炮6门,迫击炮10门,重机枪19

挺，轻机枪47挺，步骑枪千余支，汽车20余辆，有无线电机25部及其他军品无算。我亦伤亡官佐1234员，士兵17075名，斯乃腾冲会战之概略情形。

腾冲被日军占领后的那一天，就开始休克了，直到远征军消灭了城中的日军，这座古老而又年轻的县城才重新苏醒了过来！

刑天舞干戚，猛志固常在。腾冲从失陷到光复，历时859个日日夜夜，它是抗战以来第一个被光复的县城。光复后的腾冲城内，已无一片完整的房舍和堤坝，更无一片完整的围栏和草甸，这场战争非常惨烈，亦被后世称为"焦土之战"。

腾冲战役结束一个月之后，美军布威尔·里维斯中校来到腾冲。满城的废墟瓦砾，已经再也找不到腾冲旧日的繁荣。在一僻静之处，他发现一具已经腐烂的日军尸体，三株顽强的牵牛，已经在他腐烂发臭的胸口上开出了红色的花。

3．捷报，十战松山获成功

越王勾践破吴归，战士还家尽锦衣——李白《越中览古》

滇西远征军收复龙陵、松山、腾冲的三大会战，在世界军事史上统称为龙陵会战。三场艰苦卓绝的会战，任何一场单独提出来，都可以大书特书。三场会战比起来，最"惊天地，泣鬼神"的一战是松山战役。

滇西远征军第二十集团军和第十一集团军在卫立煌的指挥下，从长达150公里的怒江江面的七个渡口强行渡江。渡江战役胜利结束后，滇西远征军兵分多路，翻越高黎贡山后，对腾冲和龙陵发动攻势。

滇西远征军遭到日军顽抗，最后腾冲和龙陵还是被攻克。当国内乃至世界正义的力量和舆论对滇西远征军寄予厚望的时候，滇西远征军差点中了"魔鬼参谋"辻政信的"断作战"的诡计。

"断作战"是以全歼滇西远征军为最终目标的诡计。

滇西远征军主力攻到龙陵之后，辻政信命令第18师团113联队的松井秀治大佐（后来，松井秀治大佐率联队主力增援高黎贡山，野炮兵第56联队第3大队队长金光惠次郎少佐为松山最高的指挥官）死守松山，扼断滇西远征军的粮草和军火供应的咽喉要路，然后日军其他师团集结起来，将滇西远征军歼灭于松山的上下。

日军计划成功与否的先决条件，就是松山不被中国远征军攻克。

中国驻印军从印度向国内方向攻击日军，而卫立煌率领滇西远征军从昆明往缅甸方向攻击日军，两只军队就好像两只铁拳，合击的目标，就是盘踞在缅甸的日寇。

中国驻印军捷报频传，滇西远征军无论如何不能被阻挡在松山之下。松山这颗钉子，卫立煌拔得掉要拔，拔不掉那就得硬拔！

松山，海拔2200米，位于怒江上惠通桥西北约12里。松山战役后，这座小山成了国内乃至世界媒体关注的焦点。

1942年5月，日军侵占怒江西岸后，便在松山上建立了进攻、防御和支撑点三位一体的坚固阵地。山上不仅有40多座可以相互侧应的子母堡群，而且隐蔽的地下交通网四通八达。日军工兵除了在阵地前埋设了不少的地雷外，他们甚至还将第一次中国远征军丢弃的T-26坦克埋在山顶阵地的泥土中，当作坚固的火力支撑点。

在日本朝云新闻社出版的《日本防卫厅研修所战史部战史丛书》中，专辟一节，题为"拉孟（日方对松山的称呼）守备队的勇战和玉碎"。中文翻译为"松山日军守备队覆灭的记录"（译者：梁爽；供稿：戈叔亚）。摘录如下：

（拉孟）阵地设施与配备：

拉孟是一个能够俯瞰怒江西岸及惠通桥的滇缅公路上的要地。从拉孟附近五百公尺左右的高地远眺，其景象真是雄浑绝壮。流经该高地的怒江冲击着两岸，形成了数千公尺深的大峡谷，西岸有高黎贡山脉、东岸是昆仑山山脉支脉，这个形成了一片一万公尺以上的峻岭。

虽然惠通桥（吊桥）已遭到破坏，仅剩下两岸的桥墩（不准确，上面还有铁链），但是当远征军沿滇缅公路进攻的时候，渡江点自然而然地就限定在惠通桥附近了。因此，为了扼守公路两侧的要地，就在几千公尺以上的高地设置阵地。同时，为了监视渡江点附近，也在河岸的中部构筑了两个观察所。尽管这个阵地的地形布置得完整无缺，但当云南远征军总反攻到来的时候，结果又出现了究竟需要多少兵力来守备拉孟这么一个问题。从这一点出发，即使现在就阵地的构筑过程来说,还在不断地增减,修改。

但是结果在一九四四年五月,腾越方面的第二十集团军开始反攻,松井大佐率领主力从拉孟出发,最终确定了由残留下来的部队来死守拉孟。不管怎么说师团主力的火速救援已经无望了。

只有不足1000(除去300名患者)名的兵力必须在长长的阵地上与远征军对抗,守备队长金光惠次郎少佐(服部卓四郎在《大东亚战争全史》中说:"金光责任感颇重,沉勇有为,深得部下爱戴,及上司之绝对信任。")认真仔细地审核了一下配备情况,其结果如下:

前进阵地:

上松林阵地高桥九洲男大尉(召)等约60名

小股阵地福田国夫中尉(召)等约40名(联队炮两门)

侧方阵地长官不详约30名

崖方阵地长官不详约20名

平山阵地大野满喜雄曹长(召)等约30名

本道阵地井上要次郎中尉(召)等约100名(100毫米榴弹炮2门)

主阵地:

松山阵地松尾良种中尉(召)等约60名

横股阵地泽内秀夫中尉(55期)等约80名(100毫米榴弹炮2门)

西山阵地毛利昌尔中尉(53期)等约70名(100毫米榴弹炮2门)

音部山阵地真锅邦人大尉(少18期)等约160名

关山阵地辻义夫大尉(召)等约70名

里山阵地只松茂大尉(召)等约150名(速炮2门、100毫米榴弹炮1门)

卫生队阵地野泽高雄中尉(召)等约40名

备注:除上述外,还有20人、山炮12门

(戈叔亚注:上述人员共计1270名左右)。

这时的阵地也随之设置了一些掩体能够抵得住野山炮全力轰击。尤其对一些重要设置又加强了对炮弹直射的防暴能力,在情况最糟糕的时候,增强了腹部阵地的防御力量,做到最大限度地增强设施是很必要的。

NHK(日本广播协会)曾经做过一期电视节目,题为"松山战斗日军幸存者回忆"。节目中,侵华日军老兵木下昌巳讲述了松山战役片断。1944年9月7

日凌晨3点，踞守松山的原守备队炮兵少尉小队长木下昌巳，眼看着松山大势已去，他从一个叫大寨的地方逃走，辗转回到了日本。几十年后，他面对电视镜头，回忆了松山日本守军的作战任务以及阵地的构造情况：

龙兵团（日本陆军第五十六师团）主要的任务就是要切断从缅甸到中国的军事物资援助运输通道。也就是从缅甸到中国昆明的所谓援蒋公路。在这条通道上有一个叫拉孟的渡江点，我们最重要的目的就是切断这个渡江点，阻断这条军事物资援助通道。

拉孟阵地，几乎都是用松木和汽油桶构筑的。阵地的上面是我们当初从芒市运来的铁板做成屋顶，然后再在上面铺上多层松木和泥土。当时没有混凝土，所以也没有用混凝土构筑阵地。好一点的阵地就是用汽油桶做防护壁，用铁板做屋顶，再在上面铺上木料和泥土。当时的阵地就是这样构筑的。

防守松山阵地的日本守军，他们为显示自己的武士道精神，在战斗之前，纷纷给家里写信，信封中装的都是自己的指甲和头发，表达了自己必将战死的决心。

木下昌巳作为日军小队长，所知道的只是第一线阵地的具体情况，其实松山阵地绝非他说的那样简单。日军为了守住松山，曾从本土请来了高级工程师，设计和建造了比"乌龟壳"还要坚固的阵地，并在坑道、堡垒中，存放了大量的粮食和弹药。防御松山的军事工程完工后，当时的日寇曾经充满"自信"地发出狂言：滇西远征军，想要拿下拉孟，至少需要三年时间，留下十万颗人头。

松山已经不是一座普通的山，在日寇丧心病狂的改造之下，它已经变成了一座巨大的绞肉机，一头择人而噬的巨兽，一座即将充满战火和鲜血的人间地狱。

由于战前滇西远征军对于松山的情报不细，让卫立煌的长官部做出了一个错误的判断：认为松山守敌不过三四百人（实则防守松山，再加上以松山为核心的竹子坡、腊猛和阴登山等外围阵地的日军，多达三千四百多人），只要攻下龙陵和芒市等地区，松山上的守敌则不战自溃。

攻打松山外围阵地的战斗一开始，卫立煌从远征军报上来的伤亡情况，就感觉不对劲，因为远征军官兵高居不下的伤亡数字，就已经明显地说明了日军一定要固守松山阵地的决心。

根据第十一集团军司令宋希濂的建议,卫立煌调整了作战部署:重点进攻松山。接下来,第八十四团从龙陵调回,又调第一一七团来到松山前线,这两个主力团,与攻克松山外围阵地的第八十二团、第八十三团合兵一处,准备对松山发起进攻。

云南龙陵县松山抗战遗址管理所副所长陈院峰,曾经写过题为《十战松山》(以下简称陈文)的文章,详细地诉说了卫立煌的部下官兵,他们面对雨季来临、后勤缺乏保障;松山守敌猖狂、拼死抵抗的重重压力,官兵们勇猛顽强,视死如归,最后取得"十战"而胜的不朽战绩。

陈文讲述一战松山:

6月22—23日,七十一军军长部署第六军新三十九师一一七团、七十一军新二十八师八十二、八十三、八十四团一营、七十一军山炮连攻击松山日军。伤亡甚重。27日,钟彬令刘又军为前线指挥官,以一一七团、炮一团最后一次步炮协同攻击,失利。到7月初第八军接防为止,攻下了日军竹子坡、腊勐街、阴登山几个支撑点,七十一军第二十八师、第六军新三十九师一一七团伤亡近一千七百人(士兵阵亡805人,伤763人;军官阵亡50人,伤108人),毙伤日军五百九十六人。

6月28日,日军第二百四十飞行战队的六架飞机给守备队空投了弹药补给,这是松山战役以来日军飞机首次出现,日军士气大受鼓舞。

卫立煌带领远征军将领在松山前线指挥战斗

6月30日,卫立煌决心由远征军总预备队新编第八军担任松山攻击,令第八军军长何绍周接替七十一军军长钟彬,完成指挥权交接。7月1日,何绍周抵达。怒江简易桥修复通车。第六军新三十九师一一七团转调龙陵。

何绍周系何应钦二哥何应禄之子，因为何应钦没有子嗣，便被过继到了他的膝下，人称"侄帅"。这位浑身是"刺"的少爷军长仗着何家的势力，对谁都不买账。当时，滇西远征军横渡怒江，他领受的任务就是攻取松山，这已经让他心怀怒火，甚至当面去质问卫立煌：第八军的一零三师去驻守云祥、弥渡；第八十二师成为保山的江防部队，荣誉第一师第一和第二团驻扎镇安街……现在又要我抽调一部去攻打松山，第八军如此被拆零使用，是何道理，这又如何打仗！

卫立煌在担任滇西远征军司令之时，就被参谋长萧毅肃提醒，一定不要去招惹这位侄帅何绍周。卫立煌一没有委曲婉转，二没有疾言厉色，而是先给何绍周分析日军多点据守，而远征军必须多点进攻的道理。卫立煌的一番话，彻底说服了何绍周，让何绍周同意领兵去打松山。

卫立煌这个滇西远征军司令当得确实是很难，难就难在他的部下多不是自己的嫡系。他给何绍周安排一个攻打的松山的"好活儿"也是不得已而为之。但松山战事一起，何绍周才知道，打松山哪是什么好活儿，分明是一件最难的作战任务。

陈文讲述二战松山：

7月2日—6日，荣三团第一、二营主攻松山子高地未果，但占领北侧阵地（后爆破子高地坑道即由此处往前开挖）。何绍周召开营以上作战会议。最重要的决定，是由直攻改为从滚龙坡侧击。此后一劈到底，再未改变。

陈文讲述三战松山：

7月7日—11日，第八十二师二四六团、荣三团主力、荣二团第三营进攻滚龙坡、大垭口、子高地未果。何绍周在前线召集师团长会议。战术改进：不能仅以占领制高点为目标，须攻克堡垒，全歼守敌。具体方法是：采取限制目标攻击法，逐步攻略，避免一举突贯；以占领高地棱线为满足，绝对禁止突下反斜面，以免被袭；以有力之兵占领敌工一中，逐步严密肃敌；必以炮火先行破坏敌堡。进攻重点仍是滚龙坡，再逐步推进。

陈文讲述四战松山：

7月12—19日，一零三师三零七团，八十二师二四六团，荣三团、荣二团第三营，攻击滚龙坡、大垭口、子高地未果。7月14日，何绍周电告东岸炮兵调整战术，改区域性轰炸为限制目标，精度射击，定点破坏。至此，确立对敌阵地"先行软化，再行攻略"方针。

作为一个有血性的军人，都想打一场胜仗来证明自己。作为"侄帅"的何绍周，更需要一场拿得出手的胜利，来向对自己寄予厚望的何应钦，向重庆军政部来证明自己绝非"少爷"军长。

面对松山阵地迟迟拿不下来的窘境，何绍周也急了，他在新编第八军的誓师会上，做出了不拿下松山不"理发剃须"的承诺。

不理发不剃须只是一个关乎面子的问题，很显然，何绍周还是没有认识到，进攻松山对滇西远征军是关乎生死存亡的大问题。

松山之战，尽管进攻部队伤亡甚重，但并没有取得多少实质性的进展。

很快，两个对滇西远征军攻克松山有利的转机到来了：

第一，7月18日，日本东条内阁辞职（日本从战略攻势转入守势）。消息让日本松山守军的信心受到严重打击，他们无不感到末日即将来临！

第二，由于怒江桥的修复，十多门山炮、榴弹炮和迫击炮冒雨被运抵松山（炮兵从东岸将四门115榴弹炮推进到了下拉孟，以山炮八门置于竹子坡，两门置于阴登山，另以两门山炮布置在核桃菁以北的5350高地），对松山滚龙坡等阵地的炮击正式开始！

攻打松山的滇西远征军，远了用炮打，近了就用火焰喷射器。当时世界上最先进的武器，在近战中发挥了很大的威力！

吴汉文，原籍重庆秀山，中国远征军第八军一零三师三零七团老兵，因为作战经验丰富，而被选为了火焰喷射器的正射手。多年后，吴汉文面对记者，曾谈起运用火焰喷射器烧向日军时的激烈战斗场面：

你那个火焰喷射器对着烧他（日军），你只要烧到他，他要遍地滚，滚了以后越滚越烧，越滚越紧，烧了脚手，都烧成这个样子，跟猴子一样的了，脸这些没有了，烧得凹起的眼睛没有了，嘴巴鼻子这些合起了，不是歪过去了，耳朵这些没有了。

吴汉文还回忆说，（日本兵）他个子没有我们高，最多1米61，但是人家健壮，看起来说起来他是非常之紧张，也非常之恨你中国人，恨你就是咋个恨呢，咬牙切齿，硬是把你整死，整死你这种表情……那时候所有人的脸都因为疯狂的厮杀而变了形。

陈文讲述五战松山：

7月20日—25日，一零三师三零七、三零八团，八二师二四六团，荣二团第三营，夺取了滚龙坡丙、丁、庚高地。军长何绍周将指挥所设在竹子坡，卫立煌也两次亲临。总结经验：不能急于求成，应弄清敌情，步炮协同逐一破坏；昼夜对壕作业，蚂蚁啃骨头。20日，日军联队长要求一一三联队副官真锅邦人必要时烧掉军旗。日军打算偷袭我军指挥部，但未成功。21日，本道阵地守备队长井上要次郎中炮毙命。23日，15架日机空降物资。我方展开中国近代战争史上罕见的步、炮、空等诸兵种联合攻击作战。何绍周要求各师指挥部于阵前1000米内；团指挥部于500米内；军指挥部距中央阵地1000米内，均在敌重武器有效射程内。战术总结：推进山炮于最近距离，集中一点续发，迫敌下行，我方再封堵、喷火。

《中缅印战区战史丛书》记载：

中国人使用150毫米榴弹炮七门、75毫米榴弹炮两门和76毫米榴弹炮两门开始对松山猛烈开火。以后一些pack artillery（驮载火炮）炮也参加炮击，这些炮兵得到了一名坐在观测飞机里的美国炮兵观测员的指示，这样中国炮兵和由金光惠次郎少校指挥的日本炮兵开始了较量。不久终于将日本炮兵给压制下去了。

炮弹雨点一样，铺天盖地的向日军滚龙坡阵地轰击，滚龙坡只有200米宽500米长的狭小阵地上，日军七十多名守备队员陷入死守。品野实在《异国的鬼》中记录：阵地遭到敌人炮火的连续轰击，敌人发射的炮弹超过了八千发，整个阵地四周烟雾弥漫，火光冲天，尸体横飞。从主阵地上用望远镜观察到这种情景时大家都怀疑还有谁能逃脱这样的轰击呢？但等到炮击停止黄灰落下后，仍能看到阵地上有士兵在蠕动。

陈文讲述六战松山：

7月26日—8月2日，一零三师三零八团、中央队二四六团，夺取了滚龙坡戊、乙、甲高地。7月26日，日机空投轰炸，被我炮击伤敌轰炸机两架，击落一架。7月29日，李弥副军长从龙陵转至松山协助何绍周。7月31日，三零八团二营占领滚龙坡戊高地。8月1日，三零七团破坏日军第二蓄水槽，炮毁敌仓库。何绍周令七十一军山炮营二连组成"单炮敢死队"，推进至阵前300米摧毁堡垒。8月2日，何绍周被迫下令炮击已高地，我军二四六团几十士兵与日军同归于我方炮火，终于占领滚龙坡，斩断敌阵之首。

松山之战，打得太凶狠，太血腥，也太残忍，这场仗的取胜的艰难，绝非一般人可以想象！

早见正则是松山战役活下来的为数不多的日军士兵，他在回忆令他心悸的松山之战时说：

攻到眼前的敌人中有许多是嗓音都还没变的少年，他们呼喊着稚嫩的声音冲了上来，当时我看到一个十二三岁的孩子，顺着机枪阵地爬了上来，他后面还跟着带手枪的军官，有的少年站在那里哭，既不下去也不上来，于是我们在上面用中文喊来，过来！后来有一个胆战心惊地爬上来了，看来他情愿当俘虏也不愿死，这个少年后来还是被杀死，推下悬崖。

当时滇西远征军的战士很多都是未成年的孩子，这些孩子本来应该在母亲的怀里撒娇，或者还在学堂中捧经受教，可是命运和战争的巨手，却将他们推到了可怕的战场。他们稚嫩的生命之花，哪堪生与死的摧折……

六战松山的战役中，远征军第二四六团是这次攻击的主角。他们在炮火的掩护下，占领了一处代号为巳的高地，日军为了夺回高地，两军短兵相接，展开了刺刀见红的肉搏战。

当时何绍周站在后方的山坡上，正在用望远镜观察着这场巳高地的肉搏战，他发现两方短兵相接5分钟后，一半以上的第二四六团突击队员已经被日军刺倒，日军占据了优势，他断然下令，向巳高地开炮。

炮弹如冰雹般落下，在巳高地与日军肉搏的远征军战士同敌人在炮声中同归于尽。随后第二四六团第二梯队占领了这座充满鲜血的巳高地，向自己人开炮——何绍周这种"残忍"的打法，究竟是对是错，只能任由后人评说了！

陈文讲述七战松山：

8月3日—19日，荣二团三营，二四六团主力，三零八、三零七团，攻击小松山巳、午、未高地未果；夺取大垭口巳、壬、癸、辛高地。8月3日，蒋介石严令卫立煌转第八军于9月上旬克服松山，"如果违限不克，军、师、团长应以贻误戎机领罪！"何绍周遂召集众将开会，决定对子高地实施"坑道爆破"。8月7日，为掩护坑道作业而进行的牵制性攻击，伤亡颇重。日军守备队长金光惠次郎下令重伤员自杀，遭抵制。日军派出小队夜袭，炸毁我方4门火炮。12日，击毁敌机一架。13日，三零七团前锋夜袭大寨，下士班长张学成带3名战士冲入敌113联队司令部，缴获日军113联队关防印鉴。15日起，敌预感我方爆破子高地意图。17日，原守保山机场的荣三团三营归建。18日，敌机21架轰炸惠通桥。19日晨，我方将美军从加拿大用飞机调来的一百二十箱共三千公斤美制TNT烈性炸药，被装入子高地敌堡下两个药室。

连日的苦战，何绍周的手下的五个步兵营伤亡惨重，第三零七团几乎全部壮烈牺牲。面对日军经营两年的"坚不可摧"的松山阵地，何绍周为避免拼到最后成了光杆司令，他也急了，对亲临前线的卫立煌吼道："钧座，这仗真的不能这样再打下去了！"

卫立煌随后就开始和何绍周等人分析形势讲道理，他激动地说："这场仗不管多难，我们都要打下去。作为一个军人，在保家卫国，共御外敌的一刻，谁也不能退缩，谁也不许讲价，否则以临阵退缩的逃兵罪论处！"

卫立煌的一番话，有道理，有高度，更有担当。他的话讲完，得到了与会的大多数将领的赞同，大家纷纷表示，养兵千日用兵一时，松山这场仗，哪怕拼光了老本，也得打下去！

何绍周本来在开会之前，与部下是定了攻守同盟的，他眼见着手下纷纷支持卫立煌，不由得怒火冲天，仗着有何应钦撑腰，他竟要以辞职来威胁卫立煌。

卫立煌讲话的声音坚决，道："你可以辞职，但必须是在取得松山大捷之后，现在大敌当前，你若执意辞职，本长官只能视你为临阵脱逃，送交军事法庭处理！"

何绍周吼道:"我实在是完不成任务,要杀要砍卫长官你就随意处置吧!"

中日两军在松山大战之际,何绍周如此说话,绝对是犯了军法大忌。卫立煌和何应钦不睦,只要卫立煌现在一声令下,何绍周即使被押赴刑场,按照临阵脱罪执行枪决,谁也提不出任何反对的意见。

卫立煌身为滇西远征军司令,他深知松山一战的重要与艰难,为了坚定一线将士必胜的信心,并破釜沉舟地断掉所有官兵的退路,他亮出了蒋介石"如逾期不克,该军军长以下,团长以上各级部队长一律按贻误戎机论处,不得徇情!"的电令。

何绍周看罢卫立煌亮出的电令,他额头上的冷汗当时就冒了出来。如果他和卫立煌换一个位置,何绍周不会放过"杀人祭旗"的大好机会。

卫立煌并没有狭隘地"官报私仇",反而正义凛然地道:"只要诸位奋力一战,不当贪生怕死之徒,即使松山不克,其责亦由卫某一个人承担,滥杀无辜之事,在滇西远征军中决不会出现!"

卫立煌见何绍周神情低落,便拍着他的肩膀,说:"何军长,胜利在望,你就奋力一搏吧。等将来抗战胜利,你我一起辞职,解甲归田可好!"

何绍周惶恐地道:"钧座,部下知错了!"

卫立煌不是要何绍周承认错误,他是要进攻松山的指挥官们拿出取胜的办法来。看到蒋介石的电令,进攻松山的一线指挥官们知道已无退路,形势逼迫之下,急智迭出,妙计纷呈,一个个切实有效的攻克敌人堡垒的办法被想了出来:

将大炮移到阵地前沿,用炮火平射逼迫敌人退居堡垒下层,接着步兵靠近,用火箭筒在堡垒上凿孔,然后再将火焰喷射器的烈焰射入堡垒上的空洞,干净彻底地消灭里面的敌人。

也有将领提出了一个虽然费工费力,但却更为有效的办法,那就是让工兵挖坑道抵近敌碉堡,然后在下面埋设炸药,用爆破的方法,将顽固的敌人火力点一一摧毁。

在松山上挖地堡,不仅不好挖,而且充满了危险,一旦被日军察觉,绝对是功亏一篑的事情,当时负责挖坑道的老兵这样回忆道:

记得开始挖坑道那天,大约是1944年8月初,由我军副军长李弥将军做了动员。李将军慷慨激昂,他讲话的大意是滇缅公路是我国的生命线,一个人的输血管。输血管断了人就要死去云云。然后他亲自挖了第一镐。以后由我团（荣誉第一师第三团，松山子高地主攻团）工兵排和勤杂人员担任挖掘任务。我负责指挥。当时我是代理政治副团长，上尉。有时我团三营也来挖。开始由步兵拿着专门发来防弹的钢板爬在坑外掩护，我们在下面挖露天坑道，然后再盖上隐蔽物，后来就是挖地道，碰到树根就用大砍刀……

好几天以后，估计接近地堡一两百米时，由于害怕敌人发现，就等到我们大炮轰击时才挖，挖了两条，各通到一个敌人的大母堡下面。母堡有大房子那么大。两条通道中间还挖了通道，专家说是为了通风换气。洞里的生活比死了还难受。每个洞最里面只能有一两个人爬着挖，挖出的土由几十人用簸箕像接力棒一样送出洞外……

松山之战，已经到了白热化的状态。陈院峰在《十战松山》中写出的文字处处散发着硝烟和炮火的味道，这是黎明前最黑暗的一段时光。但令人欣喜的是，通过作者的记叙，我们还是感觉到了——距离太阳升起的时刻真的不远了。

陈文讲述八战松山：

8月20日—27日。20日，卫立煌、宋希濂及美国将领至竹子坡观战。预定9点起爆，因荣三团伴攻未撤而推迟。9点15分，军长何绍周在竹子坡通过电话下令起爆。敌主峰碉堡被冲起数米，烟柱一两百米高。荣三团、八十二师二四五团、一零三师第三零八、三零七团，夺取松山子高地，并击退两次敌偷袭。其中21日误传丢失子高地，实际上自20日9点半起，荣三团一营二连高建国排长所率18名士兵，一直坚守子高地两昼夜，并与21日后来者共同巩固了阵地。23日，日军守备队长金光惠次郎销毁掩埋了光学器材、被服、阵亡者遗骨、文书。

述及松山一战，不能不提对于松山主峰"子高地"的惊天一爆。当时负责进攻松山的总指挥何绍周，战后写过题为《第八军滇西战役述略》的战役总结，他详细写出了如何挖战壕、掘坑道，最后埋炸药，让日军松山主峰上的堡垒和工事"坐土飞机"的全过程。

我军决定改变战术后，一面照常攻击，一面积极作如何颠覆松山顶点"子高地"敌最大碉堡群之计划，经数昼夜之研究，决定实行爆破办法。八月三日起，开始掘壕作业，由我第一线距敌一百五十公尺处掘壕四条前进，每条深一点八公尺，宽一公尺，至十二日各壕推进一百二十公尺，并于一二两壕及三四两壕各联一横壕，加以掩盖及射击设备，以资掩护，而暗中则按计划改掘两坑道。

唯接敌越近，工作越难，至作业端将达敌堡下部时，敌亦有所发觉而亦急作坑道，欲以破我计划，以方向计标略误，工作又不及我迅速，我得以于十八日生成三十公尺之坑道，并经缜密测算，确已在敌堡之下，乃开掘药室两个，于右室装置TNT炸药七十箱，左室五十箱，十九日装药填土均告完成。

二十日拂晓，我炮兵集中火力射击，步兵亦作伴攻姿态，以诱附近之敌进入堡垒，九时十五分点火，两药室顿时爆炸，轰然一声，砂石泥土直冲霄汉，步兵奋勇出击，一举占领之，毙敌七十五名，俘敌四名，无一漏网。此后敌不断增援连续四昼夜之反攻，亦均为我击退，且攻守异烈，使敌伤亡惨重，整个松山战役遂因之全部改观，据事后调查，若再迟二日，敌必能切断我坑道，而使我功亏一篑，斯亦幸矣。

陈文讲述九战松山：

8月28日—9月1日，三零九团、八十二师二四五团、荣三团、荣二团三营，三零七、三零八团，夺取松山主峰诸高地及大寨一部。29日，日军守备队长金光惠次郎被我方炮击活埋。三零九团损失颇重。30日，拉孟守备队向五十六师团发出求援电报。31日，我军清剿隐蔽工事内之残敌。三零九团占领4、5号高地。晚10时，何绍周转卫立煌限即日肃清残敌令给熊绶春，然何、熊等均觉此类限日限期令不切实际。

《日本防卫厅研修所战史部战史丛书》题为"拉孟守备队的勇战和玉碎（松山日军守备队覆灭的记录）"一节中，记录了松山战役，侥幸活下来的原步兵第113连士兵早见正则的回忆：

我们就把石块扛上来垒在战壕边上，垒得就像千早城一样，等敌人攻上来的时候就把石头滚下去。救兵根本就没来，我们一直在吃草，我们叫它"森林荞麦面"，所有人都跟骷髅一样只有眼球还转动着！

很显然，据守松山的日军已经弹尽粮绝，到了败与降、生与死的边缘！

陈文讲述十战松山：

当夜，松山日军陆续向第五十六师团发出"最后处置"情况和"诀别"电报。9月6日，第二四四团第一营抵达战场，接替完备阵地。第二四五团与荣三团合力攻占三号高地。日军命令重伤员自杀，并残忍杀害部分朝鲜慰安妇。少数慰安妇逃走后获救。怀孕者为朝鲜慰安妇朴永心，慰安妇问题从此为国际舆论关注。9月7日，凌晨，真锅邦人命令木下昌已准备出逃。我军全力聚歼1、2、3号高地及马鹿塘残余之敌。真锅邦人焚烧军旗后独自发起"死亡冲锋"，被我击毙。松山战役取得完全胜利。

中国滇西远征军参战老兵战后回忆，为了攻下松山阵地，每名敢死队员先发法币五千元，说是拿下主峰再发五千元。用蓝布包着，敢死队员一边流着泪，一边都把钱背在背上。可是敢死队攻上去之后，后续部队随后跟进，却发现在两个炸塌的大地堡内外，日军和国军敢死队员的尸体相互压着，有许多双双相互扭打的士兵仍然在呻吟和蠕动。钞票和包钱的小蓝布包撒满一地……

滇西远征军的士兵还没等喘口气，日本人又冲了过来。他们只有把尸体拖开，才能找到架设机枪的地方。

机枪响了，子弹打在松树上炸开白嫩的树芯，十分醒目。有的日本人直接冲到枪管下才倒下，并不停地抽筋，样子十分别扭。身上的枪眼冒着血沫和气泡。直到最后一个冲上来的日本人倒下以后很久，机枪声才慢慢停了下来。我寻思着这些日本人似乎是来自杀的。中国兵都看傻了眼，竟然忘记了开枪，而是看着美国兵打枪，还不断声嘶力竭地狂叫着："好啊！老美！机枪！"

战事结束，有的士兵在搬弄尸体时不断地踢打日本人的尸体，甚至用枪托砸、用刺刀扎。谁也不敢阻拦他们，因为他们已经杀红了眼睛。一个士兵在捅尸体时，突然趴在地上号哭，说是他父母兄弟被日本人用刺刀挑了，姐姐也被奸污了……今天，他总算是报了仇，于是大家都过来围着他哭泣诉说着……

日本军旗是由日本国旗太阳旗演化而来，上面有16道血红的光芒线，旗杆的顶部有一个三面体的镀金旗冠，冠顶之上，有日本皇族的菊花族徽。每一只军队的军旗，均为天皇亲自授予，可以说，军旗在，军队就在，焚烧军旗，就等于宣布这支军队彻底消失了！

松山战役从1944年6月2日开始，到9月7日结束，历时98天，这场持续了近百日的苦战，中国滇西远征军第七十一军和第六军以及第八军共伤亡7774人（第七十一、第六军伤亡1700人；第八军6074人）；其中阵亡4000人（第七十一、第六军855人；第八军3145人）。打死日军1250人，俘虏7~8人。（转自戈叔亚研究资料）

滇西远征军克服松山，就等于滇缅公路密支那到昆明段的最大的障碍被拔除，作战物资，终于可以通过惠通桥，过松山，源源不断地送往前线。松山战役的胜利，彻底粉碎了辻政信的"断作战"的诡计，滇西远征军初步取得了怒江战局胜利的主动权。

松山的胜利，不仅是何绍周的胜利，也是卫立煌的胜利，是第八军及全体滇西远征军的胜利，更是全体抗日军民的胜利。1944年9月，松山战役结束，中国第八军在松山大垭口处建立了阵亡将士公墓。

1947年12月，第八军将松山的阵亡将士公墓迁移到了保山市南郊易罗池公园。白崇禧还为公墓题诗一首：

东夷肆虐来侵我邦，嗟尔多士效命严疆，松山一战我武维扬，寇气既靖六合重光。

原第八军军长何绍周调任昆明警备司令部总司令，经昆明各界人士的要求，他在昆明圆通公园修建了方型"陆军第八军滇西战役阵亡将士纪念碑"一座，碑的四周衬以石质六锥型围栏。

正面刻有碑文：

岛寇荼毒，痛及滇西。谁无血气，忍弃边陲。桓桓将士，不顾艰危。十荡十决，甘死如饴。瘞忠有圹，名勒丰碑。懔懔大义，昭示来兹。

六 入缅作战，远征军扬威海外

1945年初，卫立煌与驻印军新一军军长孙立人（前排左一）率军在缅北会师

1945年初，卫立煌陪同蒋介石检阅胜利班师的远征军将士

1945年1月28日，中国驻印军与滇西远征军决定在畹町附近的芒友胜利会师，并一起庆祝中印公路的通车典礼。这不仅是一个盘点胜利的时刻，也是中国乃至世界上全部反法西斯国家共同关注的一刻。

为了这次胜利会师，不管是第一次中国远征军，还是中国驻印军，乃至于后来的滇西远征军，都为此付出了鲜血和生命的代价。他们马革裹尸、百死不悔，用正义的力量，夺取了北缅战场的胜利。

因为战争还未结束，会师大会的基调就是简单和热烈。会师大会会场的正中是一座礼台，礼台前正对着两根高大的旗杆，而礼台上覆盖着有颜色的降落伞布，台前还写着一个代表胜利的红色的大"V"字。

台前的空地上，站立着威风凛凛的两团健儿。身穿黄色咔叽布军装的是新一军三十八师的一一四团，穿灰色棉布军装的是十一集团军的一团战士。

将近中午时分，卫立煌、索尔登、孙立人三位将军分别乘坐吉普车赶来，李鸿师长高喊"立正"，全场官兵立正行注目礼，三位将军随后登上了观礼台。

升中美两国国旗、奏中美两国国歌后，卫立煌将军致辞：今天的会师，是会师东京的先声，我们要打到东京在那里会师，开庆祝会。滇缅战场中美的合作是值得我们永远记忆的，同盟国不但在战时要合作，在战后更要合作来共建世界的和平……

接下来，索尔登将军发表讲话。他在讲话中，不仅表扬了中国远征军、驻印军和滇西远征军的英勇，而且还对卫立煌、孙立人等指挥有方、义勇忠诚给予了溢美的盛赞。

会师典礼场面热烈，令人心情激动。到场庆祝的官兵一个个脸上洋溢着笑容。滇西远征军、中国远征军和中国驻印军的血没有白流，他们用自己的生命，终于架起了一条直通胜利的桥梁。1945年1月28日在芒友举行的会师大会，史学家后来称其为"迎接第二次世界大战盟国胜利的奠基礼"。

这次胜利的会师，最后在全场高呼"打到东京去"的口号中结束。

卫立煌真的没有想到，他并没有等到在东京让群魔授首的那一日，他面临着又一次被解职的命运！

七

用人相疑，将军白发征夫泪

滇西远征军和中国驻印军经此一战，共收复国土一万两千平方公里，不仅彻底打通了中印公路，而且歼灭了盘踞在缅甸的五万日军。

这是中国自抗战以来，唯一一次由中国军队自主收复失地、全歼倭寇的正面战例。卫立煌作为中国远征军最高的司令长官，绝对居功至伟，被赞为抗日先锋之楷模、国军将领之翘楚，亦一点也不为过也。

当时，中国远征军已然获胜，该军的长官司令部自然要裁撤。重庆军委会根据抗日的新形势，准备成立陆军司令部，这个总司令的人选非常重要，因为他关系着抗日战争是否能用最小的代价，而取得最大的战果，并尽可能地早日结束这场旷日持久的战争。

卫立煌被日军称为"虎将"，被史迪威称为"百战百胜"将军，他在滇西取得的战绩，又是彪炳的事实，故此，他荣任陆军司令的呼声为最高，可是事实上，这个陆军总司令的位置，被蒋介石给了只有排长之才（陆军大学校长兼教育长杨杰之论断）的何应钦。而卫立煌只是副职。

大战之后，卫立煌又一次没有逃过"飞鸟尽，良弓藏"的魔咒，他被蒋介石安排出国考察。卫立煌一走两年，在这两年宝贵的时间里，他不仅避开了内战，而且还开阔了眼界。可是1948年初，他刚刚回国，蒋介石就让他去收拾东北的"烂摊子"，卫立煌真的能让东北的战局起死回生吗？

1. 成家，出国考察去欧美

欲渡黄河冰塞川，将登太行雪满山——李白《行路难·其一》

卫立煌很会打仗，但他每一次取胜，都会做出和蒋介石命令相悖的事情。也许，卫立煌的想法是，如果按照蒋介石的部署，根本就没法打胜仗；可是在蒋介石的心中，他是这样想的，关键时刻，总跟自己拗着干的卫立煌可以重用，但却不可长用。这就造成了卫立煌的从军经历，经常会保险丝似的，遭到权力保护电流的"熔断"。

卫立煌统领滇西远征军，在中国驻印军的配合下，取得了打通中印公路、歼灭缅甸日军五万的巨大胜利。这不仅让重庆政府在国际社会挣回了面子，而且切实减轻了盟国在太平洋战场上的压力。

换句话来说，美国投在缅战的美元没有白花，罗斯福送给中国远征军的武器起到了应该有的作用。

盟军联络官窦恩将军为了感谢卫立煌，特地派专机将滞留在美国的韩权华女士接到了昆明。因为是长途飞行，为了预防韩权华女士中途不适，还在飞机上配备了一名带有药品的护士，足见窦恩将军对卫立煌的敬重之情，确实是达到了你有要求、我必须满足的程度。

卫立煌和韩权华虽然从未谋面，可是因为鸿雁传书，早已经情投意合。1945年6月16日，卫韩二人在昆明市金碧路的一座教堂举行了婚礼。何应钦为证婚人，龙云为主婚人，参加婚礼的嘉宾除了卫立煌军中的袍泽，就是昆明等地的高官，婚礼过程只用了20分钟，很快就结束了。

国家正处于抗战时期，卫立煌一身戎装，只带了一枚象征着滇西抗战胜利的青天白日勋章。而韩权华身穿中式旗袍，素洁淡雅，毫无珠光宝气的奢侈之风。

两个人在嘉宾的祝贺声中结束了婚礼。他们走出教堂的大门，却发现外面人山人海，昆明的父老不知道从哪个渠道得知卫立煌大婚的消息，他们竟自发地赶到教堂的门口，对这对新人表示祝贺。

卫立煌是抗日英雄，韩权华是昔日的北大校花，他们的结合，可以说是郎才女貌，亦可以说是中外合璧。两个人接受完民众的祝福，随后登车去了南宁温泉，友人杨杰提供的私人别墅，成了他们结婚的洞房。

月有云遮，花有风吹，反攻缅甸胜利后，中国远征军长官司令部亦遭到了裁撤，而重庆的军委会有一个更大的举动，准备成立陆军司令部，目的是协调抗日战场上的军队，对苟延残喘的日军，进行适时的反击。

蒋介石中意的陆军总司令的人选是何应钦，而政府上下，还有盟军方面，力推的却是卫立煌。

卫立煌有胆有谋，知荣辱，懂担当，由他担任陆军总司令，虽然不敢说很快地就能战胜日军，至少胜利的日子会提前。可是蒋介石选将，能打胜仗只是一个小方面，最重要的方面是，他是否是黄埔的嫡系，他是否是自己的心腹。

何应钦绝对是蒋介石的心腹，而卫立煌因为"容共、通共"差点成为蒋介石的"心腹大患"。卫立煌最后被蒋介石任命为陆军副总司令。

卫立煌对于此任命绝对是不满意的，他也不愿意和何应钦一起共事，便借口说在第一战区作战时，自己因落马，头部受伤，需要静养就医，而陆军司令部的事，就交给何应钦来负责办理了。

何应钦虽然表面上一脸的笑意，连连叮嘱卫立煌好好养病，心中却暗暗窃喜，他可以回重庆的总司令部，独揽大权去了。

卫立煌以养病为由，住在昆明翠湖东路的花园洋房里，倒也享受了几天平静的生活。卫立煌偏安一隅，可是龙云却面临着大麻烦，因为蒋介石想动一动这不听话的"云南王"。

蒋介石动龙云，一开始并没有下"猛药"，因为龙云的手中有几支能征惯战的滇军，一旦弄不好打起来，那后果可就不堪设想了。

蒋介石首先派从缅甸战场上回来的爱将杜聿明，任昆明防守总司令，此举等于在龙云身边，钉下了一颗大钉子。

1945年8月15日，日本帝国主义宣布投降。蒋介石令龙云的嫡系卢汉率领第五十二、六十和第九十三军去越南接受日寇投降。卢汉被调虎离山之后，蒋介石又以越南日军有异动为由，急调龙云的儿子龙绳武去越南，并许诺龙绳武的一个师到了越南之后，可以发展成一个军。

卫立煌曾经劝龙云身边应该留一支嫡系力量，可是这位"云南王"被蒋介石可增加一个军番号的"诱饵"所迷惑，他并没有预料到即将临近的危险。

杜聿明到任后，他对云南的电报、电话、公路、铁路和飞机场等重要设施，都安排了亲信，开始做孤立龙云的准备。

一切布置停当。9月27日，蒋介石给杜聿明传下达一道命令：日内即将颁布免除龙云在云南军政本兼各职、调任重庆军事参议院院长。

杜聿明别看打缅战不成，可是架空滇军、逼龙云就范还是有一套办法的。杜聿明命黄翔的第九十六师、彭壁生的第四十九师首先"解决"龙云设在城厢、东郊、金碧路及正义路等地的滇军武装；

命胡长青第四十五师解决设龙云东北郊营房及北城门的宪兵大队。

命青年军、第二零七师等解决龙云曲靖保安部队的武装，并控制住昆明的几个机场。

事发突然，龙云的部队还没有反应过来，即被杜聿明的中央军缴械。虽然东门宪兵大队曾开枪反抗，可是不久中央军就占据了上风，战斗很快以宪兵大队失败结束了。

龙云听到枪声，知道情况不妙，急忙领人上了五华山，并在山上开始调兵派将，准备与杜聿明血战到底。可是五华山到昆明城所有的联络方式都被杜聿明切断，龙云的"反攻"计划并没有得到实施。

龙云在五华山上与杜聿明对抗了五天，让蒋介石大丢颜面。虽然龙云在宋子文的劝说下，到重庆任职，蒋介石的势力获得了云南这块地盘，但龙云为何能在五华山上坚持五天，这让蒋介石很是费解。最后，一份情报传到了他的手中：卫立煌的三女儿卫道蕴在事变发生后，曾经用汽车将龙云的二公子宪兵团团长龙绳祖送上了五华山。

正因为龙绳祖率领警卫人员的固守，龙云才得以在山上与杜聿明对峙了五日五夜。

蒋介石觉得不能放过整饬卫立煌的"杀手锏"事件，一旦抓住了卫立煌暗助龙云的小辫子，绝对可以就地将其免职，他随后派新任的云南省警备司令关麟征前去调查。

关麟征是一位很讲义气、也很有正义感的将军，蒋介石无端对龙云下"黑手"，又鸡蛋里找骨头地整饬卫立煌，他从心里是绝对反对的。

关麟征来到卫立煌的寓所，他找来端庄贤淑的卫道蕴，一番询问后，当即拿起卫家电话，通过云南警备司令部总机，给蒋介石复电：查无此事，存系子虚乌有！

得道者多助，失道者寡助。事实上，龙云的二公子宪兵团长龙绳祖真的是受到卫立煌部下的掩护，而上了九华山……关麟征同情龙云，尊敬卫立煌，虽然否定了卫立煌暗助龙云的这件事，可是面对蒋介石在电话里，让他继续调查，一定要找到卫立煌别的方面的问题……关麟征心有余悸地对卫立煌说："俊如兄，梁园虽好非久恋之乡，你还是赶快做移驾准备吧！"

卫立煌决定离开是非之地昆明。1946年春，借着到重庆开会的机会，卫立煌举家回到了阔别8年的民国陪都重庆。

1946年5月，为了打内战的需要，国民政府军事委员会改成国防部，何应钦受到陈诚的排挤而去职。何应钦的参谋总长和陆军总司令两个重要职务，分别由陈诚和白崇禧担任。

卫立煌这个陆军副总司令，如今却成了闲职，他也不去凑热闹，反而落得一身清净。9月的一天，陈诚举行了一个宴会，请柬送到了卫府，卫立煌被迫无奈，只得参加了这次宴请，但他却坐在一个非常僻静的位置上。

蒋介石也来到会场，他接受完参加宴会的贵宾们的敬酒后，竟端着酒杯，来到了坐在一隅的卫立煌面前。

卫立煌起立敬礼，蒋介石却一脸笑意地说："俊如，我不是安排你到美国考察去了吗，你怎么还在国内啊！"

卫立煌听到"出国考察"四个字，不由得暗喜。当时，蒋介石正在蓄意发动内战，他正想找个借口，离开重庆这个是非之地，可是却故作镇定地说："委座，部下并未接到出国考察的通知啊！"

如何安排卫立煌，早成了蒋介石的一块"心病"。卫胡子"通共、容共"虽未被他抓到真实的证据，可是却让他心存芥蒂，再加之卫大将军率领滇西远征军，打通中印公路，抗战威名甚高，如果不给他一个合理的安排，甚至盟国的将军们都会讲，蒋介石又将卫立煌"闲置"了起来。

蒋介石思前想后，觉得让卫立煌出国考察，未必不是最好的一种安排。陈诚在这次宴会上得到蒋介石的指示，随后，他只用了很短的时间，便为卫立煌办好了出国的一切手续。

出国考察，是蒋介石对付政敌、下野将军、失意政客的一种屡用不爽的手段。那些人从蒋介石手中得到一笔钱后，有很多出国后就一去不回头，留居在了外国，这让蒋介石省去了很多剪除的力气。

卫立煌领着夫人韩权华，还有两个随行人员走出国门。他们的第一站是日本，接着去欧美。蒋介石重点安排卫立煌考察欧美，还有一个更深的含义，即让卫立煌看一看，我有美国盟友的支持，你应该站在我的阵营。

2．泥潭，东北危局难回天

美国是工业化的国家，当时有一个民国的官员曾经去美国的罐头加工厂考察，他惊奇地发现，将一头活牛从罐头生产线的入料口赶进去，十分钟后，出料口那端已经生产出可以食用的牛肉罐头。

卫立煌一边考察游历，他一边意欲寻找到改善国内工业、提升军事力量的良方，可是励精图治、精兵强军的良方虽有，蒋介石政府是否喜欢这服药，还真的说不定。

1948年初，卫立煌结束考察回到上海。他脚步还未站稳，就接到蒋介石的一道命令，去东北收拾残局。

"大厦将倾，独木难支"，卫立煌不是神仙，东北那个乱摊子，他亦是无力回天！

卫立煌出国考察，人数定为四人，卫立煌和韩权华外，需要再聘请一个参谋，一个秘书。卫立煌请的参谋是韩权华的亲戚，曾经参加过远征军的西安联大翻译团的成员钟安民，而秘书娄参谋却是军统派来的特务。

娄参谋负责"监视"卫立煌的一举一动。卫立煌原想不用，可是出国护照却被军委会扣下，他没有办法，只得同意让娄参谋随行。

1946年11月底，卫立煌一行由上海起程，先乘坐飞机飞往日本。到达日本后，他有幸列席了对日本战犯的审判。接下来乘船到檀香山，经过十一天的航行，终于在美国西海岸最大的城市旧金山登岸。

1946年底，卫立煌与夫人韩权华（左）、女儿卫道崇在美国

卫立煌来到美国，不仅受到了许多美国民间人士的欢迎，更受到美国陆军军方意外的礼遇。抗战后期，盟军援华时，曾有大批美国军官到云南与滇西远征军并肩战斗。这些军官几乎都认识卫立煌，当然，更有美国本土的军官久仰卫立煌的大名，纷纷前来拜访。

这些美军军官不仅轮番设宴招待卫立煌，而且领着卫立煌参观了西点军官学校、航空学院等很多军事景点，甚至还带他参观了位于地下的保密核试验场。

卫立煌并非走马观花地考察，他一边考察一边做笔记。到后来，他这篇考察笔记，竟达到了二百万字。1947年春，卫立煌结束了对美国的考察，为避免回国打内战，他又向蒋介石拍了一封电报。电报里，卫立煌提出去欧洲考察的要求。

卫立煌的请求得到蒋介石的同意后，卫立煌夫妇二人和随从在美国纽约登船，直奔欧洲而去。卫立煌的欧洲首站，选在了英国。

第二次世界大战给英国本土造成极其严重的伤害。战后，英国国民已经开始在废墟上重建家园。

卫立煌来到英国的消息，很快就让参加过缅甸战役的英国军官们知道了。

他们蜂拥而至，给予卫立煌热情的欢迎。卫立煌在英国参观几天后，起程去法国。

在英国的时候，韩权华给居住在巴黎的姨侄女李慧年写了一封信，告诉她自己即将到法国，离别多年，彼此可以相见。李慧年的丈夫名叫汪德昭，不仅是个科学家，还是留法学生领袖和左派。对于蒋介石的"股肱"之臣卫立煌，他早有耳闻。汪德昭（1956年底，应周总理号召携全家回国参加社会主义建设，先后担任中科院器材局局长等职务，1961年加入中国共产党）对打内战的蒋介石早就心怀不满，因此一开始他对见卫立煌是心有抵触的。

卫立煌一行人到巴黎后，住在中国驻法大使为其预订的大旅馆。娄参谋来到了世界最著名的"浪漫之都"，早就将监视卫立煌的事忘到了九霄云外。卫立煌和韩权华去见李慧年和汪德昭时，他到外面的花花世界寻开心去了。

卫立煌见到汪德昭，两个人寒暄几句后，卫立煌话锋一转，便进入了正题。卫立煌首先问汪，认不认识法国的共产党……

《回忆卫立煌》一书中，作者赵荣声记叙了两个人谈话的内容。

卫立煌开门见山，不加掩饰地告诉汪德昭，他对于蒋介石不满。他说他坚决抗日，后来带领远征军出国，打了胜仗，因为史迪威在蒋介石面前表扬他有成绩，蒋介石对他嫉恨，削除了兵权，让他出洋考察。在国民党时期，出洋考察就是放逐，他心中气愤得很……卫立煌首先向汪德昭介绍了他自己的抗日历史，说他在山西和朱德总司令相处过程，感情很好，朱总司令是一个忠厚长者，曾经赠送给他许多进步书籍，对他有很大启发。他看到共产党所作所为，都顺应中国人民的需要，将来必获胜利，毫无疑义……他的心情自然站到共产党一边了。

卫立煌见汪德昭和他谈得很投机，对于国际国内许多问题的见解都正确，有见地，又跟汪德昭说："将来回国，蒋还是要用我的。"

汪德昭问："那你就起义么？"

"我决心就这样干！"卫立煌说："现在感到难办的就是我的意见，没法传到延安方面去！"

汪德昭说："回到巴黎，我可以找到适当关系，取得联系，寻求配合！"

卫立煌执笔写了一封代电，由汪德昭、韩权华译成中文，略谓：1. 为了尽快结束中国内战，我决心站在人民一方，和有关方面进行军事的、政治的及其他一切合作；2.……；3.顾忌个人的环境，希望绝对保守秘密。

代电写好以后，由汪德昭设法转递，几经辗转，才从某国转到中国有关方面。

1948年初，卫立煌回到上海。他的老部下听说卫立煌回来，纷纷赶到上海，一是对他进行探望，二是告知他国内的情况，特别是目前最危险的东北的战局。

东北民主联军和国民党的军队在东北大地兵戎相见，战火席卷了东北的全境。整个战争形势已从开始的国民党军占优势彻底改变为共产党军队占优势。刚刚回国的卫立煌，被蒋介石任命为东北行辕代主任兼东北剿匪总司令部总司令，总揽东北党政军大权。

卫立煌 全传
Biography of Wei Lihuang

八
困守孤城,是是非非任评说

> 天下之大势之所趋，非人力之所能移也——陈亮

中共中央东北局和东北民主联军顺应形势，率先在东北农村实行"耕者有其田"的土地政策，得到广大农民坚定的支持，同时也获得了人心。得道者多助，失道者寡助，东北人民成了东北民主联军最坚强的后盾。东北老百姓主要是翻身农民的子弟，成了东北民主联军的最广泛的兵源，蒋军在东北失败，已经成为历史的必然。

卫立煌被蒋介石强行绑上了东北的战车，面对东北中小城市皆失，只有锦州、沈阳和长春几个重点城市还被国军控制，但却难以连成一线的尴尬局面，他有回天之力吗？

卫立煌也只有接受东北兵败的事实，他坐蒋介石派来的专机避到了北平。当初蒋介石将卫立煌推上东北"剿总"的宝座，给出的承诺是：你只要好好干，成败无须你负责，关键时我会亲自去指挥的！

东北兵败，蒋介石发布命令："东北剿匪总司令卫立煌迟疑不决，坐失戎机，致失重镇，着即撤职查办。"

面对反复无常的蒋介石及即将改天换地的政治形势，卫立煌究竟该何去何从？

1. 瓦解，挽救危局苦经营

> 雷填填兮雨冥冥，猨啾啾兮狖夜鸣——屈原《九歌·山鬼》

蒋介石首先派悍将杜聿明在东北"剿"灭东北民主联军，接下来派陈诚到东北整治军队和政府"风纪"，都没有改变东北岌岌可危的政治和军事形势。卫立煌来到东北，为了让东北局势起死回生，还将采取什么"更厉害"的办法？

1945年10月18日，杜聿明被任命为东北保安司令。1947年7月8日，杜聿明离开东北到上海治病。他主持东北军政不到两年的时间。在这段时间里，除国共和谈（从1945年8月29日至10月10日，经过43天谈判，国共双方达成《政府与中共代表会谈纪要》，即《双十协定》）期间，双方短暂地停火，其他的日子里，杜聿明都是用炮火在和东北民主联军说话。

最后的结果是，杜聿明损兵折将，他领兵"剿灭"东北民主联军的计划彻底破产。

在东北民主联军重击之下，杜聿明迭遭惨败。蒋介石为了修补东北这个"烂摊子"，召回患病的杜聿明，让自己的嫡系爱将陈诚升任东北行辕主任，到东北"力挽狂澜"。陈诚果然比"喊杀喊打"的杜聿明要目光深远，行事稳重。1947年7月20日，陈诚开始接替熊式辉，全权指挥东北军队。

陈诚为了迅速改变国军在东北劣势挨打的局面，从沈阳下飞机便对记者说："我认为现在整顿内部，安抚民生，培养战力是东北的当务之急！"

陈诚定出的"奋斗"目标是：想要扭转东北战局，必须刷新东北政治，铲除一切贪污。

新官上任三把火，陈诚烧的三把火是：中将田湖藩以办兵学研究会为名，大行开办赌场之实；本溪保安司令李耀慈曾在战场上临阵脱逃；李修业作为行辕管理处处长，公然利用职权敲诈勒索，这些人大部分都被陈诚处以极刑。他制裁的"大棒"，甚至还落到了曾经在四平和长春等地取得坚守胜利的陈明仁头上。陈明仁因"军纪败坏，任意糟蹋老百姓粮食，私生活有问题"等罪名，被撤职查办。一时间驻守东北的国军人心惶惶，生怕自己成为被整肃的对象。

陈诚治标先治本的指导思想是正确的，但有一点他没有想到，那就是惩处贪腐是慢工，这种远水不解近渴的"整顿"，根本难救东北摇摇欲坠的危局。

东北的危局不仅没有因为陈诚的铁腕整治而向好的方向发展，反而变得更糟。陈诚年轻时，因行军打仗吃饭不及时，患有陈年的胃病，由于心情沮丧，胃病亦逐渐加重，以至于严重地影响了日常的工作。

为了让陈诚的身体尽快恢复，蒋介石派胃病专家戚寿南到沈阳为陈诚治病。专家经过检查，给出了一个病情结论：如果不尽快住院，恐怕胃部继续出血，以后做手术的机会都没有了！

蒋介石乘坐飞机来到沈阳，一是看望陈诚，另外也想让陈诚给他推荐一个继任人选。

关于东北"剿总"的人选，蒋介石心中已有腹案，即罗卓英和薛岳。陈诚却向蒋介石推荐了卫立煌。

陈诚和卫立煌不睦，这种外举不避仇亦让蒋介石非常感动。卫立煌虽然有"通共、容共"的嫌疑，可最后不都被证明是空穴来风吗！

"国难思良将"，又到蒋介石需要卫立煌大显身手的时候了。

卫立煌从欧洲回到上海后，不少旧部前来看望，这些人跟他谈起东北的危局后，卫立煌暗叫不好，自己回来得不是时候，他不愿意去东北打内战。

中国的古话说得好，命也、时也、运也。命运有时候强大到了让人无力抗拒的程度。很快，蒋介石的侍从室主任给卫立煌打来电话，让卫速到南京，蒋介石要召见他。

蒋介石召见卫立煌只有一个议题，让卫立煌顶替陈诚去东北力挽危局。蒋介石说："陈诚当初在中国远征军司令的任上，因为患病不能履职，而你去接任，不仅圆满完成了任务，而且打了一个大胜仗，这次东北之行，非你莫属，你准备一下，尽早到任吧！"

卫立煌想都没想，直接婉拒道："委座，杜光亭（杜聿明）是黄埔佼佼者，而陈辞修（陈诚）雄才大略更非属下所能及，东北的局势，他们尚且不能应付，属下去了也无法周全，还望委座收回成命！"

卫立煌回去后，陈诚的夫人谭祥来到卫府，她为了让丈夫赶快回来治病，涕泪请求卫立煌尽早到东北赴任，而参谋总长顾祝同和行政院长张群也纷至沓来，对卫立煌进行"开导"和"劝驾"。

东北的政治和军事形势，完全就是一个火坑，杜聿明和陈诚两个"消防员"都没能扑灭坑中的烈火，随着坑中的烈焰越烧越旺，即使卫立煌扑进去，注定也是一个飞蛾投火的下场！

当时关于卫立煌去东北有两个说法：

其一，《卫立煌将军》一书中，作者卫道然认为卫立煌去东北是"逼上梁山"。

1948年1月17日，报载卫立煌被任命为"剿匪"总司令，卫看到这则消息，一时真不知道如何是好，心中焦急无计，直在房中踱步。这时，卫的旧部纷纷赶来，有的说该去，有的说不该去，可身为蒋军高级将领的卫立煌，却难以自主。

正议论纷纷，蒋介石秘书处来了电话，约卫去蒋处共进午餐，并要卫提早到达，餐前还有话要谈。

蒋见到卫后，给了五点交代（限于篇幅，以下为重点简写）。一卫去东北，如不能控制局势，卫无责任；二在卫没熟悉东北局势前，患病的陈诚暂时不能离开；三为稳定局势，东北可增加一个新的兵团，兵团的组建，军官的任命，卫说了算；四空军会全力配合，保证后勤供应；五坚守东北，蒋介石会给卫立煌派援兵。

卫立煌未置可否，宴会开始，当时宴会上人员复杂，卫去东北为军事秘密，自然不便在宴会上详谈，宴会结束，卫立煌回到家里，立刻便被蜂拥而至的记者包围，卫立煌面对记者，一谈去东北的打算，卫立煌任东北"剿匪"总司令兼东北行营主任，就成了既定的事实。

按照卫道然书中的叙述,卫立煌去东北,完全就是中了蒋介石的套路。

其二,《回忆卫立煌先生》一书中,作者赵荣声回顾了卫立煌去东北的经过。

1947年底,国民党军在东北屡遭惨败,蒋介石打电话给正在法国的卫立煌,令其回国担任东北"剿总"总司令

(蒋介石为了让卫立煌去东北,不仅把东北的军政大权都交给了他,而且还承诺,要援兵给援兵,要什么给什么,只要卫立煌去东北,战争失败的责任都不由他负)卫立煌听见他的总统说的这么好(也不好意思了)不好再说什么了,答应道:那么,我去看看再说吧!……

(韩权华在国统区的报纸上,见到卫立煌升任"东北剿总司令"的消息,她和卫立煌吵了一架,说:连我这个不懂军事的人都看出东北没有希望了,你为什么偏偏在这个时候去替陈诚当替死鬼?)

哪知卫立煌却回答道:要革命就不能怕死,干革命的人还能像你们教书的那样风平浪静?

什么叫"革命",韩权华听了更觉不顺耳,可是经过卫立煌一解释:你忘记了巴黎的事情吗?

她这才明白过来,原来卫立煌和共产党方面有默契,遇到机会就要合作……想到这样一些事,韩权华对于卫立煌说谈的"干革命",似乎有所理解了。但是,在这样大规模的战争之中,这个合作怎么去进行,那是多么神秘和危险的事情!韩权华将信将疑,但对于卫立煌去东北,则不再提出什么不同的意见了!

根据赵荣声先生的回顾,卫立煌明知道失败,还要去东北,有自愿的成分，目的是给蒋介石在东北的政权"开倒车"，争取进一步和中共的合作。

卫立煌来到东北，发现东北的仗几乎没法打，因为蒋政权在东北几乎丢失了天时、地利与人和。首先，当时的东北野战军已近百万，非正规军事武装一百五六十万人。而国军还不足二十万人，只占据着沈阳、长春和锦州几个战略要地。而东北的大片土地，及几百个中小城市，尽皆成了解放区。

再看二十万国军的构成，第五十三军为东北军，第五十二军是滇军，这两只军队，对中央军多有怨怼。换句话来说，第五十二军和五十三军曾经参加过滇西远征军，卫立煌对其还有一定的影响力，可是孙立人的新一军，还有廖耀湘的新六军属于驻印军序列，他们直接听命于南京政府，卫立煌几乎无法控制！

卫立煌到东北为掌握兵权，固守沈阳，相机而动，干了四件事：

第一，卫立煌到沈阳不久，即收到了旅居巴黎的汪德昭给他拍来的密码电报，电报上的内容这样写道：前次在巴黎发出的电报，已到达了目的地，对方有回信，你可以利用目前的情况相机行事。

卫立煌为了更好地联系到中共，他就拍电报让汪德昭回国，并就任东北"剿总"的副秘书长兼办公厅主任（但当时汪德昭并非共产党，故此，他在卫立煌和共产党之间，并没有起到应有的纽带和桥梁的作用）。

第二，蒋介石虽然许诺卫立煌可以组建新军，可是处处设限，卫立煌想建一个的听命于自己的兵团，蒋介石下令，高级指挥官必须从东北的军队里面调任，而且这个兵团一直到最后也没有建起来。

卫立煌想调来曾在第一战区与自己共事的老部下的黄铭新、宋子英，就费了很大的劲儿；卫立煌调陈铁担任东北"剿总"副司令，调彭杰担任东北"剿总"副参谋长，兼第一兵团副司令，更是困难重重。卫立煌拍了多次电报，直到5月份，蒋介石才批准了卫立煌的调令。

第三，联系东北的地方势力，聘请张作相、万福麟、马占山和苏炳文等担任"东北行辕政务委员会委员"，企图得到东北民间势力的支持（卫立煌请的这些人，其实并不能代表民间，甚至连士绅阶层都代表不了）。

第四，联系美国顾问团团长巴大维，希望美国将援助中国的武器不用先送南京，直接送到东北。提议在蒋介石的反复干扰下，最终没能够实现。

卫立煌真的挺窝火，但处在一个羝羊触藩、荆棘遍地的环境，他一身是铁，又能打多少颗钉子？

2．失败，撤职查办遭软禁

凄恻近长沙，地僻秋将尽。长使英雄泪满襟，天意高难问

——杨冠卿《卜算子·秋晚集杜句吊贾傅》

蒋介石的军队在东北的失败已成定局，可是如此的惨败，必须要有一个人出来承担责任，只有这样，才能平息社会各界的指摘，及汹汹舆论的压力。

蒋介石将许诺的"败亦不负责任"的话，早已经忘到耳前脖子后，卫立煌成了弃卒保车的牺牲品。卫立煌对蒋介石的性格非常了解，在来东北之前，卫立煌将能证明自己可以免受军事法庭处罚的文件，都秘密地保存了起来，但这一切的一切，都阻止不了他被软禁南京的命运。

卫立煌给国军在东北的防务定的调子是固守。

鉴于当时的形势，固守有内外两重意思。内在的意思是，长春、沈阳和锦州等城市经过多年的经营，无不构筑了大量的混凝土工事，凭借着这些永久和半永久工事，绝对可以学习四平街保卫战，仰仗地势之利，给东北野战军以较大杀伤。

外在的道理是：美国是反对苏联的，他们不会容忍"红色"苏联的力量进入中国东北，只要牢牢地占据了几个城市，美国人就不会坐视不理。只要美国一出兵，所有问题都将"解决"。

蒋介石对卫立煌筹集粮草、固守孤城、不寻战机、消极避战的做法甚为不满。为了调东北的国军精锐去关内作战，蒋介石向卫立煌下达了分兵进山海关的命令，却被卫立煌拒绝。卫派郑洞国到南京，给蒋介石的解释是：部队正在整顿，又逢冰雪融化，在如此泥泞的道路上行军，容易被敌寻到战机，对我方极为不利。

1948年2月，卫立煌召集东北"剿总"各处主要负责任人开了一个联席会议，会上卫立煌提出了多点要求，包括：增加空运力量，保证东北国军的后勤供应；各个小据点应迅速向大据点靠拢；各战斗部队指挥官禁止越级向蒋介石

发报，蒋批复的电文，须交参谋长和秘书长统一研究处理等等！……

1948年3月初，东北野战军围攻四平街，卫立煌让郑洞国和赵家骧飞往吉林，放弃长春正东一百公里的永吉，命令守军撤往长春，由新七军军长李鸿、长春市长尚传道负责安排这支撤出的军队。这支从永吉撤出的军队，并没有受到损失，整个撤军的行动可算成功。

3月13日，东北野战军攻占了四平。蒋介石也有些急了，他电令卫立煌到南京述职。卫立煌到南京后，蒋介石曾问，有没有可能将沈阳的主力撤出来？卫立煌答：绝无可能！

东北野战军善于打运动战，卫立煌处在弱势，理应固守，一旦调兵进关，极有可能在半路上就被消灭了。

当时，蒋介石正在竞选总统，在军事上亦采取了保守措施，尽可能避免不必要的波动，调沈阳的守军入关之事也就被耽搁了下来。

从卫立煌就任"剿总"的第一天到他离开东北，原则就是按兵不动，即使一些外围阵地被东北野战军吃掉，他也不派兵去救援。1948年3月、5月，卫立煌连续两次被蒋介石召回南京述职，但不管蒋介石提出什么样的部署，他一概拒绝发兵，以不变应万变。

1948年5月，在蒋介石被选举为总统之后不久，东北人民解放军继切断沈阳到锦州的铁路之后，又切断了锦州到山海关之间的铁路。蒋介石再想将残留在东北的十几个军由长春、沈阳等地区调进锦州，再由锦州调进关内，已经是很难办到了。

1948年10月，东北野战军以第二、三纵队和第六纵队第十七师为北集团，以第七、九纵队为南集团，以第八纵队为东集团，团团包围了锦州。东北"剿总"副总司令范汉杰所指挥的第九十三军、新八军两个师、新六军一个师等十六个师及特种兵、后勤部队共十万人，全都被围困在城里。

面对如此岌岌可危的形势，卫立煌第三次被蒋介石召回南京，并被当面命令一定要兵出辽西，彻底解决锦州之围。卫立煌说道："这是东北野战军惯用的'围城打援'之法，我们已经吃亏多次了，如果想去锦州解围，也只能暂时坚守沈阳，等待部队补充完整，才可以出兵！"

卫立煌不顾锦州的危急形势，依然按兵不动。蒋介石面对不听话的卫立煌，甚至想用廖耀湘、范汉杰或者杜聿明来替换，终因东北军情紧急，"临阵换将"才始终未得以实行。

其实"终因东北军情紧急,'换将'未得以实行"只是一句托词,当时蒋介石为了换将,曾经与自己的心腹爱将杜聿明有过一段对话。

蒋介石为了让杜聿明去东北接替卫立煌,首先派出了"说客"罗泽闿。罗泽闿是黄埔六期生,可是他劝说杜聿明去东北的想法,被杜聿明毫不客气地回绝了。

杜聿明是一个聪明人,担心罗泽闿回去告自己的"黑状",第二天早饭都没有吃,他便直奔蒋介石的总统府而去。

蒋杜两个人见面后,蒋介石说:"徐州(杜聿明目前在指挥徐州战事)不重要,重要的是东北,你去接卫立煌的事儿,指挥廖耀湘打到锦州,一切都有办法!"

罗泽闿在一边敲边鼓,他大谈国军不仅有炮火的优势,还有空军的支援,可以和东北的野战军进行决战。杜聿明道:"罗参军既然这样有办法,可以去东北当卫长官的参谋长,可以收到速战速决的效果!"

罗泽闿一听,吓得连连摆手道:"这个不成,这个不成!"

杜聿明见蒋介石不改初衷,他反问道:"校长认为兵出锦州有几成胜算?"

蒋介石回答:"六成!"

杜聿明就跟蒋介石讲"夫未战而庙算胜者,得算多也;未战而庙算不胜者,得算少也。多算胜,少算不胜,而况于无算乎"的道理。并告诉蒋介石兵出锦州之战,很可能是凶多吉少!

蒋介石也急了,他对杜聿明开出了优厚的条件:只要他去东北,可以印发纸币,寻找粮食,甚至要把东北完全交给杜聿明。

杜聿明最终还是拒绝了蒋介石,他说出了两点理由:第一,我是黄埔的学生,如果我将沈阳弄丢了,会有损校长您的威望。第二,东北胜败之局已定,目前攻既不能,守则卫先生比我驾轻就熟,由他指挥较为有利!

说一千,道一万,跳出东北火坑的杜聿明,绝对不肯再重蹈覆辙。

蒋介石东北易将的想法,这才悻悻地作罢!

蒋介石面对跟自己"顶牛"的卫立煌,也使出了绝招,那就是派出"钦差大臣",到沈阳来督促卫立煌尽快发兵,去解锦州之围,否则的话,东北的20

多万军队,真的是退不到关内了。

"钦差大臣"就是顾祝同。顾祝同来到沈阳之后,卫立煌已经无法反对出兵了。他将心腹陈铁找到了自己的内室,说:"兵出沈阳,增援锦州,在中途就有被全歼的危险,若去,百分之一百的失败!……"卫立煌的意思是,让陈铁召集沈阳军长一级的国军军官开会,然后大家在会上集体抵制蒋介石兵出锦州的"错误"方案。

经过军长一级的军官们的集体反对,顾祝同督促卫立煌出兵的计划被迫搁浅。卫立煌为了给顾"钦差"面子,提出了一个折中的计划,那就是兵出营口,静等战机,一旦时机成熟,再兵发锦州。

蒋介石一见派"钦差大臣"都指挥不了卫立煌,不由得火冒三丈,当即,乘坐飞机直飞北平,找到傅作义,命其在山海关发兵,援助锦州。关内的救兵被安排好之后,蒋介石又乘飞机来到了沈阳,并在10月2日,召开了东北军长以上作战会议。

蒋介石在会上,大骂东北高级将领畏敌如虎,消极避战,完全没有"不成功,便成仁"的牺牲意念,那种为党国的安危舍生取义的精神都丢到哪里

1948年,于北平的傅作义

1948年蒋介石在北平期间的留影

去了!

蒋介石最后绕开了卫立煌,直接命廖耀湘率领新一军、新三军、新六军、七十一军、四十九军等美械装备部队,在新民一带集结,然后准备去解锦州之围。

廖耀湘虽为蒋介石嫡系,但他对卫立煌"去解锦州之围,百分之一百会失败"的判断甚为赞同,故此,他的行动缓慢,在东北野战军攻克锦州的战争中。这只由沈阳出发去增援的部队,一直处在逡巡不前的状态,并没有起到什么作用。

蒋介石为了解锦州之围,曾经三飞沈阳,最后一次因害怕被俘,干脆坐在飞机里,拉了几根电话线在机舱里直接办公。显然,他已经充分地认识到了东北的危险,一旦沈阳被东北野战军突破,他可以立即乘坐飞机,离开炮火连天的是非之地。

为了解救锦州的守军,从1948年10月10日到1948年10月15日,蒋介石命令关内的傅作义手下的五个师,及两个山东师,外加锦西的四个师,一共十一个师的兵力集中起来,猛攻锦州的前沿塔山阵地。

虽然在四天当中，国民党的部队无数次突破了塔山阵地，可是最后，还是被东北野战军复夺了回来。蒋介石还亲自在葫芦岛的军舰上指挥。他听到塔山阵地久攻不下的消息，气得连下命令："临阵退缩者杀，逡巡不前者杀，消极避战者杀"，可是十一个师的兵力在塔山阵地面前，还是没有能前进半步。

1948年10月7日，东北野战军开始围困锦州；10月15日，攻占锦州，一共用时8天。而真正的锦州攻坚战，前后只用了不到31个小时，锦州的守军一部分被歼，范汉杰连同手下的十万蒋军官兵被俘。

锦州全军覆没，长春已经变成了一座孤城。多米诺骨牌效应实在可怕，先是驻守长春六十军军长曾泽生率部起义，守卫长春的国军紧跟着投降。长春守将"东北剿总"副司令郑洞国本想在用耐火砖砌成的中央银行大楼里负隅顽抗，可是东北野战军攻势迅猛，他最后和新七军的官兵一起投诚，走上了背弃蒋政府、拥抱新中国的光明大道。

10月21日，廖耀湘率领的机动兵团，开始向黑山和大虎山一

蒋介石与杜聿明

1948年，蒋介石傅作义和卫立煌的合影

线的东北野战军阵地进攻。进攻的理由很是耸人听闻,蒋介石通过空军,得到了一份情报,占领锦州的东北野战军已经开赴北票和阜新去了。

换句话来说,只要廖耀湘进兵,就能收复锦州这座空城。卫立煌经过分析,认为不妥。锦州是一座战略要地,东北野战军不可能将其放弃,即使有主力部队出城的迹象,那也是"诱敌之计"。就是说,晚上的时候,出城的东北野战军必然回来。

廖耀湘作为沈阳国军的主力,他若不动,东北还有挽救的希望,他若一过辽河,必然全军覆没。

廖耀湘箭在弦上,已经不能不发。他率领手下的十万国军,开始向黑山和大虎山一线的东北野战军阵地展开了猛烈的进攻。

1948年10月23日,解放军东野第十纵队司令员梁兴初与廖耀湘激战3天,使廖耀湘兵团失去了西进的可能和南撤的宝贵时间。接下来,韩先楚率领第三纵队仅用3个小时,便一举摧毁廖耀湘的兵团指挥部和新一军、新六军、新三军军部。战斗至1948年10月28日拂晓结束,廖耀湘手下共计5个军12个师十万余人全部被歼灭,廖耀湘也在撤退的途中,被我东北野战军俘虏。

卫立煌手里只剩下一个警卫团和七个步兵营,凭着几千人马,想要扭转东北的战局,显然是"痴人说梦"。

蒋介石命令廖耀湘部队开始进攻之时,他也制定了另外一份破坏沈阳工业的计划,甚至发电厂都要炸掉,可是这份计划却因为卫立煌没有签署,而迟迟无法实施。卫立煌为了敷衍蒋介石,他在电话里对蒋介石说,现在还没有到炸毁的时候。

廖耀湘兵败黑山和大虎山一线,沈阳的主力部队尽失,卫立煌留沈阳没有任何意义了。蒋介石却迟迟不下撤退的命令,目的只有一个,就是让卫立煌留在东北,证明东北并没有失去!

蒋介石也许是怕卫立煌心生异志,9月28日,让宋美龄派飞机将韩权华接到北平,接着又将其送到了南京。30日上午,卫立煌接到了蒋介石的急电,命他速去葫芦岛待命。

当时沈阳东陵和北陵两个主要飞机场都被东北野战军控制,唯有城内一座民用飞机场可用,卫立煌来到飞机场,一直在天空中盘旋的C-46运输机这才急匆匆地降落。卫立煌领着司令部成员及三十多名东北文职官员上了飞机,可是

1948年，华北，随同蒋介石视察的宋美龄

却不许机师关闭飞机舱门，直到几名卫士将汪德昭找到，送上飞机，这才允许飞机起飞，直奔葫芦岛而去。

机场上滞留的上千名军队的军官、政府人员及富豪士绅，望着腾空而起的飞机，无不号啕大哭，或者指天骂娘。总之一句话，留在沈阳，等待的必将是被俘的命运。

卫立煌飞到葫芦岛后，一个星期寝食不安，坐卧不宁。他抱怨地对杜聿明道：蒋介石的用人是人人直接通天，弄得谁都不能统一指挥，东北失败我未下过一道命令，看谁负责。

杜聿明急忙安慰卫立煌，东北失败与总座无关，是他（蒋介石）命我直接下命令给廖耀湘的。如果追究失败责任的话，那只有追究到我身上。

几日后，卫立煌来到北平。蒋介石果然食言，他下了一道命令：东北"剿匪"总司令卫立煌迟疑不决，坐失戎机，致失重镇，着即撤职查办！

丢失东北，对于蒋介石来说是致命的损失。这么重大的责任，必须有人来承担。很显然，目前滞留北平的卫立煌就成了替罪羊，而言犹在耳"不让卫立煌负责"的话，早已经被他忘得一干二净！

九
归心似箭，海外归来第一人

> 露从今夜白，月是故乡明——杜甫《月夜忆舍弟》

卫立煌在南京被蒋介石软禁，不管作为一个爱国的军人，还是一个留待此身准备为国家和民族未来做贡献的有志之士，都需要保全自己，完全没有必要为了一个腐朽的政府"献身和陪葬"。

卫立煌巧妙化装，精心安排，最后离开南京"虎穴"，来到香港暂且栖身。1949年10月1日，中华人民共和国建国的消息传来，卫立煌将军不由得热泪盈眶，兴奋得不得了，根本不管自己是不是被缉拿的"战犯"，他毅然拿起笔来，写了一封祝贺新中国成立的贺电，由香港的中共组织，发到了北京。

卫立煌在香港蛰居五年，但他心系大陆，神思家乡，通过香港报纸，看到国内日新月异的变化，归国的心思不由得越来越迫切。

在地下党的帮助下，卫立煌终于在1955年3月15日回到了广州，回到了阔别已久的祖国。卫立煌回国后，不仅受到了周总理和毛主席的亲切接见，他还曾任国防委员会副主席，及第二、三届全国政协常委，第二届全国人大代表，民革第三、四届中央委员会常委等职，并为两岸的统一工作，做出了自己的一份贡献。

1960年1月17日，卫立煌因肺炎和心梗等病不治，在北京逝世，享年64岁，安葬于北京八宝山革命公墓。

1. 出走，香港暂当容身地

> 浮云一别后，流水十年间。欢笑情如旧，萧疏鬓已斑
> ——韦应物《淮上喜会梁川故友》

国防部保密局的特务以凶残和狡诈著称，卫立煌在特务的监视之下巧妙脱身，不仅是因为他睿智和机警，更表现出他作为一个职业军人、临危不乱、笃定而行的机智与英勇。

卫立煌来到香港，台湾地区他绝对是不去了，但下一步究竟该何去何从？

辽沈战役自1948年9月12日开始，到11月2日结束，历时52天，东北野战军先后攻克锦州、长春和沈阳，消灭蒋军四十七万人，宣告了这次举世瞩目的辽沈战役胜利结束。

盘点这次战役的胜败得失，蒋介石应该负一半的责任，而杜聿明和陈诚又该负多少责任呢？当东北局势已经到了不可挽回的局势，这时候接手的卫立煌又该负多少责任呢？

《回忆卫立煌先生》一书中，作者赵荣声有一个比较中肯和翔实的记叙，原文引用，以供读者参考：

从解放以前的报纸，到最近发表的各种有关的回忆，对于当年辽沈战役的具体经过，有过很多详细的描述。都说蒋介石和卫立煌的战略思想不同，发生矛盾，加速了战争的失败和国民党的崩溃。1961年，全国政协文史资料研究委员会所编印的《文史资料选辑》第二十辑中，发表了杜聿明、范汉杰、郑洞国和廖耀湘等人所写的长篇文章，提供了大量的有关辽沈战役的史料，也都持这

样一个观点。

1961年，杜聿明担任全国政协文史资料研究委员的专员以后，曾去访问过卫夫人韩权华。他们畅谈往事，杜聿明说：当时我和卫先生都是一个想法，都是想把国民党的军队保存起来不打，等军队补充好了装备好了再反攻……

韩权华听了以后偶尔闲谈，没作什么反应，杜聿明走了以后，韩权华反复回忆往事，一夜没有睡好觉，她说："外国有一句成语说，听了别人的话没有异议，就是默认！"

杜聿明对于卫立煌完全不了解，如果按照他的所谈写成文字，那就与事实谬之千里，完全抹杀卫立煌当时的苦心了。卫立煌去东北并不想帮蒋介石打仗，而是促成蒋介石失败，这是杜聿明怎么也想不到的……

当然，对于赵荣声的记述，也有一定的反对意见，因为当时赵荣声并没有去过东北，在辽沈战役期间，他也没有在卫立煌的身边工作过，故此，他的这段文字，有猜测和推断的嫌疑。但赵荣声成书之前，曾经走访过汪德昭、陈铁、王理寰、卫道然和刘性夫等人，他们众口一词，坚持说卫立煌到东北并不是为蒋介石打仗，而是想促成蒋介石的失败。

结合赵荣声先生的分析，应该能得出这样的结论：

第一，卫立煌被蒋介石派到东北，他有权"无兵"，没有嫡系部队（想成立一只由自己嫡系组建的军队，可是在蒋介石的干预下没有建成），这样的光杆司令想要起义是没人跟着他干的。

第二，卫立煌在东北时，身边布满了蒋介石派去监视他的特务，以至于很多跟共产党有联系的旧部，都无法被他召集到沈阳。卫立煌从法国将汪德昭请到自己身边，目的就是让他替自己向延安传话（因为他吃过八路军一个姓袁的人叛变的大亏，故此不能不谨慎），可是汪德昭却不认识东北的地下党，以至于卫立煌和延安的通话渠道一度中断。

第三，卫立煌在东北几乎是孤身作战，他没有帮手，只能以合法的方式，打这场辽沈战役。在东北野战军兵力、武器和民心都占优的情况下，卫立煌唯一能得到东北国军部下的支持、让蒋介石说不出话，而且最正确的战法就是——收缩兵力，死守孤城，减小伤亡，等部队补充完整再战（这是不可能实现的一个借口）。

消极怠工的卫立煌让蒋介石不满，但卫立煌用了一个"拖"字诀，加快了东北解放的进程。

试想，如果东北野战军解放锦州时，傅作义的部队急攻塔山，这时候卫立煌一旦下令，命廖耀湘不惜一切代价，进攻黑山和大虎山一线的东北野战军，势必会给东北野战军造成极大的军事压力。事实是，卫立煌并没有下令。锦州解放后，廖耀湘才在蒋介石的催促之下，仓皇开战，最后造成了全军覆没的结局。

卫立煌的嫡孙卫智发表了一篇题为《我的祖父不是卧底》的文章，作者认为：

赵荣声（履历上写着：燕京大学新闻系毕业。1935年在一二·九运动中加入中国共产党）早年是祖父的同乡，后来被祖父招到身边做了秘书，"他来自于西北战地服务团，这谁都知道，不是秘密，更不是红色间谍。要真是共产党派到国民党队伍的间谍或卧底，那都是非常秘密的，一点痕迹不露。我祖父作为战区的司令长官，手下的秘书非常多，有十几个人，比较重要的几个秘书，比如吴君惠是北京大学法学系毕业的，还有戴允荪、陈元等，机要秘书是法国留学回来的温广汉，也是周恩来的同学，赵荣声当时很年轻，并不在重要位置，看很多问题过于表面。"

作者卫智还在文章里说，关于祖父向赵荣声询问加入共产党的事情，尽管赵先生有那样的描述，但他从未听家人或其他亲历者提过。"没有证据。你想，我祖父当时是战区司令，对待这个问题不可能这么不知轻重，搞得沸沸扬扬。再说，他和共产党高层，像毛泽东、周恩来、朱德等关系都非常好，这么要紧的事情为什么还通过下级绕圈子，不直接问呢？"

看来，孰是孰非，因为重要的当事人都已经逝去，卫立煌是不是中共派到东北最大的"卧底"的问题，还得继续争论下去。

卫立煌从葫芦岛飞到北平后，蒋介石发布命令，让卫立煌承担辽沈战役失败的全部责任，并将他削职为民。

卫立煌索性就在北平住了下来，除了傅作义经常来探望，他目前已经是"门前冷落车马稀"了，饱尝人情冷暖的卫立煌静等着蒋介石对他的下一步处理意见。

日子一天天过去,南京政府方面缄默无声。卫立煌还以为没有事了,他当时这样认为:辽沈战役已经失败,必须要有人出来承担责任,自己已然承担了战败之责,这件事也就大事化小、小事化了地过去了,他就在自己被撤职查办的20多天之后,给总统府文官长吴忠信发了一份电报,讲明自己要离开北平去南方居住。

卫立煌将电报发出后,他继续等了一段时间,南京总统府还是没有回音。他认为既然没有回音就是默许。1948年12月中旬,卫立煌包了一架飞机,由北平飞上海,再到广州,最后去香港定居。

他一路辗转到了广州,下榻爱琼大酒店。四天后,广州保安司令黄镇球来访,并转达了蒋介石要见卫立煌,让卫立煌速回南京的命令。

卫立煌身为国军上将,去香港定居,本想光明正大地走,其实他真的想错了。蒋介石在辽沈战役失败后,急需应对东北野战军入关、华北战场"四面楚歌"的危局。故此,他不是不想处理卫立煌,而是没有空下手来。当他得知卫立煌已到广州,即将去香港的消息,这才急了,便命黄镇球一定要截住卫立煌,让他回南京接受处理!

黄镇球带来了宪兵,开始在爱琼大酒店门口站岗,而且带来不少的便衣特务,也住进酒店。卫立煌手下一行人大多是军人出身,如果干掉这些特务和宪兵,然后坐车直接去广州的码头上船(轮船为外国国籍,广州保安司令黄镇球不敢上船抓人),估计至少有80%的成功率,但卫立煌却没有这样做,他将孩子们留下,只带着夫人韩权华和少量的随从,乘飞机直奔南京而去。

卫立煌回到南京后,就住进了上海路自己的私宅,随后宪兵的一个排守在了院外,而军统派来的一个班的便衣特务也住进了卫家的客厅。很显然,卫立煌竟被蒋介石给软禁了起来。

吴忠信得知卫立煌被软禁的消息,直接去找蒋介石讨说法,他说:"卫立煌去东北之前,你曾经亲口说过失败亦不负责,如今为何将卫立煌软禁?"

蒋介石矢口否认道:"我没有追究卫俊如,也没有将他软禁啊!"

吴忠信又气呼呼地去质问南京宪兵司令张镇,奉蒋介石之命,派宪兵软禁卫立煌的张镇脸色通红,一句话也回答不出来。

卫立煌被软禁,受过卫立煌恩惠的国军将领们纷纷为其鸣不平,不愿发表意见的就去卫家探望，可是却被门口的宪兵给挡了驾。他们一个个气得指着宪兵的鼻子大骂，特别是关麟征，他竟将上将的肩章往宪兵脚下一掷，道："凭这个都进不去，要这××玩意儿何用！"

特务们本想登楼监视卫立煌，却被卫立煌的卫士给挡住了。他们荷枪在手，喝道："想上楼，问问老子手里的枪答应不！"

蒋介石思前想后，觉得真的没法在南京处理卫立煌，就决定将他换一个地方，让他速去台湾。正巧这时候，韩权华夫人因为劳累和惊吓而生病了，参谋总长顾祝同虽然到卫家劝驾，但台湾之行终归没有成行。

1948年12月25日，鉴于人民解放军势如破竹、国民党的军队节节败退，全国即将解放的大好形势，中共的广播电台适时公布了一份"战犯"名单。在四十三名"战犯"名单中，卫立煌赫然被列在第十三名。卫立煌通共的嫌疑不攻自破，老蒋更没法制裁这位"劳苦功高"的卫将军了。

淮海战役于1948年11月6日爆发，1949年1月10日结束，徐州"剿匪"总司令部刘峙手下的五个兵团部、22个军部、56个师，共55.5万人被消灭及改编，此一战，可以说蒋介石手中的老本基本输光。1949年1月21日，蒋介石宣告隐退，由李宗仁当上了代总统。

李宗仁当上了代总统后，卫立煌的处境立刻改观。李代总统亲自打电话到卫宅表示，"你受委屈了！"安慰卫立煌的同时，命令南京宪兵司令张镇撤回所有监视卫立煌的宪兵。李宗仁还颁布手谕，恢复卫立煌自由。

卫立煌的副官张学诚在宪兵撤走后，给军统特务们发出了一道限令，命其四个小时撤退。特务们没有办法，只得离开卫家客厅，搬到了距离卫家较远的一处车房居住。

1949年1月28日，农历除夕夜，四个居住在南京的特务悄悄地溜回家过节去了，剩下四个居住在江北的特务正在长吁短叹，感叹大过年的连回家的路费和买年货的大洋都没有。丁志升副官奉卫立煌之命，给他们送钱来了。家在江北的四个特务手里有了钱之后，立刻一窝蜂似的离开了卫家，回家各自团聚去了！

特务们走后，卫家立刻行动了起来。卫立煌剪掉了胡子，戴上礼帽和墨镜，然后穿上一身商人的衣服，众人分别坐上了两辆小汽车。小汽车沿着宁沪路一路风驰电掣，而卫立煌坐在车上，始终与周围的心腹和家人谈笑，在几个小时后，他们就赶到了上海。

一个星期后，卫立煌和他的家人终于抵达了香港。

1949年的香港，是三教九流、龙蛇混杂、国民党特务乱窜之地。卫立煌找到韩权华的一位香港亲戚，并在他家的楼下租了一层楼房，开始了在香港的蛰居生活。

正所谓树欲静而风不止。卫立煌这日接到好朋友杨杰的电话。杨杰准备经香港回国，顺便到香港来探望他（杨杰回国是准备参加在北平举行的中国人民政治协商会议第一届全体会议）。9月17日，住在香港同乡家里的杨杰，被国民党保密局的特务们暗杀了。

杨杰的身亡，让卫立煌悲痛万分，但也同时看清了蒋介石的凶狠和丑恶。这时候，有民革人士前来劝说卫立煌，并明确告知，如回大陆，可以代为联系。

卫立煌答复来人说："大陆迟早要回，但现在不是时候，我是背着失守东北黑锅的人，若现在回去，欲加之罪，反而落实了！"

2. 去世，一代虎将留美名

春风又绿江南岸，明月何时照我还——王安石《泊船瓜州》

卫立煌回到了大陆，大陆的山山水水，让他感到亲切，负责接待他的人员，让他感到如沐春风。卫立煌是一个爱国的将军，他回国要参加新中国的建设，他要为国家的建设添砖加瓦，他要为民族的未来贡献自己的绵薄之力！

卫立煌蛰居香港，蒋介石也觉得面子上过不去，他就派吴忠信到香港劝说卫立煌去台湾。

卫立煌对吴忠信非常尊重，他详细地说了一通蒋介石用自己，就委任一官半职，一旦用不着，不是将自己闲置，便是削职为民，特别是最后一次，竟派特务和宪兵将自己软禁，因为惊吓和骚扰，差点让韩权华重病不治。卫立煌最后说："非我绝蒋公，是蒋公绝我也！"

吴忠信劝驾无功而返，蒋介石不甘心，又派出郭寄峤和吴礼卿到香港劝说卫立煌，让他去台湾，或者去外国定居。并言，当初遭到软禁，实属误会云云……但卫立煌不去台湾地区的决心已定，去国外定居，也非他所愿，对于两个人的相劝，卫立煌只能婉言拒之了。

1949年10月1日，中华人民共和国成立，标志着新民主主义革命的基本胜利和半殖民地半封建社会历史的终结。帝国主义列强侵略压迫中国、欺凌奴役中国人民的屈辱历史一去不复返了，中国人从此站起来了！中国历史从此开启了中华民族发展进步的新纪元。

卫立煌兴奋欣喜之余，他给毛主席发电祝贺，电文如下：

毛主席：

先生英明领导，人民革命卒获辉煌胜利。从此中国人民得到伟大领袖，新中国富强有望，举世欢腾鼓舞，竭诚拥护。煌向往衷心，尤为雀跃万丈。敬电驰贺，朱副主席、周总理请代致贺忱。

煌十月江（三日）电

卫立煌在新中国成立时，发出贺电，可见他与新中国领导人之渊源确实深。但是，卫立煌在香港的日子并不好过。

杨杰在香港被暗杀后，卫立煌更加深居简出，平日里前门不开，如果外出，则走后门。当时有一批滞留在香港的国民党军政要员，还时常去拜望他，与他经常接触的人有：余程万、张继鹏、牟庭芳、潘裕昆和彭鄂等。

1953年，牟庭芳因为医疗事故，病逝于香港，享年51岁。

余程万口无遮拦，他的言论，遭到了特务的嫉恨。在跟卫立煌讲自己身边有特务监视时，余程万对自己的生命安全也是充满了担心。1955年8月27日，在香港新界种菜养鸡的余程万突遇匪徒，不幸身死匪徒（也有人说是国民党保密局特务）枪下。

香港有一家《新晚报》，从1952年年中开始连载以揭露蒋介石隐私为目的《金陵春梦》，每天一段，因为内容猎奇，不求真实，但行挖苦，故此，很适合当年香港人的胃口，影响巨大。

《金陵春梦》的作者署名唐人，真名严庆澍（1919—1981），号雨苍，苏州吴县东山人。卫立煌在香港期间，一度迁居元朗地区的唐人新村。有人据此推断，唐人是卫立煌的化名，至少也是卫立煌口述，由秘书执笔，才将蒋介石挖得如此"有看头，有深度，有作料"。

卫立煌觉得造谣者实在是别有用心。作为职业军人、民国上将，卫立煌"静思己过、莫论人非"的操守还是有的，在报纸上造谣骂蒋介石这件事他真干不出来。

蒋介石是一个多疑和暴虐之人，一旦卫立煌是《金陵春梦》作者的谣言传到台湾地区，他震怒之下，甚至有可能派特务对卫不利。

卫立煌决定迁居九龙郊外，尽可能低调生活，做一个与世无争的凡夫俗子。卫立煌订有三十多种家报刊，为的是能够尽可能全面知道国际和国内的形势。

随着抗美援朝的胜利，中国人的地位在世界上有显著提高，国内经济建设所取得的成绩，更是让卫立煌欣喜不已。1955年1月，中国人民解放军集中约一万人的强大的陆、海、空军兵力，对台湾国民党军据守的一江山岛进行进攻作战。从一江山岛战役起，解放军开始击破国民党残部在浙江东部沿海岛屿的防御体系，直至解放浙江全境。

卫立煌当着朋友说道："解放台湾，完成统一大业有什么不好！"

20世纪50年代卫立煌夫妇与儿子、儿媳

此时,在香港的中共地下人员找到卫立煌,告诉他,如果能将"解放台湾,完成统一大业"的意见公开发表,势必对解放台湾地区大有好处。但发表之后,卫立煌必须要藏匿起来,否则定会遭到蒋帮特务的迫害……

周总理得知卫立煌的情况后,觉得卫立煌回归大陆,已经水到渠成了。1955年初,卫立煌收到韩德庄(韩权华侄女)的一封信,信中写道:姨夫曾经在太原结识的朋友叫我写信请姨夫姨母回来!

卫立煌看到信之后,脸上露出了笑意,"太原结识的朋友"就是周恩来。他激动地说:"我该回去了,我终于等到这一天了!"

韩权华对于回归大陆还有一些顾虑。比如卫立煌的战犯问题,自己身体不好,恐怕参加不了劳动的问题,而且治病的花费,也会给接收单位带来沉重的负担……前来洽谈的人员这样回答:革命不分先后,即使是真的战犯,通过改造也一样会成为对社会主义建设的有用新人;劳动分很多种,比如体力劳动、脑力劳动,总有一样劳动会适合韩权华的;机关工作人员享受免费医疗,如果在大陆的医院治病,花不了多少钱!……

卫立煌最后坚定地说:"我愿用我的余生报效祖国——我要革命,别的什么都不想!"

前来接洽的人员同卫立煌夫妇商定了回大陆的途径和交通工具。坐火车回大陆方便,但目标太大,不安全。最后决定,先乘轮船去澳门,然后换坐汽车回广州。随行人员不要多,他们在卫立煌走后,再分期分批离开!

卫立煌夫妇只带了一个随从,坐船从香港到澳门。抵达澳门后,被安排到一家商业公司休息,随后上了一辆轿车,直奔广州而去。

1955年3月15日,卫立煌夫妇回到广州,受到了中共华南局书记陶铸等人的热烈欢迎。卫立煌将事先准备好的《告台湾袍泽朋友书》交给了新华社发表,

卫立煌手迹

在这篇文章里，卫立煌语重心长地说：

台湾袍泽们、朋友们：

祖国近五年来，在共产党和毛主席的领导下，各项事业，突飞猛进，为有史以来所未有。对外在国际上国家声望日高，对内使各民族融洽共处，形成空前未有之大团结，以西藏数十年之离异，现在又重回祖国。祖国经济建设一日千里，达到从无到有，自少而多，如钢、铁、煤、油等重之筑成，宝成、陇海铁路之增筑，包兰、成昆铁路之测建，中蒙国境铁路之完成，以及自造飞机、火车头、轮船等等。尤其在人事方面不论过去如何，凡对国家有所贡献者，均能奖励扶植，一视同仁（如程颂示、翁文灏、张治中、傅作义、陈明仁、郑洞国等等）。以视蒋介石时期，在外交上俯仰随人，厚颜谄媚；在政治上视国为家，排除异己；经济方面则将国家命脉置于四大家族之手；人事上妒贤嫉能，非亲莫用，真乃泾渭分明，善恶立判。凡此铁的事实，无论为爱为憎，都是不能加以否认的。

现在蒋介石不惜出卖国家及民族，勾结美国力量，妄想反攻大陆，各位军政方面曾身当其冲的，所知当然深切，试想以他当年具有海陆空军四百万之声势与美国数十亿之军经援助，尚逃不了溃败逃台，目前以他几十万老弱残兵，而图反攻，岂不是痴人说梦，白日见鬼吗？

台湾是中国领土，乃是历史上和外交上文件所具载，任何人不能歪曲事实，加以否认。美国欲以武力强据台湾，乃其别具帝国主义者侵略野心，无论他如何颠倒是非，混淆视听，也不能掩盖天下人的耳目。台湾之于中国，正如夏威夷之于美国，如有其他国家舰队霸占夏威夷领海，他们美国人民又将做何感想？何况解放台湾，是讨伐中国的罪人蒋介石，纯是内政问题，是世界上主持正义者所同情的。今蒋介石乃与美国订立美蒋防御公约，图借外力负隅拒抗，真是出卖主权，引狼入室，这种行为不但为六亿同胞唾弃，更为具有天良、心存爱国者所切齿！

各位已看到了韩战时祖国坚强军力迫使美国停战之事实，台湾最后必定解放，无论按哪一方面说，都是必然之理，既成之势。

各位朋友，各位袍泽：我现在举两项个人亲身经历之事，使各位更知蒋介石如何卑劣。抗战时期，我负第一战区责任，在黄河北岸，背水奋战，拒敌五年。因为我主张国共共同抗战，故凡八路军（解放军前身）担任之任务与补给，都主张公平办理，乃竟遭蒋疑忌，认为我偏袒八路军，破坏他攘外必先安内之阴谋，将我调离第一战区，并暗行监视。东北之战，完全由蒋三到沈阳亲自主持策定，虽经各将领一致陈述意见，认为不可，但蒋一意孤行，终至全军覆没。

事后因受立法院及国人指责，乃竟向部下诿卸责任，诬为系我失职；派宪兵特务将我监视于南京私邸，并由宪兵司令张镇告诉我，未见蒋以前，最好不要接见其他客人。后经吴礼卿先生向蒋提问此事，蒋竟诿称不知。吴先生事后又问张镇何以总统不知道卫长官家中住有宪兵，不许见客，张镇闻言，惶恐不知所答。

以上二事，不过就我亲身经历中较大者而言。我同蒋介石共事三十余年，他都肯做出这种丧心病狂，倒行逆施，背信弃义，陷害部属的事来，诸位还不及早警惕吗！

我自辛亥投笔从戎以来，即决心献身革命，希望有所助益于改革腐旧社会，建设现代国家。只因蒋介石窃据领导地位，利欲迷人，背叛革命，只图千方百计巩固私人权势，置国计民生于不顾。以致数十年光阴虚耗，未能如愿以偿，既恨且愧。自从我在香港住了五年以来，闭门阅读各种书报杂志，站在客观的立场上观察实际，寻求革命真理。回想过去蒋介石几十年的所作所为，比起共产党和毛主席领导下五年来的建树，使我更为明白是非功罪，何去何从。所以我觉得这几十年误随了祸国殃民的蒋介石实在愧对国家、愧对国人。现在祖国正在进行解放台湾，于我们大家一个效忠革命，为人民尽力的机会，以赎前愆。遥念在台湾数十年共患难的袍泽们、朋友们还在蒋介石魔掌之下，不忍坐视诸位随蒋沉沦毁灭。

故特掬诚坦告，深望诸位及早醒悟，对于有功于解放台湾者，在有形无形中，各自乘机量力而为，则台湾解放之日，祖国及国人必不有负于诸位。肺腑之言，敬希谅察！责任艰巨，诸维珍重！

卫立煌
1955年3月15日

1955年3月17日上午9时，卫立煌收到了毛主席给他的欢迎电报：

中共中央华南分局即送：

卫俊如先生：

三月十六日电文收到。先生返国，甚表欢迎，盼望早日来京，藉图良晤。如有兴趣，可以沿途看看情况，于月底或者下月到京，也是好的。

卫立煌夫妇在广州，先是晋谒了黄花岗烈士墓、中山纪念堂和毛泽东等主办的农民运动讲习所，参观了工厂、农村。后又转道杭州游览西湖等名胜古迹，接下来又到了上海，参观了苏联展览馆、上海国营百货公司及上海国营机床厂等企业。

4月6日，卫立煌一行人抵达北京。中共中央统战部李维汉部长、徐冰副部长以及龙云夫妇、傅作义、邵力子、张治中全家、申伯纯、刘清扬等，都到北京火车东站站台迎接卫立煌。卫立煌夫妇被安排到北京饭店下榻。

卫立煌到北京当天下午5时许，周总理亲设家宴，为卫立煌接风洗尘。在接下来的时间里，宴请卫立煌夫妇并与之叙旧的党和国家领导人有朱德总司令，国防部长彭德怀，傅作义、李济深等。

卫立煌夫妇还借着宴请接风的空隙，参观了石景山钢铁厂和十三陵整修工程等大项目。看到祖国的日新月异，卫立煌不禁感到振奋，同时也为中国共产党真心治理国家、改善民生、促进社会发展所做出的成绩，感到由衷的敬佩。

卫立煌夫妇1955年在广州

4月25日，毛主席设晚宴欢迎卫立煌归来，与卫一起出席晚宴的有杨尚昆、龙云、张治中、李济深、章士钊、邵力子、陈叔通和黄炎培等嘉宾。当时，宾主尽欢，气氛十分融洽。

1956年4月，毛主席在中共中央政治局扩大会议上作了《论十大关

1956年毛泽东和全国政协特邀人士卫立煌（中）、谢无量在宴会上

系》的重要报告中，其中提到卫立煌时说：

> 一切善意地向我们提意见的民主人士，我们都要团结。像卫立煌、翁文灏这样有爱国心的国民党军政人员，我们应当继续调动他们的积极性！……

卫立煌回国后，为提高自己的政治觉悟，曾以第一个报名的身份，参加了中央社会主义学院的学习。他还频繁外出视察，煤城大同、钢城包头、秦皇岛耀华玻璃厂、塞外重镇张家口，还有锡林郭勒大草原……都曾留下过他感受祖国美好、激励自己做出更多贡献的足迹。卫立煌还先后担任了政协全国委员会常务委员、国防委员会副主席、全国人大代表和民革中央常委等职。

1956年9月，卫立煌在《人民画报》上撰文《回到祖国大陆之后》。文章里，卫立煌不仅写出了回国后受到的热情款待，也写出了自己长期误入歧途的悔恨，并且表达了他期盼两岸统一的迫切心情。

卫立煌在文章中说，周恩来总理已再次郑重宣告，愿同台湾当局协商和平解决台湾的具体步骤与条件，本着"爱国一家"的精神同台湾国民党军政人员重新携手团结。稍有明智之人，都应当当机立断，站到爱国主义旗帜下来。……我热望他们勿失最后良机，为和平解放台湾做出贡献，早日回归祖国怀抱，与家人亲友团聚，共建富强康乐的新国家。

隆年不永，天妒英才。1958年5月，卫立煌参加国际劳动节庆祝活动后深感不适，一开始是咽喉麻痹，吃不下东西，接着突发心肌梗死，虽入院治疗，可是病情依然沉重。

1959年冬，寒流袭击北京，卫立煌心梗的病未好，又患了肺炎的毛病。病重以后，周总理和朱德多次去医院探望。1960年1月17日零时40分，卫立煌溘然长逝了。

1960年1月21日上午，庄严肃穆的公祭卫立煌大会在中山公园中山堂举行。卫立煌的灵堂前，摆着党和国家领导人毛泽东、刘少奇、周恩来、朱德、

周恩来在卫立煌公祭大会上献花圈

九 归心似箭，海外归来第一人

邓颖超会见卫立煌夫人

宋庆龄、董必武、陈云、邓小平等送的花圈。

卫立煌去世后，他灵位被安放八宝山公墓烈士大堂，并和陈赓大将、李克农上将同列。原国民党高级将领王万龄、史说、宋瑞珂、刘昌义曾经这样评论卫立煌：

他这一生，确实不容易。他确实是一位有血性而又非常明智的爱国军人，是一条汉子，是在关键时刻"能认路、会走路"的中国汉子！

卫立煌将军因父去世较早，所受教育亦非常有限，按照正常的成长规律，他凭着自己的勤劳，能在村中拥有几亩地，然后让一家过上小康的日子；或者负囊挑担，做一个不愁吃穿的小商人；再或者扛枪当兵，在军队中混个一官半职，都已经算作是小有作为的人生了。

可是卫立煌云中白鹤，头角峥嵘，他扛枪入伍，声明远扬，滇西抗战，歼敌五万，日军华北最高司令官香日清司称卫立煌为"支那虎将"。卫立煌确实是虎将，他身上有虎气、有虎胆、有虎义、有虎威、有虎骨、有虎智，还有虎神!

卫立煌有虎气：卫立煌扛枪入伍，吃粮当兵，他作为一个来自农村的"五无"青年，一直飙升到国军上将的官职，凭的就是一身的虎气，一种"仰天一啸万兽惊"的虎气。每临战事，他身先士卒，敢打硬仗，善打巧仗，虽身经百战，但身上无一伤痕。甚至有人说，是他身上的虎气，让射来的子弹都拐了弯。

卫立煌有虎义：卫立煌在帮助阎锡山守山西时，曾经和周恩来有一次彻夜长谈。为了表示国共合作的诚意，他一次性送给八路军两卡车上万元的食品罐头。后来，卫立煌以第二战区副司令长官的名义下令，拨给积极抗日的八路军步枪子弹一百万发，手榴弹二十五万枚，牛肉罐头一百八十箱。

面对八路军，蒋的嫡系避之唯恐不及。当时，卫立煌能够不理蒋介石的猜忌，表现出的都是联共抗日的民族大义之气。

卫立煌有虎胆：民族濒危、寇深日亟之际，很多软骨头都患上了"恐日症"，卫立煌并没有被吓倒，他挺身而出，成了抗日的急先锋。忻口战役是抗战初期最重要的一次战役，卫立煌顶着压力，成了忻口战役的前敌总指挥。二十一天的激战，共歼灭日军两万余人。如果卫立煌不是有一身"虎胆"，又怎么能指挥这一场对日军打击最为沉重的忻口战役？

卫立煌有虎威：第一次远征军入缅失败的教训殷鉴不远，第二次滇西远征军入缅作战的司令长官，铁定就是一块烫手山芋，可是卫立煌却一肩将其承担了下来。

当时的宋希濂一见卫立煌，曾敬礼高呼："钧座，听说您来接任滇西远征军司令，卑职兴奋得好几天都没有睡好觉！"兴奋的原因只有一个，卫立煌威名赫赫，可以带领他们打胜仗。

十万滇西远征军赴缅，在卫立煌的指挥下，十战松山、占龙陵、夺腾冲，最后攻克国门重镇畹町，并与中国驻印军在芒友与畹町之间的南坎会师，成就了卫立煌作为一个军人保家卫国的赫赫威名。

卫立煌有虎骨：蒋军官兵中，打仗不怕死的有，但不怕蒋介石的除了卫立煌几乎没有。卫立煌作为中山先生的信徒，他不仅同情中共，而且亲共，更和中共的军队一起，联手抗日。

蒋介石曾经多次起用卫立煌，可是卫一旦打完仗，随后便被他闲置起来。

但卫立煌不管如何受到打压,他都没有向蒋低头,一身铮铮铁骨,确实令人钦佩!

卫立煌有虎智:辽沈战役国民党军队失败后,1949年1月21日,蒋介石下野。卫立煌以其机智,获得了取道去香港的机会。新中国成立后,卫立煌给毛主席发出贺电。他还在1955年3月14日晚,睿智地离开香港,取道澳门回到了广州。

随后,卫立煌发表"告台湾袍泽朋友书",他亦成为第一个从海外归来的国民党高级将领。

卫立煌有虎神:一只猛虎如果站立去世,他的皮肉可以腐而消失,但它的骨架不倒,谓之有神。

卫立煌心向祖国,一心希望两岸尽早统一,他亦为台湾早日回归做了大量有益的事情。卫立煌身上突出的为了民族的昌盛、为了华夏永立世界之林的进取精神,将永远载入史册,并激励后人。

遐迩闻名的卫立煌将军,不仅为国人敬仰,同时拥有国际声誉。他对于国家和民族的真正贡献,是他用自己的精神,给后人锻造一把指天利剑,如遇异族侵略,这把利剑可以助我们提八荒甲兵,破血色之胡城,斩孽龙于野屿,在落樱处纵歌。

卫立煌将军已逝,但他的精神并没有走远。我们永远缅怀和纪念的,定是他冲锋时喊破的喉咙,杀敌时血红的双眼,还有不可动摇的破敌信心。

莫说枪火只一闪,难亮前进的歧路;莫道眸子无星明,看不穿命运的迷航;让秋水断流的,是冬天的凛冽;令寒冬消逝的,却是对春天的盼望。只要律动的心扉,跟上了历史的翅膀,便可以翩跹至重生的彼岸;唯独不羁之精神,经过战场烘炉的锻造,才可以成为大智慧之刀。

探索的青春不老,爱国不分先后,在历史转折关头不由人俯仰,才可论文略武功大丈夫;只有第一个卷起夜幕的人,才可以拥有最鲜活的黎明!

参考书目

《卫立煌将军》作者：卫道然，安徽人民出版社，出版时间：1985。

《回忆卫立煌》作者：赵荣声，文史资料出版社，出版时间：1985-01-01。

《虎将卫立煌》作者：黄俊安等，中国广播电视出版社，出版时间：2011。

《鹰犬将军·宋希濂回忆录》作者：宋希濂，中国文史出版社，出版时间：1986。

《北伐战争》作者：中央档案馆，中共中央党校出版社，出版时间：1981-10。

《朱德与卫立煌》作者：赵朝，华文出版社，出版时间：2012-7-1。

《日本防卫厅研修所战史部战史丛书》云南战域陷落，日本朝云新闻社出版。

《日本防卫厅研修所战史部战史丛书》拉孟守备队的勇战和玉碎，日本朝云新闻社出版。

《白崇禧回忆录》作者：白崇禧口述，中共党史出版社，出版时间：2010。

《爱国将领卫立煌》作者：方知今，华文出版社，出版时间：2006-06-01。

《抗日御辱》主编：蒋纬国，台湾黎明文化事业股份有限公司，出版时间：1978年。

《第二十集团军腾冲会战概要》作者：霍揆彰。

《十战松山》作者：陈院峰。

《红军女将张琴秋传》作者：李蕾，杨雪燕。

《忻口战役纪略》作者：符昭骞。

《揭秘:1938年，卫立煌为何访问延安》作者：孟昭庚。

《44年反攻滇西的中国远征军是如何组建和装备》作者：江紫辰。

《保山地区史志文辑：抗日战争专辑》保山区行政公署史志办公室编。

《史迪威日记》作者：史迪威，北方文艺出版社，出版时间：2014年6月1日。

《杜聿明传》作者：汪中华、唐坚，哈尔滨出版社，出版时间：1997年12月1日。